Die Wiener Märkte

Werner T. Bauer

Die Wiener Märkte

100 Märkte, von Naschmarkt bis Flohmarkt.
Mit einer umfassenden Geschichte des Marktwesens in Wien
Fotos von Jörg Klauber

Falter Verlag

Die Arbeit an diesem Buch wurde durch
das Wissenschaftsreferat der Kulturabteilung
der Stadt Wien gefördert.

ISBN 3-85439-162-5
© 1996 Falter Verlagsgesellschaft m.b.H.
1011 Wien, Marc-Aurel-Straße 9
Telefon 0222/536 60-0

Fotos: Jörg Klauber, Österreichische Nationalbibliothek
(Bildnachweis Seite 292)
Karte: Gerhard Fischer / Info Team
Grafische Gestaltung: Bärbel Paulitsch
Lektorat: Kirstin Breitenfellner
Produktion: Susanne Schwameis
Druck: Druckhaus Grasl, 2540 Bad Vöslau

Inhalt

Vorwort

Märkte sind doch etwas Wunderbares. Brennpunkte menschlicher Aktivitäten, Orte unterschiedlichster Begegnungen und Transaktionen, Zentralen der verschiedenartigsten Düfte, Farben und Menschen: das alles und noch viel mehr sind sie.

Wenn unsere heutigen Märkte – und dies gilt natürlich nicht nur für Wien – immer weniger dem entsprechen, was man von einem Markt erwartet, immer mehr dem steril-unpersönlichen Einkaufszentrum ähneln oder in Tristesse zugrunde gehen, dann liegt das vor allem an uns, den Kunden, die den Märkten und den Menschen, die vom Markt leben müssen, immer weniger Raum zum Leben geben, die wir unsere Lebensmittel lieber im Supermarkt kaufen, die wir der Lebensqualität immer weniger Bedeutung beimessen.

Nun, ganz so düster ist es freilich nicht. Einige Märkte boomen, und es liegt wohl auch an den Standlern, durch Auswahl und Präsentation ihrer Ware potentielle Kunden anzulocken. Es liegt aber auch an den Bezirkspolitikern und den Magistratsbeamten, die Märkte und das Einkaufen am Markt wieder attraktiv zu machen, Parkplätze zu schaffen und natürlich auch Anbindungen an das öffentliche Verkehrsnetz.

Der Markt als Institution ist jedenfalls noch lange nicht tot – das kann man an der ungeheuren Anzahl unterschiedlichster Gelegenheitsmärkte sehen, die in den letzten Jahren entstanden sind: Weihnachts- und Ostermärkte, Straßen- und Grätzelfeste, Floh- und Antiquitätenmärkte. All das in einem Buch zu erfassen ist keine ganz leichte Aufgabe. Märkte kommen und gehen, entstehen von heute auf morgen und verschwinden wieder, ohne irgendeine Spur im Stadtbild hinterlassen zu haben. Das ist heute so, und das war wohl schon immer so. Anspruch auf Vollständigkeit kann ein Führer dieser Art deshalb kaum erheben und auch nicht den Anspruch auf absolute Richtigkeit aller Angaben über Jahre hinaus. Alleine im letzten Jahr sperrte ein alter Markt zu, wurden zwei Märkte neu- bzw. wiedereröffnet, und auch in den nächsten Jahren ist einiges an Fluktuation zu erwarten.

Der Markt wird dennoch immer ein aktuelles Thema bleiben – und ein faszinierendes. Wie sagten doch Anton von Gorski und Johann Lichtenstadt in ihrem Buch „Das Marktwesen" (1899):

Von der ältesten Zeit an war die Magenfrage die allerwichtigste, sie ist es geblieben bis auf den heutigen Tag und wird es sein solange die Menschen sich nicht zu ätherischen Wesen verflüchtigen, die von Luft leben und dann wird vielleicht der Approvisionierungsbehörde die Sorge für die Luftbeschaffung obliegen.

Mein besonderer Dank gilt den überaus freundlichen und kooperativen Beamten des Marktamtes, insbesondere den Herren Vyskocil und Weinzettel, den Mitarbeitern des Wiener Stadt- und Landesarchivs, der National- und der Universitätsbibliothek. Leser mit spezielleren Interessen möchte ich auf die umfangreiche Literaturliste am Ende des Buches verweisen und drei an der Universität Wien entstandene Untersuchungen zum Thema Markt besonders hervorheben, nämlich Silvia Müllers Studie „Die Märkte der Reichshaupt- und Residenzstadt Wien" (1987), auf deren Recherchen besonders bei der Darstellung des 19. Jahrhunderts oft zurückgegriffen wurde, Werner Nachbagauers Dissertation über „Bauern" auf Wiener Märkten" (1983) und Johann Kalteneggers Diplomarbeit „Der Straßenmarkt am Beispiel des Brunnenmarktes" (1980).

Geschichte des Wiener Marktwesens

Vom Mittelalter zur Neuzeit

Von Krebsen- und anderen Richtern

Von heilsamen Ordnungen und

allgemeiner Transferierung

Zwischen Biedermeieridylle und

Industrialisierung

Kriege und Frieden

Von Krebsen- und anderen Richtern

Am Anfang war der Markt

Solange die Bewohner einer Siedlung sich selbst mit Nahrungsmitteln und den sonstigen Bedarfsgütern des täglichen Lebens versorgen bzw. diese selbst herstellen konnten, schreibt Silvia Müller in ihrer Studie über die Märkte Wiens (1987), war der Import solcher Produkte und damit auch die Einrichtung eines Platzes für den Warenaustausch – zunächst gegen Naturalien, dann gegen Geld – nicht notwendig. Die allmähliche Auflösung der frühmittelalterlichen Naturalwirtschaft, die fortschreitende Arbeitsteilung zwischen städtischer und ländlicher Bevölkerung, das Entstehen eines hochspezialisierten, aber grundbesitzlosen Handwerkerstandes, der gezwungen war, seine Erzeugnisse gegen Nahrungsmittel einzutauschen, aber auch das rasche Anwachsen der unproduktiven Bevölkerungsgruppen – all das machte eine regelmäßige und kontrollierbare Zufuhr von Lebensmitteln in die Stadt schließlich unumgänglich. Zu Beginn war es wohl so, daß die Bauern an bestimmten Wochentagen oder zu bestimmten Jahreszeiten selbst in die Stadt kamen, um hier ihre Waren feilzubieten und ihrerseits die von ihnen benötigten städtischen Produkte und Dienstleistungen in Anspruch nehmen zu können. Gleichzeitig wuchsen unter der sozial stärker differenzierten städtischen Bevölkerung der Wunsch und auch das Bedürfnis nach Konsum- und Prestigegütern, die, vor allem, wenn es sich um Luxusgegenstände handelte, nicht unmittelbar und leicht verfügbar waren, sondern oftmals über größere Distanzen aus weit entfernten Regionen herangeschafft werden mußten. Auf diese Weise entstanden überall dort, wo Menschen unterschiedlichster Herkunft und sozialer Schichtung regelmäßig zusammenkamen – an verkehrswichtigen oder verkehrsgünstigen Orten, an den Schnittpunkten überregionaler Handelsstraßen, an Pässen und Flußübergängen, an Wallfahrtsplätzen oder am Sitz der Stadt- und Gerichtsbehörden –, die Märkte. Und nicht selten entwickelte sich eine städtische Siedlung erst um einen solchen, oft nur zeitweiligen Marktplatz. Nachdem diese Märkte auch für die Herrschenden von großem Nutzen waren, nicht zuletzt, weil sie beachtliche Summen an Steuereinnahmen abwarfen, wurden den Städten ein besonderer Marktfriede garantiert und, um ausländische Kaufleute anzuziehen, eigens geschaffene Marktrechte und weitreichende Privilegien gewährt. Als Marktort läßt sich Wien vor dem 12. Jahrhundert kaum belegen, wir können aber davon ausgehen, daß die Stadt, die im Jahre 1137 erstmals als *civitas* bezeichnet wird, schon damals über einen Markt verfügte. Wir wissen auch, daß im Frühjahr 1147 ein großes Kreuzfahrerheer vor den Toren Wiens Halt machte, um sich vor seinem Zug durch Ungarn und den Nordteil des byzantinischen Reiches zu verproviantieren. Wenig später, 1153, erwähnt der arabische Gelehrte Idrisi Wien (Biena) als bedeutende Stadt im „Romäerreich", und drei Jahre darauf, 1156, verlegt Herzog Heinrich II. Jasomirgott seine Residenz von Klosterneuburg nach Wien.

Nachweislich zu florieren begann das Marktwesen in Wien seit dem frühen 13. Jahrhundert, nachdem Herzog Leopold V. am 9. Juli 1192 den Regensburger Kaufleuten ein Handelsprivileg erteilt hatte. Das Stadtrecht vom 18. Oktober 1221 erhob die Sorge um den Markt zu einer der Hauptaufgaben der mittelalterlichen Stadtverwaltung Wiens. 24 Geschworene, deren Verfügungen bindende Kraft besaßen, wurden mit der Aufsicht über die Marktangelegenheiten betraut. Allerdings gelang es Wien im Unterschied zu vielen deutschen oder norditalienischen Städten nicht, über längere Zeit hinweg eine wirklich eigenständige Stadtpolitik zu betreiben. Zumeist waren die Wiener vom Landesfürsten abhängig, und auch das Stapelrecht und der Niederlagszwang, die der Stadt ein Zwischenhandelsmonopol sicherten, indem sie den fremden Händlern untersagten, miteinander in direkten Geschäftskontakt zu treten, beruhten auf großzügig erteilten landesherrlichen Privilegien.

Die älteste erhaltene Marktordnung Wiens stammt aus der Mitte des 13. Jahrhunderts. Sie enthält Bestimmungen über jährliche Preisfestsetzungen und eine Auflistung der Strafen für Preisüberschreitungen sowie für Maß- und Gewichtsvergehen. Das Stadtrechtsprivileg König Rudolfs I. aus dem Jahr 1278 weist das Marktwesen in die Kompetenz des „Inneren Rates", der in den folgenden Jahrhunderten immer wieder regulierend eingreifen muß: So zum Beispiel im Jahr 1360 mit der Verfügung, daß der Verkauf von Wachs nur auf den dazu bestimmten Wachsbänken am Hohen Markt stattfinden dürfe, oder 1454 mit der Beschränkung des Glasverkaufs auf die Marktstände am Hohen Markt neben dem Fischmarkt. Das Stadtrechtsprivileg erwähnt auch erstmals einen Marktaufseher, dem bei Vergehen im Geflügel-, Käse-, Eier-, Fisch- und Krebsenhandel die Hälfte der anfallenden Strafgelder zustanden, wodurch das persönliche Interesse dieses Beamten an einer wirklich scharfen Kontrolle der ihm unterstellten Bereiche garantiert war.

Die Bäcker soll man schupfen

Die „Handfeste" Herzog Albrechts II. aus dem Jahr 1340 enthält eine Reihe von Bestimmungen zur Überwachung des Marktlebens und zum Schutz der Konsumenten. So verbietet Artikel 64 zum Beispiel *allerhand handwerker, es seien fleischhacker, bäcker, fischer, hühnerer,* den „Fürkauf", das heißt das Ankaufen und Zurückhalten von Vorräten zur Steigerung der Preise. Weiters heißt es hier: *Die peckhen sol man schuphen, als von altem fuerstlichen herchomen ist.* Bei diesem „Bäckerschupfen" sperrte man straffällig gewordene Bäcker in einen hölzernen Käfig und tauchte diesen, zum Gaudium des Publikums, beliebig viele Male unter Wasser. Zumindest einmal, 1590, endete dieser Brauch fatal. Im Zechbuch der Bäckerinnung heißt es dazu: *Hannß Klinngshiern. Im 90 ist. jar der retlich man vom schuepfen ertrunckhen.*

Der Ursprung dieser recht drastischen Maßnahme ist wohl in der Bedeutung des Brotes als wichtigstes Grundnahrungsmittel weiter

Bevölkerungsteile zu suchen. Deshalb wurde beim Brot, anders als sonst üblich, immer schon ein bestimmter Preis festgesetzt, der konstant blieb, während sich das Gewicht der Brötchen im Laufe der Jahrzehnte verringerte – eine Praxis, die in manchen Ländern des Mittelmeers bis heute existiert. Daraus ergab sich eine große Versuchung, Betrügereien aller Art zu inszenieren. Der Stadtrat nahm deshalb erstmals im Jahr 1427, und in der Folge relativ häufig, sogenannte „Teichungen" vor, Probebackungen, die das Gewicht und die Zusammensetzung des Brotes amtlich festsetzten. 1503 schickte der Stadtrat sogar die Steuerknechte aus, um Semmeln einzukaufen, die von den Beamten nachgewogen wurden. Da in der Umgebung Wiens nur wenig Getreide angebaut wurde, mußte dieses zum Großteil aus dem Marchfeld, aus Mähren und sogar aus Ungarn importiert werden. Um allzu starke Preisschwankungen und daraus resultierende Hungerrevolten zu verhindern, tat die Obrigkeit gut daran, hier regulierend einzugreifen und größere Getreidevorräte für Notzeiten anzulegen.

Das mittelalterliche Bäckergewerbe war übrigens hochspezialisiert: Neben den „gewöhnlichen Bäckern" gab es die sogenannten Bürgerbäcker, die nicht zum Verkauf, sondern gegen Lohn ausschließlich für den Hausbedarf ihrer Kundschaft backen durften. Darüber hinaus unterschied man zwischen Brezenbäckern, „Peuglern" oder Beugelbäckern, Oblatenbäckern, Krapfenbäckern und Kipfelbäckern ...

Im Gegensatz zu anderen mittelalterlichen Städten waren die Märkte in Wien stark dezentralisiert. Da der Verkauf von Lebensmitteln und anderen notwendigen Produkten vornehmlich im Freien stattfand, wurde auf allen verkehrsgünstig gelegenen Plätzen und Straßenzügen Wiens Markt gehalten. Zentrum des Marktgeschehens war der Hohe Markt, der bereits gegen Ende des 13. Jahrhunderts als Fischmarkt erwähnt wird. Seit 1354 sind hier außerdem venezianische Glaswaren und seit 1360 auch ungarische Wachsgießer belegt. Neben Fleisch-, Fisch-, Geflügel-, Brot- und Obsthändlern fanden sich hier auch die „Smertische" der Fett- und Butterhändler, weiters Schuster, Tuchbereiter, Lodenwirker und „Gewandkramer" – letztere vor allem in den benachbarten Tuchlauben („Unter den Lauben"). Nach der Verlegung der herzöglichen Residenz in der ersten Hälfte des 13. Jahrhunderts entwickelte sich auch ein Markt auf dem Platz „Am Hof", auf dem es neben „Fischkäuflern" und „Krebslerinnen" noch Bäcker und „Joppner" gab. Einer der ältesten Märkte der Stadt befand sich am „Petersfreithof", an dessen Westseite der Milchmarkt zu finden war – woran heute noch die Milchgasse erinnert –, während an der Ostseite der Eiermarkt stattfand. Um den Friedhof tummelten sich außerdem noch „Kässtecher, Melbler, Fragner, Obstler" und Gemüsehändler. Zwischen dem Petersfreithof und dem Hohen Markt entwickelte sich um die Mitte des 15. Jahrhunderts ein Bauernmarkt. Am benachbarten Graben wurden Kraut und Grünwaren verkauft – der Graben hieß deshalb auch der „Grüne Markt" –, weiters Fleisch und Mehl. Der eigentliche Mehl- und Getreidemarkt befand sich jedoch am Neuen Markt. Auf der Brandstätte saßen Gewandhändler, Messerer, Bürstenbinder, Spiegler, aber auch Wildbret- und Geflügelverkäufer. Der Kohlmarkt war seit alters her Sitz der Kohlenhändler. Der Schweinemarkt der Stadt wurde am Lobkowitzplatz, der Roßmarkt am Stock-im-Eisen-Platz abgehalten. Außerhalb der Stadt, in der Gegend des heutigen Heumarkts, befand sich der „Ochsengries" genannte Viehmarkt.

Diese beinahe unüberschaubare Vielfalt bedurfte natürlich einer strengen obrigkeitlichen Kontrolle. Im Jahr 1278 wurde deshalb ein eigener Marktaufseher bestellt, zu dessen vordringlichster Aufgabe das Beschauwesen gehörte, also die Qualitätskontrolle der zum Verkauf angebotenen Produkte. Manche Gewerbe durften allerdings auch weiterhin ihre eigenen Beschaumeister stellen, die auf die Dauer von zwei bis vier Jahren gewählt und vom Stadtrat vereidigt wurden. So etwa gab es gleich drei Fleisch- und Fischbeschauer, die täglich die Fleischbänke und an den Fasttagen die Fischbänke visitieren mußten, sowie eigene „Krebsenrichter" und „Brotbeschauer". Dieses Amt ging im Jahr 1435 übrigens auf die „Herren von der Brotwaage" über.

Die Aufsicht über Maße und Gewichte führte der „Zimentierer", ein landesfürstlicher Beamter, der sich damit allerdings in einem gewissen Konkurrenzverhältnis zum Stadtrat befand, der dieses Kontrollrecht für sich beanspruchte und es den Marktorganen übertrug; zum Beispiel dem Metzenleiher für die Überprüfung der Hohlmaße für Getreide, Mehl und Hülsenfrüchte. Die Stadt unterhielt selbst auch mehrere Waagen, so etwa die „Smerwaage" im „Smerhäusl" am Hohen Markt für den Fetthandel oder die Waage der Tuchbereiter und der Weißgerber. Hauptwaage war die Kronwaage im Waaghaus, welche den Kaufleuten gehörte.

Verstöße gegen die Marktordnung wurden in der Regel mit Geldstrafen geahndet. Die gegen betrügerische Weinhändler und schlitzohrige Fleischhauer verhängten Strafgelder teilten sich der Stadtrat und der Stadtrichter. Das den Geflügel-, Käse-, Eier-, Fisch- und Krebshändlern abgenommene Geld ging hingegen an den Marktaufseher und den Richter. Alle wegen „Fürkaufs" verhängten Strafgelder kassierte der Richter allein. Beschlagnahmte Waren wurden entweder vernichtet oder zum Gewinn der Stadt an den Bestbietenden verkauft. Neben Geldstrafen wurden auch noch andere, teilweise recht drakonische, Strafen verhängt. Schläge und Arrest, die Beschlagnahme der Waren und die Bereitstellung von Baumaterial für die Stadtbefestigung machten hier nur den Anfang. Im Wiederholungsfall setzte es Ehrenstrafen, wie das schmerzhafte Spannen ans Kreuz und das Ausstellen auf der Schaubühne am Neuen Markt, das den Delinquenten dem allgemeinen Spott und Gelächter preisgab, oder den ruinösen Entzug der Gewerbeberechtigung für die Dauer von drei bis zwölf Monaten. Und zu allerletzt: den Stadtverweis.

Eine weit geöffnete Hand

Wenn es um die Erfindung neuer Taxen und Steuern ging, mangelte es der Obrigkeit nie an Einfallsreichtum. Schon im Jahr 1359 führte Rudolf IV., der Stifter, das sogenannte „Ungeld" ein, eine zehnprozen-

tige Verzehrsteuer auf alle öffentlich ausgeschenkten Getränke. Unter
Albrecht III. wurden die von auswärts kommenden Futterhändler mit
einer saftigen Eintrittsgebühr belegt. Und an Marktgebühren kassierte
die Stadt gegen Ende des 14. Jahrhunderts:

> *von ainem protwagen: 2 pfennig*
> *von aim wagen mit pluczern im land: 2*
> *von aim wagen ausser lands: 4*
> *von iedem tendler am Hof: 1*
> *von den reflern [Traggestellinhaber], von iedem: 1*
> *von aim smid der ein gast ist mit eisengeschirr: 2*
> *am wochenmarkt und anderen enden von ieder fragnerin: 1*
> *von den die kes und smalcz ausser lands herbringen,*
> *den ersten Tag: 4*
> *und darnach alle tag: 2*
> *von aim tekhenwagen als vil: 1*

Teile der Marktinfrastruktur, wie etwa die hölzernen Buden, die Tische
und Fischtröge, befanden sich im Eigentum der Stadt, die sie gewinnbringend an die Händler und Marktfahrer vermietete. Das
„Gültenbuch" von 1418 verzeichnet am Hohen Markt achtzehn im
Gemeindebesitz befindliche Brottische, deren Benützer eine Jahresmiete
von jeweils einem Pfund zu entrichten hatten, mehrere Schmertische
für den Fetthandel, einen Wachstisch und einige Fleischbuden. Am
Hof unterhielt die Gemeinde im Jahr 1475 siebzehn Krebsstände, acht
städtische Krambuden, von denen fünf an Krämer und drei an Handwerker vergeben waren, sowie 29 Gewandhütten. Während der beiden
Jahrmärkte stellte die Stadt weitere 30 Buden auf und vermietete sie an
ausländische Gewandhändler und Kürschner. Am „Petersfreithof" besaß sie 25 Buden für Krämer, Handwerker und Lebensmittelhändler,
auf der Brandstätte mehrere Marktbuden, die von verschiedenen Hand-
werkern, wie Messerern, Bürstenbindern und Spieglern, angemietet
waren, und am Graben 40 Brottische, die 1449 zum Teil in Fleischbänke
umgewandelt wurden und deren Miete einen Pfennig pro Tag betrug.
Die Fischtröge am Hohen Markt, die bis 1480 zur Gänze an einen
„Fischtrögler" verpachtet waren, befanden sich ebenfalls im Besitz der
Gemeinde.

Vornehme und andere Fische

Wegen der strengen christlichen Fastengebote wurde im mittelalterlichen Wien wesentlich mehr Fisch verzehrt als heute. Der Fischverkauf war aber nicht nur eine einträgliche Steuerquelle, sondern auch ein überaus sensibler und von vielen Bestimmungen reglementierter Bereich – verständlich für jeden, der eine Fischvergiftung überlebt hat. Streng geregelt war zunächst, welche Sorten wann und wo verkauft werden durften. Im Jahr 1418 sind drei verschiedene Fischmärkte urkundlich belegt: *beyd Vischmarkht Innen und Außen, item Vischmarkht am Hof.* „Vornehme" Fischarten fand man beim Fischbrunnen an der Westseite des Hohen Marktes. Seefische hingegen wurden „Am Hof am Wasser" verkauft, und alle Arten von importierten Fischen gab es en gros im Heiligenkreuzerhof. Seit 1449 existierte am Hohen Markt außerdem eine eigene Verkaufsstelle für konservierte Stockfische und Heringe, die „Häringtische am Hohen Markt". Die als billige Fastenspeise überaus beliebten Flußkrebse mußten separat verkauft werden.

Die Fischhändler waren verpflichtet, nicht verkaufte Fische am Ende des Markttages durch das Abschlagen des Schwanzes zu kennzeichnen. Um zu verhindern, daß allzuviel Fisch übrigblieb, bestimmte Artikel 71 der „Handfeste", daß die Fischer ihre Ware zu jeder Jahreszeit und bei jedem Wetter ohne Mantel und Kopfbedeckung feilbieten mußten, was im kühlen Wien einen zügigen Verkauf und damit wiederum eine gewisse Frische und auch Wohlfeilheit der Ware gewährleisten sollte. Wer gegen diese Bestimmungen verstieß, mußte *die stat räumen ein ganzes jar mit weib und chinden.*

Der Fleischmisere erster Teil

Von größter Bedeutung für die Lebensmittelversorgung des mittelalterlichen Wien war der Fleischhandel. Die behördlichen Bestimmungen dazu füllen viele Bände. Zunächst sollte eine genaue behördliche Viehbeschau und Schlachtkontrolle verhindern, daß krankes Vieh geschlachtet und dessen Fleisch verkauft würde. Im Jahr 1440 wurde an der Stelle der heutigen Schwedenbrücke eine erste Schlagbrücke errichtet, die bis 1775 übrigens die einzige in die Stadt führende Donaubrücke blieb. Schlachtvieh, dessen Fleisch in der Stadt verkauft werden sollte, mußte bei dieser Schlagbrücke geschlachtet werden. Seit dem 13. Jahrhundert wurden die Fleischpreise jährlich neu festgelegt, und in St. Stephan gab es ein eigenes Rufglöckchen, das die Bürger zur öffentlichen Verkündigung der neuen Satzungen zusammenrief. Waren die Fleischer mit der amtlichen Preisfestsetzung nicht einverstanden, so konnten sie eine „Teichung", eine offizielle Preiskalkulation, beantragen. Erstmals ist die Durchführung einer solchen Prozedur für das Jahr 1451 dokumentiert. Dabei wurden von Vertretern der Gemeinde mehrere Ochsen gekauft, geschlachtet und weiterverkauft. Aus den Einnahmen von Fleisch und Häuten wurde sodann, unter Berücksichtigung der angefallenen Spesen, ein potentieller Gewinn errechnet und ein allgemein verbindlicher Preis festgelegt. Dieser „amtlichen Preispolitik" lag die Überlegung zugrunde, daß auch der Handel von christlich-ethischen Grundsätzen durchdrungen sein sollte und daß ein „gerechter Gewinn" zwar erlaubt sei, ohne jedoch einen bestimmtem Rahmen überschreiten zu dürfen.

Übrigens bestimmte erst die Fleischordnung von 1459, daß das Fleisch nach Gewicht verkauft werden müsse. Die Stände der Fleischhauer, die „Fleischbänke", befanden sich ursprünglich am „Alten Fleischmarkt", der diesen Namen schon seit 1285 führt. Im 14. Jahrhundert sind hier allerdings nur noch die Bänke der Landfleischhauer zu finden, während die Stadtfleischhacker bereits zum Teil an den Graben, zum Teil zum Lichtensteg übersiedelt worden waren.

Zwischen Not und Völlerei

Neben den täglichen Märkten gab es schon im Mittelalter die Wochenmärkte (*nundinae*), die jeweils dienstags und samstags, seit der zweiten Hälfte des 16. Jahrhunderts auch freitags stattfanden. Seit dem 13.

Jahrhundert wurden in Wien auch zwei Jahrmärkte, ein siebentägiger Wintermarkt um Maria Lichtmeß und ein vierzehntägiger Sommermarkt um Jakobi, abgehalten. Später wurde der Sommermarkt auf vier Wochen verlängert und auf die Zeit um Christi Himmelfahrt verlegt; der Wintermarkt wurde auf den St. Kathreinstag verschoben.

Streng bekämpft wurde auf allen Märkten die sogenannte „Hökerei", der unerlaubte Zwischenhandel, der, wenn überhaupt, erst nach Ablauf einer gewissen Frist gestattet war. Der Marktbeginn wurde durch das Hissen einer Fahne angezeigt. Nun hatten zuallererst die Bürger, dann die Geistlichen und das Hofgesinde die Gelegenheit zum ungestörten Einkauf. Erst nach dem Einziehen der Fahne zur Mittagsstunde stand den professionellen Händlern der Stadt der Erwerb der restlichen Waren zum Wiederverkauf frei.

Die Lebensmittelversorgung der Wiener Bevölkerung, die im 15. Jahrhundert auf etwa 25.000 Menschen angewachsen war, lag während des gesamten Mittelalters beinahe zur Gänze in den Händen der Bauern aus der engeren und weiteren Umgebung der Stadt. Innerhalb der Stadtmauern gab es jedoch zahlreiche Haus- und Nutzgärten, in denen Obst und Gemüse, Kräuter und Blumen, ja sogar Hopfen und Wein angebaut wurden. In den Zeiten der Not war Wien, mit Ausnahme des Getreides, somit weitgehend autark. Mißernten und Naturkatastrophen führten dennoch regelmäßig zu Versorgungsengpässen und verursachten enorme Preisschwankungen, weshalb sich die Stadtverwaltung entschloß, eine gewisse Bevorratung sicherzustellen. Jedoch nicht immer mit Erfolg: Im Jahr 1312 kletterte der Preis für den Metzen Weizen nach drei aufeinanderfolgenden Mißernten auf 300 Silberpfennige. Im folgenden Jahr, nach reicher Ernte, fiel er auf nur noch 6 Pfennige! Und in Zusammenhang mit einer Hochwasserkatastrophe, die das Marchfeld im Jahre 1405 heimsuchte, berichtet eine Wiener Chronik, *das man wenigen Tag zu Wien nicht Brot vand und vil armes Volcks vor Onmacht und Hunger starb.* Im Jahr 1453 erwarb die Stadt am Neuen Markt, wo der Zerealienhandel konzen-

triert war, ein altes Haus und errichtete an seiner Stelle einen Getreidespeicher, die Mehlgrube. Die Oberaufsicht über die kommunalen
Getreidevorräte führte der Metzenleiher, dem auch die Kontrolle der
amtlichen Maße für Mühlen und Mehlhändler oblag. Wenige Jahre
später, 1466, legte die Stadt auch eine eigene Salzkammer an.

Zwischen den Zeiten der Not feierte das Phäakentum der Wiener
allerdings schon im Mittelalter fröhliche Urständ'. Man fraß und man
soff, daß es eine Herzenslust war – oder ein Greuel, wie für den ge-
strengen Aeneas Silvio Piccolomini, der im Jahr 1438 zum Thema
Wien folgende Beobachtungen notierte:

Es ist kaum zu glauben, wieviel Lebensmittel Tag für Tag nach
Wien gebracht werden. (...) Viele Wagen mit Krebsen und Eiern lan-
gen ein. Mehl, Brot, Fleisch, Fische, Geflügel werden in gewaltigen
Mengen zugeführt; und doch, sobald der Abend anbricht, bekommt
man von diesen Sachen nichts mehr zu kaufen. (...) Es ist nicht zu
sagen, welche ungeheure Menge Wein eingefahren wird. (...) Übrigens
kommen Sachen vor, die für eine so große und vornehme Stadt er-
staunlich sind. Bei Tag und Nacht gibt es Raufereien, die in förmlichen
Kampf ausarten. Bald Handwerker gegen Studenten, bald Hofleute
gegen Handwerker, bald eine Zunft gegen die andere. Selten geht ein
Fest ohne Schlägerei aus. Totschlag ist keine Seltenheit. (...) Das
gewöhnliche Volk denkt nur an den Magen und an das gute Essen.

Von heilsamen Ordnungen und allgemeiner Transferierung

Einen Marktrichter einzusetzen …

Wien war seit dem Ende des Mittelalters eine andere Stadt geworden,
eine Stadt des Adels und der Beamten, deren Paläste und Behörden die
Gärten und Felder fast völlig verdrängt hatten. Die Einwohnerzahl der
Stadt hatte sich vom 15. zum 16. Jahrhundert mehr als verdoppelt.

Beides – der Bevölkerungsanstieg und das Anwachsen der „unproduktiven" Bevölkerungsschichten – führte zu teilweise dramatischen Versorgungsengpässen. Der in der Stadt oder in ihrer unmittelbaren Umgebung lebende kleine Eigenproduzent wurde mehr und mehr vom marktfahrenden Zwischenhändler verdrängt. Bald ersetzten die Tagesmärkte die Wochenmärkte, die entweder ganz verschwanden oder sich auf ganz bestimmte, meist bäuerliche Produkte spezialisierten.

Die mit dem steigenden Konsum gestiegenen Lebensmitteleinfuhren machten eine noch strengere Reglementierung des Märkte- und Approvisionierungswesens unumgänglich. Die neue Stadtordnung Erzherzog Ferdinands I. degradierte den Stadtrat zum Vollzugsorgan der landesfürstlichen Verordnungen und versetzte der ohnedies geringen Autonomie Wiens im Jahr 1526 den Todesstoß. Um eine Ausdehnung der dringend benötigten landwirtschaftlichen Nutzflächen zu erreichen, wurde den Wienern sogar die Anlage neuer Weingärten verboten, nachdem diese während der ersten Türkenbelagerung von 1529 verwüstet worden waren.

Zur besseren Kontrolle des Marktgeschehens gab der Hof im Jahr 1504 einem Ersuchen des Magistrats statt und setzte einen „Marcktrichter zu Wienn" ein. Dieser Beamte, der dem Stadtrichter unterstellt war, hatte die Marktgebühren einzuheben, im übrigen jedoch den verbotenen „Fürkauf" energisch zu bekämpfen. Offenbar war dem Zwischenhandel, der die begehrten Waren der Konkurrenz entzog, jedoch nicht beizukommen – denn auch die „Marckht Ordnung der Statt Wien" aus dem Jahre 1569 widmet diesem Punkt breiten Raum:

Item welcher an einem fürkauff am Marckht betreten oder ob ainer befunden würde, der ainem des fürkauffs verholffen hette, dieselben sollen nach notturfft gestrafft, Inen auch die fuerkaufften wahren genomen und zu gemainer statthanden eingezogen werden.

Der „Fürkauf" wurde also mit der Beschlagnahme der unredlich erworbenen Waren bestraft. Um peinlichen Mißverständnissen vorzubeugen, hatten die En-gros-Einkäufer aus den adeligen Häusern einen Bestellschein ihrer Herrschaft vorzuweisen, aus dem Art und Menge der benötigten Waren hervorgingen. Da der Obrigkeit immer wieder Klagen zu Ohren kamen, daß gewisse Konsumgüter gar nicht erst auf die Märkte gelangten, sondern heimlich in Läden und Gewölbe gebracht und dort unter der Hand verkauft würden, trug man den Bauern auf, ihre Produkte ausnahmslos am Bauernmarkt zu verkaufen und sie unter keinen Umständen in die Häuser ihrer Kundschaft zu tragen.

Der Marktrichter wurde in seiner schwierigen Tätigkeit von sechs Fleisch-, Fisch- und Brotbeschauern assistiert, deren Aufgabe darin bestand, die Fleischbänke und die Brottische, an Fasttagen auch den Fischmarkt, zu visitieren, das Vieh, welches montags und donnerstags nach Wien gebracht wurde, zu inspizieren und die Wirtshäuser peinlich genau zu kontrollieren. Als Entgelt für diese Tätigkeiten erhielten sie eine sogenannte Beschaugebühr, die später in eine fixe Besoldung umgewandelt wurde. Im Jahr 1538 wurde ein zweiter Marktrichter bestellt, ein Jahr darauf auch ein *magister sanitas*. Die Kompetenzen und Kontrollfunktionen blieben jedoch auch weiterhin auf zahlreiche Ämter verteilt, und die Institution eines Marktamtes lag noch in weiter Ferne: Der Metzenleiher kontrollierte die Körnerhohlmaße, der Waagmeister sorgte auf der seit 1526 in städtischer Verwaltung stehenden Kronwaage für das richtige Gewicht, der Zimentierer hatte die Aufsicht über Maße und Gewichte inne und der Weinfächter die Kontrolle über die Zapfenmaße.

Zur Verbesserung der allgemeinen Versorgungslage wurde im Jahr 1578 neben dem Dienstag und dem Samstag noch der Freitag als zusätzlicher Wochenmarkttag eingeführt. Die Fleischversorgung der Stadt war zu allen Zeiten prekär gewesen, nach der türkischen Besetzung Ungarns zu Beginn des 16. Jahrhunderts kam sie jedoch fast völlig zum Erliegen, und alle amtlichen Preisfestsetzungen scheiterten an der Realität des Mangels. Im Jahr 1549 schaffte die Regierung deshalb die Erblichkeit im Fleischergewerbe ab und bestimmte 20 Bürger, die die Stadt fortan mit Fleisch versorgen sollten. Vergebens: 1560 kam es zur großen Fleischkrise. Nachdem die Wiener Fleischer sich weigerten, ihre Ware zu den amtlich festgesetzten Preisen zu verkaufen, und alle Vermittlungsversuche des Magistrats gescheitert waren, mußte man die renitenten Fleischhauer durch eine vierzehntägige Haft gefügig machen. In der Folge erhielten die Landfleischhauer eine Sonderprämie für jedes in die Stadt gebrachte Stück Schlachtvieh. Der Erfolg dieser Maßnahmen war jedoch gering. Fleisch blieb auch weiterhin eine Mangelware und die Bevölkerung der Stadt dem Preisdiktat der Viehhändler ausgeliefert. Anläßlich einer weiteren Fleischkrise im Jahr 1612 mußte die Regierung den Fleischern sogar mit „Spannen an das Kreuz" als Strafe drohen, um sie zum Einlenken zu bewegen.

Schwierig gestaltete sich auch die Versorgung der Stadt mit Holz, welches sowohl als Baumaterial für die in Block- und Fachwerktechnik errichteten Häuser, vor allem aber als billiges Brennmaterial Verwendung fand und in großen Mengen angeliefert werden mußte. Das meiste Holz kam auf Flößen und Kähnen auf der Donau nach Wien und wurde in den großen städtischen Holzniederlagen in der Roßau und bei den Weißgerbern gelagert. Die Kontrolle des Holzhandels lag in den Händen des landesfürstlichen Unterkämmerers, als amtliche Aufseher fungierten die Holzsetzer selbst bzw. die magistratischen „Kohlmesser", wenn es sich um Holzkohle handelte, die in erster Linie als gewerblicher Brennstoff in Verwendung stand.

Ein wichtiger Rohstoff war auch der sogenannte „Unschlitt", der zur Herstellung von Seifen und Kerzen benötigte Rinds- oder Schaftalg, der seit dem frühen 17. Jahrhundert in der Unschlittschmelze in der heutigen Schmelzgasse hergestellt wurde. Um die Bevölkerung auch in Notzeiten mit Unschlitt versorgen zu können, errichtete die Stadt schließlich ihre eigene Unschlittschmelze und ein Unschlitthandlungsamt in der heutigen Leopoldstadt.

Der Dreißigjährige Krieg und die damit verbundene Ausgabe minderwertiger Münzen verursachten eine beträchtliche Geldentwertung, die zu einer weiteren Verteuerung aller Waren führte und die Versorgungslage der Wiener Bevölkerung noch zusätzlich verschärfte. Mit der sogenannten „Satzordnung" aus dem Jahr 1623 unternahm die Regierung abermals einen Versuch, die völlig außer Kontrolle geratenen Preise zu stabilisieren. Hier einige der amtlichen Preise für Waren und Dienstleistungen, die für die insgesamt 1319 Zunftbetriebe der Stadt – darunter 46 Bäcker, 52 Fleischhauer, 18 „Fischkäufel", 24 „Kässtecher" und 16 „Obstler" – verbindlichen Charakter besaßen:

Ein gemain Henn .... *30 kr*
Das pfundt Khäeß des besten .... *18 kr*
Das pfund Schmaltz .... *36 kr*
Karpffen in gemein das pfund .... *21 kr*

Einem Zimmermans unnd Maurergeselln,
solle sampt des Maisters groschen
den Tag zu Lohn gegeben werden .... *24 kr*

Im Jahr 1646 mußte den offensichtlich überforderten und um ihre persönliche Sicherheit besorgten Marktrichtern ein „Rumormeister" samt bewaffneter „Rumorwache" beigegeben werden, die jede organisierte Unmutsäußerung der unzufriedenen Marktleute im Keim ersticken sollten. Da die Abstellung des „Fürkaufs" nicht gelingen wollte, erließ Kaiser Maximilian II. eine neue Marktordnung, in der exemplarisch strenge Bestrafungen vorgesehen waren.

Auch wenn die meisten Lebensmittel knapp und überteuert waren – Wein war in Wien scheinbar immer im Überfluß vorhanden. In Matthäus Merians „Topographia Provinciarum Austriacarum" (1649) stellt Martin Zeiller nüchtern fest: *Vnd wird sonderlich sehr viel Wein herumb gesamblet, vnd in die Statt geführet.*

Im Laufe des 17. Jahrhunderts zeichnete sich auf dem Gebiet der Nahversorgung ein neuer Trend ab. Immer mehr Hausbesitzer verlegten ihre Wohnungen in den ersten Stock ihres Hauses und richteten im Erdgeschoß Verkaufsläden ein, die mit kleinem Gewinn an Handwerker oder an die sogenannten „Greißler" vermietet wurden. Wien zählte damals etwa 130.000 Einwohner. 7.000 davon waren Bettler.

Kraftbrot gegen Krisen

Im Jahr 1650 erschien das erste Wiener Kochbuch, ein offensichtlich noch stark der Alchemie verbundenes Werk mit dem schönen Titel „Neue Eröffnete Kunst- und Schatzkammer rarer und neuer Curiositäten von den allerwunderbarsten Würkungen der Natur und Kunst, durch und durch mit allerhand seltsamen und ungemeinen Geheimnissen, Chymischen Experimenten, bewehrten Artzeneyen, sinnreichen Inventis, beliebten Wissenschaften und auserlesenen Kunststücken angefüllt". Unter der Rubrik „Kraftbrot" findet sich das folgende Rezept: *Nehmt eine Menge Schnecken, macht sie von ihrem Schleim loß, hernach trocknet sie und brennet sie zu einem sehr feinen Pulver, hieraus machet Brod, davon ein Bissen einen Menschen ohne etwas zu essen, auffhalten kann.*

Kraftbrot konnten die Menschen dieser Tage tatsächlich gut gebrauchen, wurde die Stadt Wien in der zweiten Hälfte des 17. Jahrhunderts doch von einer Reihe von Katastrophen heimgesucht. Den Auftakt bildete die gewaltsame Vertreibung der Juden aus der heutigen Leopoldstadt im Jahr 1670. Wien verlor durch diesen nach außen hin religiös motivierten, in Wahrheit aber von wirtschaftlichem Neid diktierten Gewaltakt eine seiner produktivsten Bevölkerungsgruppen. 1679 kam es noch viel schlimmer: In diesem Jahr wütete in Österreich die Pest, und etwa 60.000 Menschen fielen ihr zum Opfer. Nicht genug damit, belagerte 1683 ein riesiges osmanisches Heer die geschwächte Stadt.

Während der zwei Monate dauernden Türkenbelagerung war die Versorgungslage der in der Stadt eingeschlossenen Bevölkerung katastrophal schlecht. Da es bald nur noch verdorbene und minderwertige Ware zu kaufen gab, wurden die Bäcker angehalten, ihr Brot zu kennzeichnen, damit man sie persönlich zur Verantwortung ziehen konnte.

Schließlich war nur noch Pferde- und Eselsfleisch zu erhalten, und sogar Katzen wurden als Leckerbissen gehandelt. Ein Chronist berichtet, daß *das Fleisch der gebratenen Katzen, wenn dessen Süßigkeit mit Salz zurücktemperiert werde, wohl ein ungewohntes, aber nicht ungeschmecktes Essen sei.* Kurz: *Die delikaten Wiener Mägen, der schlechten Nahrung nicht gewöhnt, an anderen Speisen, gutem Gemüse und schneeweißem Mehl nie Mangel hatten, mußten nun leben, wie arme Leut' vom Land.*

Die Türken gingen, die Juden kamen wieder zurück. Im Handel waren sie aufgrund der neidischen Anfechtungen ihrer christlichen Konkurrenten jedoch immer wieder behördlichen Einschränkungen und Schikanen unterworfen. In einem Erlaß vom 12. Februar 1692 heißt es: *Wie dann auch denen Juden insgesambt nachdrucklich anbefohlen wird, dass sie sich hinfüro von Einkauffung der Fisch in diesem Land also gewiss gäntzlich enthalten.*

Nur selten meldete sich eine Stimme der Vernunft gegen die Flut der diskriminierenden Maßnahmen zu Wort, wie etwa M.Ch. Volls „Apologie der Handelsjuden" aus dem Jahr 1782, einer kurzen Phase der Aufklärung und Toleranz. Wie es möglich sei, fragt der Autor, daß die Juden die gleichen Waren um so viel billiger abgeben könnten? Sind sie Betrüger, die das Volk prellen und ihre Lieferanten hintergehen? Herr Voll gibt die Antwort auf seine Frage sogleich selbst: *Der Handelsjud kann wohlfeiler verkaufen, als der christliche Handelsmann, denn er nimmt weniger Profit, weil er ökonomischer lebt.*

Während die christlichen Bürgersleute zu einem prasserischen Lebensstil neigten, zeichneten sich die jüdischen Kaufleute durch persönliche Bescheidenheit aus: *Sie haben keine Frauen, deren Putz jährlich die tausend kosten, keinen Fräuleins Töchtern ihre Moden zu unterhalten, keine Söhne, die's Taschengeld in großen all'in grosso fordern, keine Handlungsdiener, die nebst ihrer guten Kost, auch stattliche Besoldungen, u.d.gl. beziehen, keine Stubenmädchens, und Köchinnen, und Küchenmenscher und Livereibediente, und*

Hausknechts, und Jungs, noch minder Kutschen, und Pferde. All diesen Luxus hätten letztendlich die Kunden zu finanzieren. Die Juden hingegen, so der Autor, förderten durch ihren größeren Absatz die Industrie und beschäftigten damit Tausende von Menschen. *Betrüger! – Ich bin ja von christlichen Kaufleuten theils an hohen Preisen, theils mit schlechten Waarensortiments oft gewaltig betrogen worden, ehe noch die jüdischen Handelsleute die hiesigen Jahrmärkte besuchen durften.* Die Stimme der Vernunft blieb auch in diesem Fall einsam und leise.

Von Beklemmern und Pantschern

Im Jahr 1718 erließ Kaiser Karl VI. eine neue „Brod- und Bäckerordnung". Da viele Bäcker das Brot nicht in der *schuldigen Weise und Güte backen* und das *rechte Gewicht nicht halten*, heißt es darin, werde jeder Bäcker der Stadt verpflichtet, seine Ware zu kennzeichnen. Zuwiderhandelnden wurde mit folgenden Strafen gedroht: Beim ersten Mal mußten sie einige Tage bei Wasser und Brot im Arrest schmachten, beim zweiten Mal kamen sie zum allgemeinen Gaudium auf die Schaubühne, und beim dritten Mal wurden sie geschupft – so wie jener Vorstadtbäcker, der zu kleines und minderwertiges Brot hergestellt hatte und deshalb am 28. Januar (!) 1728 *an dem gewöhnlichen Ort in dem allhiesigen Donau-Armb, unter Zulauff vieler tausend Zusehern, zur Straff geschupfft, und in das Wasser gedunckt* wurde.

Nicht nur beim Brot krankte es. Das zum Kochen, Backen und Braten unentbehrliche Schmalz war nur schwer zu erhalten und die Klage von der *Beklemmung des Schmalzes* häufig zu vernehmen. Am 8. Februar 1741 wurde deshalb eine „Schmalz- und Butter-Verkaufs-Excessen Abstellung" erlassen, die verhindern sollte, daß *das Schmalz in verschiedene Läden und Gewölber verborgen und vertuschet wird.*

Im Jahr 1750 beantragte der Magistrat der Stadt Wien die Aufstockung der Marktbeamten auf insgesamt vier Marktrichter und drei Fleisch- und Fischbeschauer. Die Tätigkeit dieser schlecht bezahlten

Beamten war überaus strapaziös: Schon beim Öffnen der Stadttore am frühen Morgen hatten sie auf den Märkten sein und darauf zu achten, daß jeder den ihm zugewiesenen Platz einnahm. Weiters mußten sie Maße und Gewichte kontrollieren, die Vorkäufer vertreiben, deren Waren gegebenenfalls beschlagnahmen und sie zur Anzeige bringen, gesundheitsschädliche Produkte, unreifes Obst und giftige Pilze konfiszieren und vertilgen, Streitigkeiten beilegen und noch vieles mehr. Gegen Ende des 18. Jahrhunderts hatte man die Zahl der Marktrichter bereits auf sieben erhöht – doch die Klagen über deren Nachlässigkeit und die Berichte, daß die Beamten nicht selten bloß ihr Standgeld kassierten und dann nach Hause gingen, wollten nicht verstummen. 1804 wurde deshalb eine neue „Dienstinstruktion für die magistratischen Marktrichter" erlassen, in welcher von den Beamten *genaue Kenntnisse und besonnenes Amtieren ohne Parteilichkeit* verlangt und jede Art von Geschenkannahme strikt untersagt werden, was über die alltägliche Realität bereits einiges aussagt. Neben den Märkten sollten die Marktrichter auch die Milchverschleißstände kontrollieren und überprüfen, ob die Milch nicht gewässert war.

„Pantscherei" und Milchverfälschung waren in Wien an der Tagesordnung. Bereits im 16. Jahrhundert wurden vereinzelt Milchkontrollen vorgenommen; verfälschte Milch sollte konfisziert und an die Spitäler (!) abgegeben werden. Ein Hofkanzleidekret aus dem Jahr 1792 versuchte die häufige Verfälschung der Milch dadurch zu unterbinden, daß künftig nur noch solche Personen im Milchhandel tätig sein durften, die auch nachweislich eine bestimmte Anzahl von Kühen „im Futter" hatten. Eine von vielen realitätsfremden Verfügungen der Obrigkeit. Da für eine Viehhaltung innerhalb der Stadt kaum noch Platz war, konnten die Wiener Milchmeier der Nachfrage bald nicht mehr genügen. Sie wandten sich deshalb mit einer Petition an die Regierung und ersuchten um die Erlaubnis, Milch aus der Umgebung der Stadt zukaufen zu dürfen.

Der Aufgabenbereich der Marktrichter war damit aber noch

lange nicht erschöpft. Die „Hockerstände" der Obstlerinnen, die „Kässtecher" und die „Fragner", die Bäcker und Fleischer, die darüber hinaus noch von eigenen magistratischen Beamten „betreut" wurden: sie alle unterstanden der Kontrolle der Marktrichter.

Sosehr die Beamten auch unter der Bürde ihrer Verantwortung stöhnen mochten, die Märkte von damals besaßen soviel Buntheit und Leben, wie man heute nur noch vereinzelt in den Bazaren und Wochenmärkten des Orients findet. Um 1750 zeigt sich auch Anselm Desing von der bunten Vielfalt der Wiener Märkte beeindruckt: *Durch die Handelschaft werden viel frembde Nationen hierher gezogen und ist es eine Lust, auf de Straßen bald Ungarn, bald Türken, Heiducken und Croaten, Griechen und Armenier, Perser und Mohren anzutreffen. (...) Andere seynd Handelsleuth, so mit kostbahren Waaren handeln; andere seynd Kramer, so das zum täglichen Gebrauch gehörige vertreiben: derer letzteren über 600 gezählt werden: neben vil 100 anderen so Leinwat, Hut, Handschuhe etc verkauffen: und einer Menge Galanterei-Händler von allerhand künstlichen Sachen: ite die Eisen, Kupffer etc verkauffen. (...) So gar der Tändel-Markt siehet eine anderwärtigen Jahr Markt gleich.*

Der obrigkeitsstaatlichen Marktpolitik waren solche Überlegungen freilich einerlei. Ihre oberste Maxime lautete, die „Wohlfeilheit der Waren" müsse unter allen Umständen garantiert werden. Handel mit Viktualien sollten deshalb nur die selbstproduzierenden Landleute treiben, die ihre Waren deutlich billiger verkauften. Allerdings waren die Bauernmärkte bis zum Jahr 1775 auf wenige Tage, bestimmte Tageszeiten und einzelne Orte beschränkt. Die Gärtner von Simmering, Schwechat und Laa zum Beispiel, und alle Bauern mit „grüner Ware", hatten strikte Anweisung, ihre Produkte nur auf dem Markt Am Hof zu verkaufen. Um die Mittagsstunde mußten sie ihre Standorte wieder räumen. Nachdem ihnen eine Lagerung ihrer Produkte innerhalb der Stadt untersagt war, sahen sich viele Bauern gezwungen, die übriggebliebene Ware zu Niedrigstpreisen an die städtischen Händler abzuge-

Vogelkrämer, 1780

ben. Viele von ihnen zogen es deshalb vor, ihre gesamte Ware schon vor Marktbeginn an die sogenannten „Ablöser" zu verkaufen. Die Obrigkeit war zwar bestrebt, diesen „Fürkauf" durch immer neue Dekrete zu unterbinden, in Wahrheit aber schaffte sie durch extreme Regulierungen und Behinderungen der Marktfreiheit die allerbesten Bedingungen für dieses illegale Geschäft, dem um die Mitte des 18. Jahrhunderts alleine in Wien etwa 1.500 Ablöser und „Fratschler" nachgingen.

Gegen Ende des 18. Jahrhunderts zählte Wien mehr als 100 Bäcker, 90 Fleischer, 20 Fischhändler, 39 Kässtecher und 32 Obstler. Insgesamt hatte die Stadt 1.269 Markthütten und -stände in ihrer Verwaltung. Ein bedeutender Teil der in die Stadt gebrachten Waren und der in der Stadt produzierten Güter diente jedoch der Versorgung des kaiserlichen Hofes und der zahlreichen Adelshäuser, deren Küchen einen nimmersatten Bedarf an Lebens- und Genußmitteln aller Art aufwiesen. So benötigte der kaiserliche Hof allein täglich 12 Kannen „Ungarwein" als Schlaftrunk und zwei Faß Tokayer zum Einweichen des Brotes, das die allerhöchsten Papageien vorgesetzt bekamen!

Die Victualien-Märkte-Transferierung

Die wichtigsten Marktstandorte Wiens waren seit dem Mittelalter nahezu unverändert geblieben. Die „Victualien-Märkte-Transferierung" vom 14. August 1753 machte Schluß mit dieser gewachsenen

Anarchie und führte zu einer gewissen Konzentration des Marktgeschehens:

*Alle bürgerlichen und andere Fischkäufler werden von der
Tuchlauben und vom Hohen Markt nach dem Schanzltor vor dem
Roten Turm verlegt.*

*Die grünen Waren werden von den Hauptplätzen und Gassen
auf den Salzgries verlegt, wobei darauf zu achten ist, daß der Platz
für die Salzwagen freibleibt. Sollte der Platz für die grüne Ware nicht
ausreichen, ist ein Teil der grünen Waren nach dem Wachthause beim
Schanzltor zu übersiedeln und in der alten Ringmauer ein neues Tor
zu öffnen.*

*Die Hühnerkrämer werden von dem Neuen, die Schmalzhändler
von dem Hohen Markte auf die Seilerstätte, die Dürrkräutlerinnen
und Schneckenweiber von dem St. Petershofe an die Mauer des
Schottenfreithofes und die Kienbauern von dem Judenplatz auf die
Freyung verwiesen.*

*Mehl- und Grießlereiverkauf bleibt auf dem Neuen Markte. Der
Obst- und sogenannte Naschmarkt bleibt ebenfalls am Hof. Dort
wird auch den fremden Müllern und Bäckern der Brotverkauf auf
ihren Wagen gestattet.*

*Der gesamte Jahrmarkt wird auf den Stadtwall verlegt und
ist diesbezüglich mit dem Stadtkommando zu verhandeln. Auch
wegen Verlegung der Fleischbänke und Wildprethändler vom
St. Petersfreythof soll noch beraten werden.* (Zit. nach S. Müller
1987.)

Wenig später, 1756, wurde ein einheitliches Maß- und Gewichts-
system, basierend auf den Wiener Maßen, eingeführt, welches 1871
durch das metrische System ersetzt wurde. Um die Versorgungslage
der ständig wachsenden Wiener Bevölkerung zu verbessern, durften
die Bauern seit 1767 ihr Obst und Gemüse ohne Behinderung an allen
drei Markttagen verkaufen. Gegen Ende der Regierungszeit Kaiserin
Maria Theresias kam es schließlich zu einer echten Liberalisierung des

Handels. Die Bauern waren nun keinerlei zeitlichen Beschränkungen mehr unterworfen, und die illegalen Ablöserinnen wurden durch die Vergabe von „Marktboletten" zu quasi konzessionierten und damit auch legalisierten „Bolettenweibern", die das Publikum auch nach Beendigung des Marktes mit Waren versorgen durften. Davon profitierte vor allem die Bevölkerung der Vorstädte, die nun die Möglichkeit hatte, marktläufige Artikel zu erwerben, ohne sich selbst in die Stadt bemühen zu müssen. Vorübergehend führten diese Maßnahmen tatsächlich zu einer signifikanten Verbilligung vieler Waren. Allerdings gab es auch heftigen Widerstand gegen die neue liberale Wirtschaftspolitik, vor allem von Seiten der niederösterreichischen Regierung und des Wiener Magistrats, die sich den Zunftinteressen des lokalen Bürgertums verpflichtet fühlten.

Genaue Aufzeichnungen aus dieser Zeit verraten uns einiges über die Konsumgewohnheiten der Wiener Bevölkerung. Insgesamt wurden jährlich folgende Lebensmittelmengen in die Stadt geführt: 46.213 Ochsen, 1.924 Kühe, 67.314 Kälber, 29.523 Schafe, 140.263 Lämmer, 44.762 Schweine, 36.759 Frischlinge und 12.753 Spanferkel; 2.100 Tonnen Weißmehl, 1.150 Tonnen Schwarzmehl, 50 Tonnen Gries, 1.100 Tonnen Weizen und Korn, 800 Tonnen Gerste, 3.900 Tonnen Hafer, 300 Tonnen Hülsenfrüchte; 20.000 hl österreichische und 340 hl ausländische Weine, 305.000 hl Bier. Die Stadt zählte damals etwa 210.000 Einwohner – und 40.000 davon waren Dienstboten!

Im Jahr 1783 reformierte Kaiser Joseph II. die Wiener Stadtregierung. Drei neue Stadtsenate, ein politisch-ökonomischer, ein zivilgerichtlicher und ein kriminalgerichtlicher, sollten von nun an die notwendigen administrativen Aufgaben erfüllen. Dem politisch-ökonomischen Senat oblag die Approvisionierung der Stadt und ihrer Vorstädte, die Überwachung der Märkte und Holzlegestätten, die Aufsicht über die Jahrmärkte, die Kontrolle von Maß, Gewicht und Preis sowie die Instandhaltung der städtischen Magazine.

Auch im Justizwesen räumte Joseph II. mit liebgewordenen Traditionen auf. Bereits im Jahr 1773 war die unzeitgemäße Strafe des Bäckerschupfens abgeschafft worden. Auf die öffentliche Zurschaustellung der Delinquenten mit umgehängten Brotlaiben und auf das Spannen ans Kreuz mußten die neugierigen Gaffer nun ebenfalls verzichten. Das Volk dankte es seinem Kaiser nicht. Kurz vor seinem Tod nahm Joseph II. die meisten seiner Reformen resignierend zurück. Die prohibitive Politik seines Nachfolgers, der der Teuerung und Knappheit durch möglichst viele Regelungen, Ge- und Verbote Herr zu werden suchte und unter anderem besonders hohe Einfuhrzölle auf Kolonialwaren wie Kaffee, Zucker und Kakao einhob, konnte die Probleme allerdings nicht lösen. Die neue Geisteshaltung ist auch in der „Allgemeinen Marktordnung für die Haupt- und Residenzstadt Wien und ihre Vorstädte" vom 24. April 1792 zu spüren. Darin heißt es:

Von den Marktplätzen. Für die eigentlich marktmäßigen Feilschaften (Butter, Eyer, junge unausgezogene Lämmer, Krebsen, Obst und alles, was unter der Benennung „grüne Waren und Zugenüss" verstanden wird), sind zu Marktplätzen überhaupt und ohne einen Unterschied für diese oder jene vorbesagten Feilschaften in der Stadt der Hof, Judenplatz, der Hohe Markt, die Freyung, der Tiefe Graben, und der Teil des Neuen Marktes gegen die Schmiede am Ende der Mehlstände bestimmt. Die Seilerstadt ist künftig blos allein für jenes Geflügel und Eyer, die auf Wägen hergebracht werden, gewidmet.

Die Leopoldauer, Kagraner und überhaupt, die sich mit Mästung des Geflügels abgebenden Marchfelder-Insassen haben ihre abgestochenen Enten, Gänse, und geputztes und ungeputztes Geflügel noch ferner auf den ihnen angewiesenen bisherigen Platz am Tiefen Graben zu Markte zu bringen.

Für das Obst, Kraut und Rüben, welches auf Wägen hieherkömmt, bleibt der Platz außer dem Kärntnertore vor dem fürstl. Starhemberg'schen Freihause angewiesen. Das vom Lande eingeführte Brod wird auf den bisher gewöhnlichen Plätzen zu verkaufen gestattet. Der Verkauf des Griesmehls und der Grieslerei-Gattungen, des

*Käsestecherin,
1780*

*Taubenfutters und der Hülsen-
früchte ohne Ausnahme hat ferner bloß auf dem Neuen Markte
zu geschehen. Zum Verkauf des
Schmalzes, Käses und der gesal-
zenen Butter ist der Dominikanerplatz, und zum Verkauf der
Fische in der Stadt der dermalige
Fischmarkt noch ferner bestimmt.
Ebenso ist der Getreidemarkt sowie auch der Heu- und Strohmarkt, dann der junge Vieh- und
Schweinemarkt auf den hiezu bestimmten bisherigen Plätzen abzuhalten.* (Zit. nach S. Müller 1987.)

Die anhaltende Zersplitterung des Wiener Marktgeschehens
wurde auch in den berühmten „Briefen eines Kakraners an
seinen Herrn Vetter in Eipeldau über d'Wienstadt" (1785) ironisch
kommentiert: *Mich wunderts gar nicht (...), daß d'Menscher so Fux
wild sind, wenn's auf den Markt kommen. Sind doch die Märkte so
weit auseinander, daß man eine kleine Kirchfahrt machen könnt, bis
man von einem zum andern kommt.*

Immerhin durften alle Produzenten ihre Waren nun an allen Tagen
auf den genannten Plätzen verkaufen. Der ambulante Verkauf, die
Hauszustellung, das Hausieren sowie der Unter-der-Hand-Verkauf in
Wirts- und anderen Häusern waren jedoch ausdrücklich verboten. Die
erwähnte Marktordnung bezog sich allerdings nur auf die eigentlichen
Grundnahrungsmittel, *nicht aber auf die Feilschaft von Pomeranzen,
Limonien, Rosinen, Ziweben, Feigen, Mandeln und dgl. sowie
Schwefelkerzel, Feiersteine, Kletzenbrod, und dgl. kleiner Gattungen,
die nicht den Gewerbsleuten vorbehalten sind, sondern im Wie-
derverkauf (...) zu allen Stunden feilgehalten [werden dürfen].*

Ausfratschlerinnen

Die umfangreiche Marktordnung von 1792, die auf die liberale Epoche unter Kaiser Joseph II. folgte, brachte also eine neuerliche Beschränkung des freien Markts, allerdings mit einer wichtigen Ausnahme: Sie verfügte nämlich, daß die „Polletenleute" ganz aufzuhören haben. Von nun an durften die „Fratschlerinnen" – ein Wort, das sich vom mittelhochdeutschen vreitschen, „durch Fragen erfahren", ableitet – und die „Hockerweiber", die ein Mittelding zwischen Marktleuten und ansässigen Gewerbetreibenden darstellten, die Wiener Bevölkerung zu jeder Zeit mit frischem Obst und Gemüse versorgen. Diese Neuerung war besonders für die Vorstädte, in welchen die landwirtschaftlichen Produzenten nicht in ausreichender Zahl erschienen, von besonderer Bedeutung.

Der Wiener Dichter Vinzenz Chiavacci (1847–1916) hat den für ihren Witz und ihre Schlagfertigkeit berühmten Damen in der Figur der „Frau Sopherl vom Naschmarkt" (1892) ein ewiges Denkmal gesetzt. Sylvester Wagner, ein Zeitgenosse des Vormärz, nannte den Naschmarkt und das „Schanzl" am Donaukanal das „Bildungsinstitut der Fratschlerinnen", in welchem sie die Geläufigkeit der Zunge und die Fertigkeit der Ideenassoziation erlernen könnten, weshalb sie auf alles und jedes eine schlagende Erwiderung hätten, die nie ohne Blumenreichtum sei. Sie waren es, die fortan das Leben und Treiben auf den Wiener Märkten bestimmen sollten. Derbe und schlagfertige Frauen, die ein oft beschriebenes „Weiberregiment" auf den Märkten führten, wahre Wörterbücher an rüden und nicht selten ordinären Ausdrücken, die sie bei Bedarf über ihre Widersacher ausschütteten. Kein Wunder auch bei den damals herrschenden Sitten: *Auf dem Obstmarkt, da ists gspassig Herr Vetter! da gehn d'Leut' von einem Stand zum andern, und kosten überall, und sagen überall, s'Obst schmekt ihnen nicht, s'wär saur*, schreibt der erwähnte „Kakraner" seinem Vetter.

Der Wiener Magistrat erblickte im Benehmen der Fratschlerinnen allerdings eine sittliche Gefährdung der weiblichen Jugend. In einer Eingabe aus dem Jahr 1789 heißt es: *Jede gutdenkende Mutter muss Bedenken tragen, ihre heranwachsenden Töchter die Märkte besuchen zu lassen, die die Tummelplätze der Unverschämtheit sind.*

Der „Allgemeinen Marktordnung" folgte am 22. März 1793 die „Marktordnung für die am Wasser in die k.k. Haupt- und Residenzstadt Wien ankommenden, und an dem sogenannten Schanzl von den Händlern zu veräußernden, verschiedenen Feilschaften", mit welcher der Verkauf am Schanzlmarkt geregelt und das auf den Obstschiffen herrschende Chaos unterbunden werden sollten: *An der Donau ist es nicht ohne Schauder anzusehen, wie diese Bolletenweiber den Obstschiffen, bevor sie ordentlich anlanden, in das Wasser entgegeneilen, und Tüchl oder andere Sachen auf das Obst hinauswerfen, um das Einkaufsrecht zu behaupten.* (Zit. nach S. Müller 1987.)

Bäckerrummel

Während der napoleonischen Kriege zu Beginn des 19. Jahrhunderts zählte Wien bereits 230.000 Einwohner, die es gewohnt waren, jährlich 45.000 bis 90.000 Schlachtochsen, 250.000 Metzen Weizen, 200.000 Metzen Korn, 600.000 Zentner Mehl, 16.000 Zentner Unschlitt, 500.000 Eimer Wein und 600.000 Eimer Bier zu vertilgen, und die nun mit einer Versorgungskrise nie gekannten Ausmaßes konfrontiert waren. Dies und die anhaltende Fleischverteuerung führten zu einer radikalen Änderung in den Ernährungsgewohnheiten der Wiener, indem sie den aus Schlachtviehresten hergestellten Wurstprodukten, die bis dahin als Arme-Leute-Essen galten, zum Durchbruch verhalfen.

Die Ernährungs- und Versorgungssituation vieler Wiener war alles andere denn ein Honiglecken, wie uns auch ein Auszug aus der „Mehl-Instruktion" von 1804 zeigt, in der die Beamten angewiesen werden, darauf zu achten, daß *kein arm gewordenes, verschlissenes, riechendes, sandiges, mit Gips oder Kastanie vermengtes Mehl* in Umlauf gelange. Im Jahr darauf erließ die Regierung eine neue

„Instruktion für die magistratischen Brotbeschauer", deren Aufgabe unter anderem auch darin bestand zu prüfen, ob das Brot *gehörig ausgebacken und ausgegoren, nicht zu naß und derb, nicht sandig, nicht übelriechend oder muffig, ob es nicht ungesalzen, nicht sauer, rindhohl oder zu schwarz, ob es gehörig bearbeitet und ausgekühlt sei.*

Eine neue „Instruktion" erging auch an die „magistratischen Fisch- und Fleischbeschauer", die über eine Armee von Fleischhauern, Fleischselchern, Bratelbratern, Fischkäuflern, Fischern, Wirten und Stadtköchen zu wachen und darauf zu achten hatten, daß kein krankes Vieh geschlachtet und ausgehauen, noch tote oder abgestandene Fische verkauft wurden. An den Markttagen hatten die Beamten auf den Viehmärkten am Ochsengries und in St. Marx den Gesundheitszustand der angebotenen Tiere zu prüfen, auf Preis und Gewicht zu schauen, unvermutete Kontrollen durchzuführen, Käufer anzuhalten und die Qualität der gekauften Ware zu überprüfen.

Vor dem Hintergrund der Bedrohung Wiens durch Napoleon, der die Stadt am 13. November schließlich besetzte, kam es am 7. Juli 1805 zum berühmten „Bäckerrummel", der zeigt, wie angespannt die Lage der vielzitierten „kleinen Leute" tatsächlich war, welch geringen Anlasses es bedurfte, um das Faß zum Überlaufen zu bringen, aber auch, wie verhaßt die Bäcker und Fleischhauer bei den Wienern waren. Ein Webergeselle hatte bei einem Bäcker in der Wiedner Hauptstraße einen Drei-Kreuzer-Laib Brot kaufen wollen. Als man ihm sagte, daß nur noch Brot zu 6 Kreuzern vorrätig sei, begann der Geselle zu randalieren. Bald gesellten sich andere unzufriedene Bürger hinzu und assistierten ihm in seinem handgreiflichen Zorn. Obwohl mehrere Amtspersonen sich eifrig darum bemühten, billiges Brot aus anderen Bäckereien heranzuschaffen, breiteten sich die Unruhen rasch aus. Nachdem das Geschäft und das Haus des Bäckers erfolgreich geplündert worden waren, kam es auch in den Vorstädten Mariahilf, Schottenfeld, in der Josefstadt und in der Roßau zu blutigen Krawallen, die mehrere Tote und Verwundete zurückließen.

Zwischen Biedermeieridylle und Industrialisierung

Der Fleischmisere zweiter Teil

Um 1800 war Wien von zwei Befestigungssystemen umgeben. Die Innere Stadt wurde durch die aus dem 16. Jahrhundert stammenden Fortifikationsanlagen spürbar eingeengt; Menschen, Pferde und Lastfuhrwerke mußten sich mühsam und zeitraubend durch die insgesamt zehn Toranlagen der Stadtmauer zwängen. Seit dem Beginn des 18. Jahrhunderts umgab eine weitere Befestigungsanlage das Wiener Stadtgebiet, denn auf Betreiben Prinz Eugens von Savoyen waren nach strategischen Gesichtspunkten neue Wälle geschaffen worden, die die Vorstädte Wiens vor Feindesgefahr schützen sollten. Dieses Verteidigungssystem bewährte sich im Jahr 1704, als der ungarische Nationalist Franz II. Rákóczi mit seinen Truppen vor der Stadt erschien, das erste Mal. Damals sprach man vom „Kuruzzenwall", später wurde die Bezeichnung „Linienwall" gebräuchlich.

Kaiser Franz I. funktionierte diese Befestigungsanlagen zu Beginn des 19. Jahrhunderts zu einer gut überschaubaren Steuergrenze um. Seit 1811 wurde an der „Linie" der Stadtmauttarif eingehoben und ab dem Jahr 1829 die „Allgemeine Verzehrungssteuer", die bis 1922 existierte. Diese Abgaben trieben die Preise für importierte Produkte weiter in die Höhe.

Der Beginn des 19. Jahrhunderts war von einer bis dahin nicht gekannten Teuerungswelle geprägt. Ursache dafür waren mehrere aufeinanderfolgende Mißernten, die zweimalige Besetzung der Stadt durch die Truppen Napoleons (im November 1805 und im Mai 1809), aber auch das Spekulantentum im künstlich angeheizten Klima des Wiener Kongresses (1815). Diese teilweise massiven Preissteigerungen führten zu einer Verelendung großer Teile der Wiener Bevölkerung, die um 1820 auf 260.000 Menschen und zehn Jahre später bereits auf 320.000 Menschen angewachsen war, welche die Kleinigkeit von

385.848 Eimern Bier, 258.445 Eimern Milch, 348.930 Eimern Wein, 46 Millionen Eiern sowie 23.686 Zentnern Butter, Schmalz und Gänsefett verzehrten. Im Jahr 1811 verdoppelte sich der Fleischpreis innerhalb nur weniger Monate; der Preis für Roggenbrot stieg sogar um 170 Prozent. Nicht nur der Staat meldete in diesem Jahr Bankrott an. Die Menschen blieben auf ihren wertlos gewordenen Banknoten sitzen, und Fleisch wurde für viele zu einem unerschwinglichen Luxus. Die ursprünglich als minderwertig angesehenen Wurstwaren aus Schlachtviehresten, die Brat-, Preß- und Blutwürste, avancierten zu einem weit verbreiteten, weil relativ billigen Nahrungsmittel, welches durch die „Erfindung" der „Frankfurter" durch den Fleischhauer Lahner im Jahr 1848 gewissermaßen geadelt wurde.

Der Bedarf an Lebendvieh wurde zum überwiegenden Teil aus Niederösterreich, der Gegend um Olmütz und Oberungarn gedeckt. Die Fleischversorgung der Stadt lag immer noch nahezu ausschließlich in den Händen der Viehhändler und Fleischhauer, die sich die guten Preise von der Regierung nicht ruinieren lassen wollten. Um die Preise auf ein erträgliches Maß zu senken, sollte die Konkurrenz unter den Fleischhauern belebt werden. Den Gewerbetreibenden wurde deshalb im Jahr 1813 die Errichtung beliebig vieler Filialen zugestanden. Allerdings befanden sich auch diese neuen Läden bald in der Hand weniger alteingesessener Fleischhauer, die dank dieser wohlmeinenden Maßnahme ihr Monopol noch weiter festigen und ihre Gewinnspannen steigern konnten.

Für immer mehr Menschen lautete die essentielle Frage aber gar nicht mehr: Fleisch oder Wurst, sondern: Was esse ich überhaupt? Für die notleidende Bevölkerung wurden nun allerorts Suppenküchen eingerichtet, eine Initiative, die auf den amerikanischen Physiker Sir Benjamin Rumford (1753–1814) zurückgeht, den Erfinder der berühmten „Rumfordsuppe". Sir Benjamin vertrat die Ansicht, daß diese kräftige Knochenbrühe, mit Hülsenfrüchten, Graupen, Erdäpfeln, Wurzelwerk und Schweinefleisch als Einlage, ein gesundes und allgemein erschwingliches Volksnahrungsmittel abgeben könne. Welch ein Philanthrop!

Ein im Jahr 1818 erschienener „Geboth- und Sündenspiegel" gewährt uns einen wertvollen Einblick in die Brotversorgung der Wiener Bevölkerung. In diesem Pamphlet werden nämlich Unarten wie die Vermahlung von minderwertigen Getreidesorten, die Erzeugung von „ungewichtigem", d.h. zu leichtem Gebäck, das Auffrischen alter Semmeln und sogar die Verwendung ungenießbaren Gebäcks zur Erzeugung von neuem Teig angeprangert.

Wurde im Vormärz in Wien vorwiegend gehungert? Die Angaben dazu sind widersprüchlich. A. Schmidl notiert in seinem Wiengemälde „Wien wie es ist" (1833): *Der als so gefräßig verschrieene Wiener erscheint ein wahrer Cyniker dem Pariser gegenüber.* Carl Meisl (1820) dagegen stellt die Versorgungsnöte seiner Heimatstadt eher als das Resultat kollektiver Schlemmerei dar:

> *Da stockt auf einmal ein Gewühl von Wägen,*
> *Vom Tabor ziehen sie herein;*
> *Gefüllt – bepackt mit reichem Himmelssegen,*
> *Mit Früchten, Mehl, mit Obst und Wein.*
> *(...)*
>
> *Mein lieber Freund! vielleicht in einer Stunde*
> *Sind diese Wägen schon geleert.*
> *Es gleicht die Stadt dem bodenlosen Schlunde*
> *Der's platte Land umher verzehrt.*

Im Schlaraffenland

Daß im frühen 19. Jahrhundert in den Wiener Bürgerhäusern nicht nur Hunger und Not herrschte, zeigt das von F.G. Zenker im Jahr 1844 neu herausgegebene Kochbuch Ignaz Gartlers (1787), das ein aufschlußreiches „Verzeichniß aller Arten von Fleisch, Fischen, Obste und Pflanzen, in welchen Monathen sie am geschmackvollsten zu haben und zu genießen sind" enthält. (Vgl. dazu auch S. Müller 1987.)

Im Januar gab es auf den Wiener Märkten Rindfleisch, *Kalb, Schopsen, Schwein, roth und schwarzes Wildprat, Haasen, Fasanen,*

Indianen, Rebhühnern, Kapauner, Hühner, Tauben und allerhand anderes Geflügel. *An Fischen erhält man Karpfen, Perschling, Schleien, Aalen, Plateisel, Lachsen, Stockfisch, Laperdon und Fischotter, Haringe, Bricken, Pucklinge, Austern, Schnecken. An Kohlgewächsen liefert uns eine sorgfältige Aufbewahrung für den Winter noch Kohlrabi, Rüben, gelbe Rüben, blauen Kohl, weissen Kohl, Kauli, rothe Zellerie, Petersil, Antiphien, Rettig, Erdäpfel, Brungreß, Winterrabunzel. Das gedörrte Obst ist jederzeit zu haben.*

Im Februar gab es alle Arten von Fleisch und *Färkchen in Menge. Haasen* hingegen *sind gegen Ende dieses Monaths nicht mehr gut.* Auf den Märkten erhältlich waren Lachs, Karpfen, Forelle und alle Jännerfische, aber auch Kohl und Wurzelgewächse. Für Mitte Februar wird Brunnenkresse, Petersilie, Zeller, Rettich, Löffelkraut, Endiviensalat, Karbelkraut, Rapunzel, Spinat, Zwiebel und Knoblauch empfohlen.

Im März waren *Ende des Monaths Märzhaasen und junge Hühner, wilde Gänse und Aenten* erhältlich. Die Gärten lieferten alle Arten von Salat, Sauerampfer, Spinat, Spargel, Salbei, Majoran, Schnittlauch, Petersilie, verschiedene Kräuter und *Erdschwämme.*

Im April war die Zeit für Lammfleisch, junges Schwein, junge Hasen, Hühner und Tauben. Für Ende des Monats kündigt das Kochbuch junge Gänse und Enten an, und weiter heißt es: *besonders gut jetzt Aal, Weißfisch, Grundel, Stör.* Das Wildbret wurde nun seltener, dafür waren Rettich, Rüben, Zeller, Petersilie, *Happel Sallat, junge Umurken* (Gurken), junge Kohlrüben, Champignons, Aniswurzeln und Artischocken reichlich zu haben. Die Artischocke war zu Beginn des 18. Jahrhunderts nach Wien gekommen und durfte auf den Tafeln der Reichen und Vornehmen als modischer Leckerbissen bald nicht mehr fehlen. Die Küchengärtner der Leopoldstadt konnten gar nicht genug dieser Pflanzen anbauen und auf den Wiener Markt bringen.

Im Mai waren Schöpsen- und Kalbfleisch, Hasen, Gänse, Enten, Hühner, *junge Kapaundel, Indian,* Tauben und Wachteln auf dem Markt. Vorzüglich waren Lachs, Forelle, Weißfisch, Aal, Hecht,

Karpfen, Frösche und Krebse; besonders gut auch Wasserhühner, *Dukanten*, und Gemüse wie rote, weiße und gelbe Rüben, *Kohlbrockeln*, Kraut, frischer Kren, Zeller, Petersilienwurzeln, *Stockrüben*, Häuptelsalat, Rettich, Sauerampfer, Gurken und Spinat. Die Butter war um diese Jahreszeit am besten.

Im Juni waren reichlich Kalbfleisch und Schweinefleisch, Gänse, Enten, Kapaune, *Indian*, Tauben, Wildgänse, Wildenten und Wachteln zu erhalten; im Angebot waren auch noch *allerlei Fische*. Die Felder und Gärten lieferten rote, weiße und gelbe Rüben *und alles vom Mai*, ebenso grüne Erbsen. Erdbeeren, Kirschen, Marillen und Muskatellerbirnen bildeten das Saisonobst.

Im Juli gab es das gleiche Fleisch wie im Monat zuvor, allerdings wurden jetzt mehr Fische angeliefert. Aus dem „Küchelgarten" kamen Kohl, Rüben, Salat und Fisolen; besonders gut war jetzt der schwarze Rettich. An Obst wurden in diesem Monat hauptsächlich Birnen und Weichseln geerntet.

Im August waren *Kalb, Schwein, Sponferkel am besten; jedes Flügelwerk* war jetzt fleischig und überaus geschmackvoll. Abgesehen vom frischen Schwarz- und Rotwild war das Hirschfleisch am besten, als sehr delikat galten auch Rebhuhn, Wachtel und Lerche. Empfohlen wird in diesem Monat Weißkraut; an Obst kamen Melonen ins Angebot. Zwetschken wurden für die Safterzeugung, Schwämme zum Trocknen eingekauft.

Im September war das Schöpsene, das jetzt besonders fett war, am besten. Um diese Jahreszeit waren die Spanferkel nicht mehr gut. Wildbret wurde reichlich angeliefert, und es gab Schnepfen, Drosseln, Finken, Meisen und Haselhühner in Hülle und Fülle. Fische galten jetzt als besser, Krebse hingegen konnten nicht mehr empfohlen werden. Das Obstangebot wurde durch Weintrauben, Pfirsiche und Äpfel ergänzt.

Im Oktober war genügend Fleisch vorhanden; schwarzes und rotes Wildbret gab es jetzt in Mengen. Auch Geflügel und Fische waren im

Überfluß vorhanden. Zu dem reichlich angebotenen Obst kamen Mispeln und *Pergamot-Kaiserbirnen* hinzu.

Das Angebot des Monats November bestand aus Rind- und Schöpsenfleisch; Kalbfleisch wurde seltener und das *Schweinefleisch ist nicht mehr dienlich*, heißt es im Kochbuch. Hingegen war geräuchertes Fleisch, wie Schinken und Zunge, reichlich im Marktangebot vorhanden. Wildbret und Würste konnte man jetzt besonders günstig erwerben, und es gab reichlich Hasen und Geflügel auf den Wiener Märkten. Preisgünstig waren in diesem Monat *Kohlgewächse, Braunkohl und Weißkraut*.

Im Dezember wurde Fleisch und Wildbret aller Gattungen reichlich angeboten, nur *das Flügelwerk war in dieser Zeit nicht körnicht*. Der Speisezettel konnte um die Weihnachtszeit mit guten Schnecken, Austern und Fischen aller Art angereichert werden. Weiters heißt es im Kochbuch: *Frische Haringe, Pücklinge, Lachsen werden jetzt mit Vortheile einmarinirt*.

Das Kochbuch bietet auch tägliche Speisepläne für alle Monate des Jahres an. Hier zwei Beispiele: Für den Monat Januar wird mittwochs *Lebersuppe, Rindfleisch mit Sardellensoß, Sauerkraut mit gebackener Leber, eingegangene Karbonadel* (Kotelett) und *schweinernes Bratel mit Sallat* empfohlen. Und die Abfolge der freitäglichen Fastenspeise im Monat Mai lautete: *Mandelsuppe, Eyerwürstel, grüne Erbsen mit gebackenen Fröschen, Gugelhupf* und *Hausen gebacken*.

Bedenkt man den enormen Arbeitsaufwand – das Federvieh mußte gerupft, der Fisch entschuppt, das Wild ausgenommen werden – und die beträchtlichen Kosten, die nötig waren, um solche Speisefolgen auf den Tisch stellen zu können, dann wird klar, daß der durchschnittliche Wiener mit Sicherheit keine fünf Gänge täglich vorgesetzt bekam. Sein Menü war normalerweise auf Suppe und Hauptspeise beschränkt. Die Arbeiter mußten in der Regel sogar mit der Küche des Bradelbraters vorliebnehmen: einer fetten Wurst, einem Stück Brot und dem obligaten Bier.

Zwetschken, Lemoni, Bameranschen hob i da!

Auch um die Mitte des 19. Jahrhunderts versorgte die Wiener Bevölkerung sich immer noch in erster Linie auf den verschiedenen
Marktplätzen der Stadt. Wie wir aus Schimmers „Neuestem Gemälde
von Wien" (1837) erfahren, war dreimal die Woche am Neuen Markt
Mehlmarkt, Gemüse war täglich am Hohen Markt, am Tiefen Graben
und am Judenplatz zu erhalten, Obst gab es täglich am Naschmarkt,
zur Reifezeit auch noch am „Schanzl", „edlere" Früchte hingegen
wurden auf dem Markt Am Hof angeboten. Eier, Butter und Geflügel
fand man Dienstag, Freitag und Samstag auf der Seilerstätte, Schmalz
und Käse am Dominikanerplatz und Fisch beim „Rothen Turm".

Die von den Bauern belieferten Märkte, der Naschmarkt, das
„Schanzl" und der Markt Am Hof waren allgemein für ihre Wohlfeilheit bekannt. Auf diesen drei Märkten wurde neben dem „groschen-
weisen" Detailhandel vorzugsweise Großhandel in ganzen Partien von
Butten, Körben und ähnlichen Behältern betrieben. *Hier machen die
Stadthockerinnen, in Wien Obstlerinnen genannt, die städtischen
Viktualienhändler oder Greißler ihre Einkäufe. Auch andere Männer
und Weiber, die mit Obst handeln, versehen sich zu billigen
Preisen in großer Menge mit Obst, das sie dann nach anderen Marktplätzen tragen und
dort kleinweise verkaufen,
und zwar um so viel theurer,
daß sie einen beträchtlichen
Gewinn für die Mühe beziehen, ein Gefäß mit Obst von
einem Marktplatz zum anderen getragen zu haben*, berichtet Ludwig Scheyrer im Jahr
1844. Die reschen Fratschlerinnen, die mit ihrem markanten
Ausrufergeschrei die Kunden

*Obstweiber am
Hohen Markt*

auf ihr Warenangebot aufmerksam zu machen versuchten und die vielfach bloß als ein weiteres pittoreskes Element auf den Wiener Märkten angesehen wurden, waren in Wahrheit das Produkt eines beinharten Konkurrenz- und Überlebenskampfes, der hier tagtäglich ausgetragen werden mußte.

Das Marktgeschehen beschreibt Silvia Müller in ihrer Studie über die Wiener Märkte folgendermaßen: Bei Tagesanbruch, im Winter noch bei finsterer Nacht, erwachte der Markt. Männer und Frauen nahten mit Butten und Körben und begannen mit Rang- und Standortstreitereien ihre „Rechte" zu verteidigen. Gute Verkaufsplätze befanden sich am Anfang einer „Gasse", wo die Waren oft schon am frühen Vormittag verkauft sein konnten. Auf schlechten Standorten dauerte dies oft bis Mittag oder noch länger. Die Standortstreitigkeiten zwischen den städtischen Verkäufern und den Bauern gingen häufig zu Gunsten der „Marktamazonen" aus, die durch ihre Überzahl und ihre Solidarität ein effektiveres Durchsetzungsvermögen besaßen. Es gab, speziell auf den „feineren" Innenstadtmärkten mit der „besseren" Kundschaft, gutverdienende Marktfrauen mit einem wohlsortierten Standl, es gab aber auch und vor allem solche, die weder Bude noch Stand, sondern nur einen Holztisch oder ein Stofftuch besaßen, auf dem sie ihr Verkaufsgut ausbreiteten. Meist waren es ältere Frauen, die im Freien und bei jedem Wetter ihrem Beruf nachgingen, der nur ein kümmerliches Einkommen abwarf. Neben diesen Obstlerinnen, die durch Bezahlung einer jährlichen Erwerbssteuer amtlich befugt waren, Obst und Gemüse feilzubieten, trieben sich vor allem bei der Ferdinandbrücke, der heutigen Schwedenbrücke, zahlreiche illegale Obstweiber herum, die unerlaubterweise Handel trieben. Sobald sich ein Marktaufsichtsorgan blicken ließ, warnten diese „unbefugten" Obstverkäuferinnen einander mit einem sirenenartigen Geheul und flüchteten mit ihren rasch zusammengerafften Waren hinüber in die Leopoldstadt oder auf die Bastei hinauf, wo sie die Marktbeamten gefahrlos verspotten konnten.

Die Marktweiber wurden als „untere Klasse" von den meisten Zeitgenossen belächelt, wegen ihrer gefürchteten Zungenfertigkeit aber auch mit ängstlichem Respekt behandelt. Einige von ihnen erlangten zweifelhafte Berühmtheit, wie z.b. die Fragnerin Theresia Kandl aus dem Vorort Hungelbrunn. Als skrupellose Ehegattenmörderin war sie das Tagesgespräch Wiens. Vom 13. März 1809 an durften die schaulustigen Wiener sie drei Tage lang auf der Schandbühne am Hohen Markt begaffen und verspotten. Am 16. März wurde sie zur Hinrichtungsstätte auf dem Wienerberg gebracht. Der Zulauf der sensationslüsternen Bevölkerung war an diesem Tag so groß, daß eine ganze Polizeiabteilung für den „ordentlichen Ablauf" der Hinrichtung sorgen mußte.

Geburtswehen einer Behörde

Die Kontrolle der Wiener Märkte war noch in der ersten Hälfte des 19. Jahrhunderts auf mehrere magistratische Beamte verteilt – den Marktrichter, die Fleisch-, Fisch-, Mehl- und Brotbeschauer, den Metzenleiher und den Krebsenrichter, um nur die wichtigsten zu nennen –, die ihrerseits der Kontrolle der Regierungsmarktkommissäre unterstanden. Eine Organisationsstruktur, die sich, vor allem anläßlich der immer wiederkehrenden Fleischkrisen, als äußerst unzureichend erwies.

Eine Änderung dieser mißlichen Situation trat erst um die Mitte des 19. Jahrhunderts ein. Vater der Reformen war Ignaz Freiherr von Czapka, Ritter von Winstetten, der in Wien Rechtswissenschaften studiert und es im Kriminalgericht bis zum Magistratsrat gebracht hatte, bevor er im Jahr 1832 zum Vizebürgermeister avancierte. Wegen seines bekannt energischen Durchsetzungsvermögens wurde ihm 1833 das Himmelfahrtskommando der Fleischapprovisionierung Wiens übertragen. Czapka schreckte vor dem entscheidenden Konflikt mit der mächtigen Fleischerinnung nicht zurück, selbst als es zu wütenden Protesten der Fleischhauer und zu tumultartigen Szenen vor dem

Wiener Rathaus kam. Ein Jahr darauf wurden ihm auch alle weiteren Agenden des Approvisionierungsamtes übertragen. Nun machte er sich noch das niederösterreichische Regierungsmarktkommissariat, das eine Schmälerung der eigenen Kompetenzen fürchtete, zum Feind.

Viel Feind, viel Ehr'. Als Czapka im Jahr 1838 Bürgermeister wurde, konnte er endlich darangehen, seine Vorstellungen von einer umfassenden Reform des Marktwesens zu verwirklichen. Czapkas Konzept einer uneingeschränkten magistratischen Marktaufsicht wurde 1839 von der Hofkanzlei gebilligt, und noch im selben Jahr wurde das Wiener Marktamt gegründet. Die Amtsgewalt der vier Oberinspizienten und 33 Inspizienten erstreckte sich vorerst jedoch nur auf die Bezirke innerhalb der Linien. Die innerhalb der Linien verbliebenen sieben Grundherrschaften, die sogenannten „Dominien", hatten ihre eigenen Marktaufseher zu stellen, die ebenfalls dem Magistrat unterstellt waren: die Herrschaft Schotten sechs Inspektoren für Schottenfeld, Neubau, St. Ulrich und Breitenfeld, das Domkapitel zwei Inspektoren für Mariahilf, die Herrschaften Hundsthurm und Jägerzeile je zwei, und die Herrschaften Liechttenthal, Schaumburgerhof und Konradswörth je einen. Die außerhalb der Linien gelegenen Freigründe setzten sich zunächst erfolgreich gegen den magistratischen Zugriff zur Wehr.

In den Jahren 1841 und 1842 gelang es Bürgermeister Czapka, die Herrschaften Jägerzeile und Hundsthurm zu erwerben und damit das Gebiet der Gemeindeverwaltung weiter auszudehnen. Im Revolutionsjahr von 1848 befanden sich außerhalb des städtischen Zugriffs nur noch der Schaumburgergrund und die Herrschaft Konradswörth, die sich im Besitz der Familie Starhemberg befanden, Liechttenthal, eine Liegenschaft des Fürsten Liechtenstein, Mariahilf, das dem Domkapitel zu St. Stephan unterstand, die Ortschaften Breitenfeld, Neubau, Schottenfeld und St. Ulrich, die allesamt dem Schottenkloster gehörten.

Im Jahr 1846 beauftragte Czapka seine Beamten mit der Ausarbeitung eines Projekts zur Errichtung zweier großer zentraler Schlachthäuser in den Vororten St. Marx und Gumpendorf. Ihre Fertigstellung verzögerte sich allerdings beträchtlich. Im Verlauf des Jahres 1847 erreichten die Versorgungsprobleme Wiens ein noch nie dagewesenes Ausmaß. Die enormen Preissteigerungen und die ständigen Engpässe in der Brotversorgung trugen mit Sicherheit ganz wesentlich zum Ausbruch der Revolution von 1848 bei. Eines der Opfer des Umsturzes war der Reformer Czapka – er mußte demissionieren. Die letzten Grundherrschaften wurden aufgehoben, die Vorstädte der Stadt Wien einverleibt – und die Revolution wurde niedergeschlagen. Der Neoabsolutismus beendete vorerst alle Reformansätze und stellte die Gemeinden wieder unter strenge staatliche Kuratel. Die zweite Jahrhunderthälfte war vom aufsteigenden Wirtschaftsliberalismus, von der zunehmenden Politisierung des Kleinbürgertums und vom Erstarken der Arbeiterbewegung geprägt. Die Bevölkerung Wiens hatte die halbe Million überschritten.

Kleinbürger und Proletarier

Beide, Kleinbürger und Proletarier, waren im Versorgungssystem der Stadt überaus präsent. Erstere in Gestalt der kleinen Lebensmittelhändler, der sogenannten „Greißler" – ein Wort, das sich einer populären Etymologie zufolge vom „Griesler", dem Grießhändler, ableitet –, letztere durch die bereits mehrmals erwähnten Fratschlerinnen. Zwischen diesen beiden Gruppen tobte ein erbitterter Konkurrenzkampf, der sich umso mehr verschärfte, als die Zahl der Viktualienhändler, die ein Geschäftslokal in der Stadt besaßen, ständig zunahm. Im Jahr 1844 berichtet Ludwig Scheyrer: *In jenen Gassen, welche größere Häuser aufzuweisen haben, befindet sich in jedem Haus ein Greißler oder Viktualienhändler; in manchen Häusern, wie z.B. im Trattnerhofe oder im Schottenhofe sieht man sogar zwei solcher Gewerbe.* (Zit. nach S. Müller 1987.)

Diese „Viktualienhändler mit Gewölbe" führten mitunter sogar ein recht komfortables Leben. So ein „Herr Prinzipal", wie er uns etwa in Johann Nestroys Posse „Einen Jux will er sich machen" begegnet, leistete sich einen Handlungsdiener, der das Geschäft an seiner Stelle führte, einen Lehrjungen, einen „vazierenden" Hausknecht und eine Wirtschafterin. Ein wohlhabender, wenn auch zumeist wenig gebildeter kleiner Bourgeois also, der gegen die „Höllenbrut der Unterhändler" auf den Märkten wetterte, sich selbst aber als tüchtigen Gewerbetreibenden sah, dessen „bürgerlich, verzinslicher Gewinn" ehrlich erworben war.

Sie zahlen keine Mauth, weil sie ihre Waren in Wien einkaufen und sie zahlen keine Erwerbssteuer, weil sie vom Lande sind und leben daher besser und bequemer als der Gewerbsmann in loco! geifert der „Viktualienhändler mit Gewölbe" Joseph Riedl in seinem 1848 erschienenen Buch „Der Unterhandel und die Unterhändler in Wien" gegen die Obstlerinnen, Kräutlerinnen und Eierfrauen, die teilweise ungeheure Strapazen auf sich nahmen, um gute Ware zu günstigen Preisen zu erhalten. Einige von ihnen gingen den Bauern frühmorgens bis zu den Linientoren oder bis zur „Lampelmauth" am Donaukanal entgegen, um hier die schönste und günstigste Ware einzukaufen. Joseph Riedl lag um diese Tageszeit wahrscheinlich noch unter seiner warmen Tuchent. Er und die übrigen Greißler, die am Markt auf die Bauern warteten, mußten das nehmen, was übriggeblieben war. Eine besonders raffinierte Methode hatten die Eierhändlerinnen von der Seilerstätte entwickelt: Sie schlossen sich zu „Compagnien" zusammen, kauften die Eier gleich kistenweise und daher billiger ein und teilten sie danach untereinander auf. Die Wiener Greißler bezichtigten die Fratschlerinnen deshalb des Betrugs am Kunden, der Verfälschung der Ware und des Schwindels bei Maß und Gewicht. Ein ganz besonderer Greuel waren ihnen die „ledigen Weibsbilder", die auf den Märkten Handel trieben und sich dadurch der Arbeit „entzogen".

Das beschauliche Leben der Wiener Greißler war jedoch nicht nur durch die Konkurrenz der Marktleute in Gefahr. Wesentlich schwieriger zu kontrollieren waren die ambulanten Straßenhändler, die keine festen Standplätze besaßen, mit ihren in Körben oder Binkeln verpackten Waren durch die Straßen und Gassen der Stadt zogen und durch laute, charakteristische Rufe auf sich aufmerksam machten. Joseph Riedl klagt über diese sogenannten „Wießler" oder „Buckelkörbler", daß sie *sogar von der steyrischen und magyarischen Gränze nach Wien kommen, und ihren Unterhandel treiben, und gewiß für uns Viktualienhändler und Greißler, so wie für das Publicum die gefährlichsten Subjekte sind, indem diese nicht nur auf den Marktplätzen von Wien mit beinahe allen Viktualien-Artikeln ihren Unterhandel treiben, sondern sie begeben sich in den Nachmittagsstunden in alle Vorstädte, schleichen sich in die Häuser ein, gehen Stiegen auf, Stiegen ab, von einer Wohnung zur anderen, und treiben da ganz ungenirt ihren Hausirhandel, wodurch sie uns Geschäftsleute gewiß nicht wenig beeinträchtigen, wobei sie manchmal eine Gelegenheit gewiß nicht unbenutzt lassen, wenn sie bei einer Partei krapslorum machen können.*

Solange es nur relativ wenige gutsortierte Geschäfte in Wien gab, die Märkte weit auseinanderlagen und es an öffentlichen Verkehrsmitteln mangelte, war jedoch ein großer Bedarf an fahrenden Händlern gegeben. Viele dieser Hausierer, die auch S. Müller beschreibt, waren Zuwanderer aus den verschiedensten Teilen der Monarchie, die in der Hoffnung, sich in der Stadt ein besseres Einkommen verschaffen zu können, nach Wien gekommen waren.

Da gab es die sogenannten „Gottscheeber", die aus einer deutschsprachigen Enklave Krains im heutigen Slowenien stammten und mit „welschen Früchten" und Süßwaren handelten. Der Gottscheeber zog abends mit seinem Korb, der mit Datteln, Feigen und Zuckerzeug gefüllt war, durch die Gaststätten. Er verkaufte seine Waren nicht, sondern ließ um einen geringen Einsatz darum spielen, und mit etwas Glück konnte man einen Kranz Feigen oder eine Schachtel Bonbons gewinnen.

Und da gab es auch den prächtigen „Salamudschimann" aus dem Trento, der mit Salami und Käse handelte, eine beeindruckende Gestalt mit breitkrämpigem Kalabreser und schwarzblauem Samtrock. Und seinen Landsmann, den „Figurinimann", der allerlei Gipsfiguren, vom Staatsmann bis zur kitschigen Madonna, im Angebot hatte. Weiters die berühmten Lavendelweiber, das Eierweib, die Limonikramerin, das Schneckenweib und die Lorbeerhändlerin,

Salamudschimann am Graben

den „Kochlöffelkrowoten", dessen Angebot vom Holzlöffel über das Nudelbrett bis zum Holzpferdchen reichte, den „Zwiefelkrowoten", der seine Ware nicht ausrief, sondern sein Kommen auf einer kleinen Holzflöte ankündigte. Weiters den italienischen Essigmann, den Sauerkraut- und den Erdäpfelhändler, den „Gradltrager", einen fahrenden Gemischtwarenverkäufer, die Quargelhändlerin, den Flecksieder, der gereinigte Rindermägen vertrieb, die Schreib- und Bettfedernhändler, den Sägspanhändler, die „Bandelkramer" aus dem Waldviertel, schlesische Leinwandhändler, slowakische Rohrdeckenhändler, Tiroler Handschuhkramer und natürlich den „Binkeljud", auch „Handleh" genannt, der von Haus zu Haus zog, sein gellendes „Handleh – jidd" erklingen ließ und mit allen Arten von Altwaren und Gerümpel Handel trieb.

In die Symphonie der fahrenden Händler mischten sich gelegentlich auch Handwerker und Lohnarbeiter, die ihre Dienstleistungen ebenfalls auf der Straße anboten: Holzhacker, Handsägenfeiler, italienische Scherenschleifer und slowakische „Rastelbinder", die löchrig gewordenes Geschirr wieder zusammenflickten.

Der Hausierhandel wurde erst in der zweiten Hälfte des 19. Jahrhunderts durch die Ausgabe von Hausierlizenzen gewerblich geregelt. Gleichzeitig wurde das Wiener Marktkommissariat angewiesen, streng gegen den unbefugten Hausierhandel vorzugehen. Noch im Jahr 1886 erteilte der Magistrat 940 Bewilligungen für Hausierer, allerdings machten die nun zahlreicher entstehenden Geschäfte den ambulanten Handel langsam überflüssig.

Auch auf den Wiener Märkten boten zahlreiche Tagelöhner, Träger und Hilfsarbeiter ihre Dienste an. Etwas besser gestellt waren die Träger, die numerierte Butten besaßen, die von den Marktinspizienten genau registriert wurden. Sie verrichteten zwar körperliche Schwerstarbeit, aber sie waren unentbehrlich. Allerdings war es ihnen strengstens verboten, sich in den Handel einzumischen oder gar selbst Handel zu treiben. In der Wiener Marktordnung von 1863 heißt es: *Trägern und anderen Hilfsarbeitern wird ein anständiges Betragen unter sich und gegen die Markt-Commissare zur Pflicht gemacht. (...) Den Trägern, Abmessern, Abwägern und anderen Hilfsarbeitern ist verboten, selbst Handel zu treiben oder sich in einen angefangenen Handel zu mengen.*

Alles Schimäre

Die Fleischversorgung blieb auch weiterhin das Sorgenkind der amtlichen Lebensmittelversorgung. Bis zum Jahr 1850 bestimmte die Regierung die Fleischpreise, wobei es ständig zu Konflikten mit dem mächtigen Kartell der Fleischhauer kam. Dann gab die Gemeinde den Fleischhandel frei und erteilte 180 neue Gewerbebefugnisse, um die Konkurrenz zu vergrößern und die Preise zu senken.

Überaus problematisch war auch die Milchversorgung. Die städtische Milchmeierei ging im 19. Jahrhundert immer weiter zurück; außerdem war die Art der Viehhaltung weder für die Tiere noch für deren Milch von Vorteil. Viele Milchmeier funktionierten einfach ihre Keller zu Ställen um und fütterten ihre dürren Milchkühe mit billigem Heu, das am Glacis der Stadt geerntet wurde.

Der Wiener Viehbestand von etwa 5.000 Stück reichte jedenfalls schon lange nicht mehr aus, um die Stadt mit genügend Frischmilch zu versorgen. Und überhaupt – Frischmilch! Die Milch wurde oft meilenweit in Holzgefäßen, den sogenannten „Amperln", die auf Schubkarren oder Pferdewagen geladen waren, nach Wien geführt und innerhalb der Linie mit Brunnenwasser „verlängert" – schließlich wollten die Bäuerinnen ja nicht auch noch für das Gewicht des Wassers Steuer bezahlen. Für den weiteren Vertrieb sorgten die „Milliweiber". Ihnen war es erlaubt, die Milch den ganzen Tag über zu verkaufen, weshalb sie ihre Stände auch nicht auf den Marktplätzen besaßen, sondern ihrem Geschäft in den Straßen der Stadt, meist unter einem Torbogen sitzend, nachgingen. Die Qualität dieser Milch war für unsere Begriffe unvorstellbar schlecht, und die Milliweiber verwendeten viel Phantasie und Energie darauf, die Minderwertigkeit ihrer Ware durch hunderterlei Verfälschungen und Tricks zu kaschieren.

Milchweiber

Milchweiber hausen hier, wie wir schon oben
Bemerkten, häufig an der Zahl,
Wir können ihre Schmette zwar nicht loben,
Doch kauft man sie auf jeden Fall.

(...)

Da brauen sie in ihren schwarzen Kesseln
Mit Milch und Wasser angefüllt,
Den Trank, der uns oft brennend wie die Nesseln
Das Eingeweide so durchwühlt.

Da wird ein Brey aus Mehl erst abgerühret,
Potasche, Seife, was nur schäumt,
Hineingeworfen, fleißig nachgeschürret,
Gequirlt, gepeitscht, und abgesäumt.

(F.K.X. Gewey und C. Meisl, 1820)

Die Belehrungsunterlagen des Marktamtes aus dem Jahr 1850 geben uns ein recht anschauliches Bild vom Einfallsreichtum der damals gängigen Milchverfälschungen. Um das spezifische Gewicht der Milch zu erhöhen, wurde sie mit Wasser, Mehl, Stärke und Gummi arabicum versetzt; etwas Zucker half, eine leichte Säuerung zu verdecken; Eiweiß oder tierische Gallerte, aber auch Seife gaben ihr ein besseres Aussehen und brachten sie, wenn man sie fleißig quirlte, zum Schäumen; mit Pottasche, Soda oder Kalk wurde das Gebräu schließlich konserviert!

Der Milchverbrauch jener Tage war dementsprechend gering. 1870 stellte die Approvisionierungsenquete fest, daß die Wiener Bevölkerung durchschnittlich nur 0,2 Liter Milch täglich konsumierte. Die Wiener kauften Milch „nur" für die Ernährung ihrer Kinder – und für ihren Kaffee. Allerdings war auch der mit gebrannten Rüben und Zichorie verfälscht ...

Verfälscht, gepantscht und gestreckt wurde damals praktisch alles. Der bekannte „Hans-Jörgel" berichtet: *Daß mit'n G'flügl panscht wird, weiß i längst, daß aber sogar' s Lebendige verfälscht wird, is was Neu's. Den alten G'spaß mit der Fasanfeder, die man einer Henn hint'n einsteckt, mein i nit, sondern eine neue Gattung von*

Schwärzerei. 's is nämlich bekannt, daß die jungen Bockerln, die man bei uns die Indian oder wälischen Hühner heißt, schwarze Füß haben, und die alten rothe, und weil das die Frauen wissen, die auf der Seilerstatt einkaufen, so schaun s' immer gleich auf's Fußwerk von die Indian. Das schenirt aber die Weiber mit die Haringköpf gar nit. Sie nehmen halt die alten Indian und lassen s' schwärzen.

Weniger humoristisch nehmen sich da die Schilderungen des bekannten Gerichtsmediziners Johann Joseph Bernt aus: *Das Gewicht der Butter wird zuweilen durch Beymischung von Unschlitt, Sand, Kreide, zerriebenen Erdäpfeln und dergleichen vermehrt. Der Gewinnsucht ist es zwar noch nicht gelungen, künstliche Eyer darzustellen; dennoch werden nicht selten faule, bebrütete, auch wohl von kranken Hühnern herstammende auf den Markt gebracht und die Ostereyer mit Grünspan, Mennig, Rauschgelb und dergleichen gefärbt und so das Publikum um Geld oder die Gesundheit in Gefahr gebracht.*

Der Einfallsreichtum kannte keine Grenzen und die Gewinnsucht keine Skrupel: Saurem Wein wurde die Schärfe mit essigsaurem Blei genommen, Bier wurde mit Pottasche, Mohnkapseln oder Bilsenkraut zu einem wahrhaft berauschenden Getränk verfeinert und Kaffee aus Zwetschkenkernen gebrannt. Daß auch das Trinkwasser diesen Namen wahrlich nicht verdiente, daß es Abwasser- und Müllprobleme unvorstellbaren Ausmaßes gab, Ratten, Ungeziefer, streunende Hunde und Katzen, relativiert das verbreitete Bild vom gemütlichen alten Wien etwas.

Kein Biedermeier

Um die Mitte des vorigen Jahrhunderts spitzten sich die Härte und Brutalität des Marktlebens immer mehr zu. Joseph Riedl weiß dazu folgendes zu berichten: *Es hat Fälle gegeben, wo mancher von uns sich seinen nöthigen Geschäftsbedarf beinahe hat erkämpfen müssen, wo es sogar manchmal zu blutigen Auftritten kam, gewöhnlich bei*

Ankunft der neuen Kirschen und Erdäpfel, wo da meistens der Oberste der Belzebuben des Unterhandels den Ausspruch that: ist schon verkauft, nichts herlassen! Wenn sich sodann bei Vertheilung der Waare, wie ich oben schon bemerkte, der Markt nicht zu Gunsten der Unterhändler zeigt und die in der Frühzeit aufgekaufte Waare fällt im Preise, so werden allsogleich alle erdenklichen Mittel zu Hilfe genommen, um den Bauer zu hintergehen, seine Waare wird beschimpft, manchmal gar ruiniert, um ihn zu zwingen, den Preis von der angekauften Waare rückgängig zu machen oder er muß sich bedeutende Abzüge gefallen lassen. Als Augenzeuge kann ich sagen, daß ich manchen Bauer sah, der mit Tränen den Markt verließ.

Angesprochen, wenn auch nicht namentlich genannt, wird hier der Marktwucherer Anton Heim, der es mit der oft handgreiflichen Hilfe seiner angeheuerten Schlägertrupps zum allgemein gefürchteten „Naschmarktkönig" gebracht hatte. Frühmorgens warteten er und seine Helfershelfer schon an den Linientoren und nahmen den Bauern mit brutalen Mitteln ihre Erzeugnisse ab, um sie mit beträchtlichem Gewinn an die Wiener Standler weiterzuverkaufen. Am 28. März 1848 kochte die Volkswut schließlich über. Aufgebrachte Kleinhändler stürmten die Lager von Anton Heim, vernichteten seine Obstvorräte und legten zuletzt auch Hand an seine Person: *Nach riesiger Gegenwehr und mit fast übermenschlicher Kraft entwand er sich ihren Armen, es gelang ihm sogar, die Flucht gegen die Stadt hin zu ergreifen, doch auf der steinernen Brücke holten sie ihn wieder ein, banden ihn mit Stricken, hoben ihn über die Brüstung der Brücke empor, um ihn in den Wienfluss zu werfen, als im selben Augenblick zufällig eine Militärpatrouille kam, die ihn befreite und so vor sicherem Tod rettete.* (Zit. nach S. Müller 1987.)

Im Jahr 1850 wurden die 34 ehemaligen Vorstädte in sieben neue Bezirke – Leopoldstadt, Landstraße, Wieden, Mariahilf, Neubau, Josefstadt und Alsergrund – eingeteilt. Wien umfaßte etwa eine halbe Million Einwohner, auch wenn die neue Gliederung verwaltungsmäßig erst ab 1862 tatsächlich zum Tragen kam. 1857 genehmigte der Kaiser die geplante Stadterweiterung. Das kaiserliche Handschreiben vom 20. Dezember dieses Jahres ordnete den Fall der Stadtmauern und die Verbauung des Glacis an. Dadurch wurden die alten Vorstädte auch in baulicher Hinsicht mit dem Stadtkern vereinigt. Im Jahr 1861 trennte man „Margarethen" von der Wieden ab, numerierte die bisherigen Bezirke 5 bis 8 um und konstituierte damit die neun alten Bezirke Wiens. Im Jahr 1869 betrug die Einwohnerzahl Wiens bereits mehr als 600.000 Menschen. Einzelne Vororte wie Währing, Hernals und Ottakring, die noch um die Mitte des Jahrhunderts einen durchaus dorfähnlichen Charakter besessen hatten, entwickelten sich in der zweiten Jahrhunderthälfte zu urbanen Gemeinden. Mit der explodierenden Einwohnerzahl stiegen freilich auch die sozialen Probleme. Der Preis für ein Pfund Rindfleisch hatte sich in den Jahren seit der Revolution nahezu verdoppelt und betrug im Jahr 1870 34 Kreuzer. Außerhalb der Verzehrungssteuerlinie bezahlte man dafür zwar nur etwa 22 Kreuzer, aber auch das war bei einem durchschnittlichen Wochenlohn von 10 Gulden noch viel Geld. Eine Arbeiterfamilie konnte sich deshalb nur zweimal in der Woche jeweils ein halbes Pfund Fleisch, und das vom billigsten Teil des Ochsen, leisten.

Der „Speisezettel eines Maurergehilfen" sah, wie S. Müller recherchierte, damals folgendermaßen aus: Morgens um fünf oder sechs, je nach Jahreszeit, trank er ein Glas Branntwein und nahm ein Stück Brot zu sich. Das Frühstück bestand aus einem Stück Brot und einem Seidel Bier, das Mittagessen aus Brot, Wurst und einem weiteren Seidel Bier. Zur Jausenzeit gab es wieder Brot und noch ein Seidel Bier. Die Hauptmahlzeit war das Nachtmahl; es bestand aus Wurstzeug, das beim „Bradelbrater" besorgt wurde, und einem weiteren Stück Brot. Seine Ernährung bestand also vor allem aus Alkohol, Brot und billigem Wurstzeug, für Fleisch, Obst und Gemüse reichte der Lohn nicht aus.

Der Anstieg der Lebensmittelpreise während der sechziger Jahre des 19. Jahrhunderts gab Anlaß zu breitangelegten amtlichen Unter-

in seiner Gemüthlichkeit sich Ausdrücke bedient, die in ihrer charakteristischen Schärfe geradezu als Unikum gelten können. (...) Was die Frau „Kathl" oder die Frau „Resi" darin leistet, wenn sie zu schimpfen anfängt, das läßt sich nicht niederschreiben! Oder doch? Alfred Eduard Forschneritsch (1871–1917) hat es in seiner „Marktsymphonie" jedenfalls versucht. Da nennt ein Kutscher, der zuvor schon eine Kräutlerin als *abbundene Plätschentandlerin* tituliert hat, einen Bäckerjungen *hatschata Tatscherlbäck*, und dieser, nicht auf den Mund gefallen, kontert mit einem *zsampantschter Milipritschler*. Da wimmelt es von Köchinnen aus feinen Häusern, die ihre Vornehmheit *im fortgesetzten Umgange mit Burggendarmen* erworben haben. Und dort droht ein Streit zu eskalieren: *Gengan S' zua, Sö gscherte Mapsn [d.h. Spielkugel, hier: „Glatzkopf"]! Ihna Alte soll Ihna daham als Rehhäutel zum Fensterputzen verwenden. Sie soll aber achtgebn, daß S' ihr nöt ins Misttrücherl kumman, sunst hat s' an Anstand mitn Mistbauern, weil der so a Gfrast, wia Sö san, net nimmt!*

Auch der Wien-Historiker Wilhelm Kisch beschreibt 1895 die Wiener Fratschlerinnen als die *originellsten typischen Wiener Strassen-Figuren: Sie hatten meist höchst originelle Spitznamen, wie z.B. „Maschansker-Kadel", „Krawall Minerl", „Wascher Tonerl", „Fischkopf-Resel" etc. Einige derselben leben noch heute im Munde des Volkes fort und noch heute erzählt man sich von den drei berüchtigten Familien: die Wascherleut, die Sattlerleut und die Haverschesserleut. Aber über alle diese ragte hoch empor die berüchtigte „Haverschesser Maridl", sie war die Lauteste von Allen, ein Ausbund von Verwogenheit, ein Prototyp eines weiblichen Raufboldes vom Grunde; nicht 10 Männer konnten sie bändigen und keine Patrouille vermochte sie zu arretiren. Ihr Name war daher den Städtern ebenso geläufig, als den Bewohnern der übrigen 32 Vorstädte.*

Die Diskussion über eine zweite Stadterweiterung durch die Einbeziehung dieser Vorstädte schleppte sich indes hin. Erst nachdem der Gemeinderat am 6. Dezember 1889 im Einvernehmen mit der Regierung die Aufhebung der Verzehrsteuergrenzen am Linienwall sowie die Einbeziehung von 43 Vororten in das erweiterte Verzehrungssteuergebiet beschlossen hatte, konnte das Eingemeindungsgesetz von Kaiser Franz Joseph am 19. Dezember 1890 gebilligt werden. Damit wurden die bereits bestehenden zehn Bezirke und die neuen Bezirke 11 bis 19, Simmering, Meidling, Hietzing, Rudolfsheim, Fünfhaus, Ottakring, Hernals, Währing und Döbling zu „Groß-Wien", wie die offizielle Bezeichnung lautete, vereinigt. Im Jahr 1893 beschloß der Gemeinderat die Abtragung des für unnütz befundenen Linienwalls.

Nach der Eingemeindung der Vororte zählte Wien 1.365.000 Einwohner. Mit der Abtrennung der Brigittenau von der Leopoldstadt im Jahr 1900 und der Eingemeindung von Floridsdorf und anderer Gemeinden in den 21. Bezirk im Jahr 1904 erhielt Wien noch zwei weitere Bezirke. Die Einwohnerzahl der Stadt war mittlerweile auf 1.675.000 gestiegen, und kurz vor Ausbruch des Ersten Weltkriegs wurde die Zwei-Millionen-Grenze durchbrochen. Die Gemeinde Wien hatte in dieser Zeit alle Hände voll zu tun, um die Versorgung der vor allem durch Zuwanderung stark angewachsenen Bevölkerung gewährleisten zu können. In den neu eingemeindeten Vororten wurden Grundstücke für die Errichtung von neuen Märkten erworben und adaptiert. Einige Marktplätze mußten vergrößert und modernisiert, andere wegen des immer größer werdenden Verkehrsaufkommens auf Nebenstraßen verlegt werden. Die ungeordnete Buntheit verschwand, die Symphonie verstummte ...

Großmutters Küche

Im 19. Jahrhundert sind einige grundlegende Veränderungen in den Ernährungsgewohnheiten der Wiener zu beobachten, die in erster Linie aus der Verteuerung bzw. Verknappung einiger wichtiger Lebensmittel resultierten: So sank etwa der Brotkonsum von 148 kg pro Kopf im Jahr 1850 auf nur noch 104 kg im Jahr 1890, der Verzehr von Hülsenfrüchten ging von 6 kg im Jahr 1830 auf knapp 2 kg im Jahr 1890 zurück und der Fleischverbrauch von 85 kg im Jahr 1830 auf 70 kg im Jahr 1850. Besonders stark war der Rückgang bei Rindfleisch (70 kg im Jahr 1823, 32 kg im Jahr 1910) und bei Kalbfleisch (von 18 kg auf 8 kg) sowie beim Schaf (von 5 kg auf 0,5 kg), während der Schweinefleischkonsum signifikant anstieg (von 8 kg im Jahr 1855 auf 26 kg im Jahr 1910). An Stelle von „Fleisch" – worunter man in Wien ursprünglich stets Rindfleisch verstand – wurde nun auch vermehrt Pferdefleisch gegessen. Im Gemeindebericht aus den Jahren 1914–1919 heißt es dazu, daß *Pferdefleisch im Krieg aus Ermangelung anderer Fleischgattungen auch von den Bevölkerungsschichten gekauft wurde, die bis dahin sich vom Genuß des Pferdefleisches ferngehalten hatten.* (Zit. nach S. Müller 1987.)

Die Kochbücher des ausgehenden 19. Jahrhunderts wurden reichhaltiger und vielfältiger. Die Speisefolgen bestanden nun aus bis zu sieben Gängen. Neu war auch das große Angebot an Torten, Kuchen und sonstigem Backwerk, das den krönenden Abschluß jeder Mahlzeit bildete. Auch das Obst- und Gemüsesortiment der Wiener Märkte war um die Jahrhundertwende reichhaltiger und vielfältiger geworden. Importware aus dem Süden war nun keine Seltenheit mehr. Die Köchinnen konnten Pignolien, Pistazien, Korinthen, Feigen, afrikanische Pomeranzen, Ananas, Limonen, verzuckerte Zedernspalten, Zitronat und Vanilleschoten kaufen. Auch Topinambur, Sago und Tapioka fanden vorübergehend Eingang in die Wiener Küche. Die

Würstelmann Am Hof, um 1905

Gärtner zeigten sich experimentierfreudig wie nie zuvor, züchteten neue Sortenangebote und bauten auch vermehrt nichtheimische Pflanzen an, wie zum Beispiel Paradeiser oder Melanzani. Vielfältiger geworden war auch das Salatangebot, und in der Wiener Küche wurde es üblich, Salat als Beilage zu den Hauptgerichten zu servieren. Je nach Jahreszeit konnte man zwischen Kopfsalat, Brunnenkresse, Röhrlsalat, Bleichsalat, Sommer- und Wintersalat, feingekraustem Moos-Endiviensalat, rotgesprenkeltem „Garten-Cichoriensalat" (Radicchio), Radieschen und Vogerlsalat wählen. Als Fastenspeisen galten weiterhin: Fische, Muscheln, Hummer, Krabben, Meerspinnen, Austern, Weinbergschnecken, Schildkröten und Froschkeulen, aber auch Fischreiher, Fischotter und Biber. Der Krebsbestand in der Donau war schon um 1830 der Krebsenpest zum Opfer gefallen.

Zwischen 1900 und 1908 nahm der Viehauftrieb in Wien um mehr als 18 Prozent ab. Ein wesentlicher Grund dafür war neben den preisbedingten Absatzschwierigkeiten, den Rinderseuchen und Futtermittelmißernten vor allem der Übergang von der Vieh- und Weidewirtschaft zu dem für die Bauernschaft günstigeren Getreide- und Gemüseanbau. Um der Verteuerung entgegenzusteuern, wurden im Jahr 1905 die „Erste Wiener Großschlächterei A.G." und die „Städtische Übernahmsstelle für Vieh und Fleisch" gegründet. Dennoch stiegen die Fleischpreise weiter an, sodaß immer weniger Wiener sich ihr Rindfleisch leisten konnten und die Schlachtungen innerhalb eines Jahres um weitere 20.000 Stück Vieh zurückgingen. Im Jahr 1911 wurde deshalb der Import von argentinischem Gefrierfleisch, das per Dampfschiff nach Triest gebracht und von hier mit der Bahn nach St. Marx verfrachtet wurde, freigegeben. Im darauffolgenden Jahr forderte der Magistrat erhöhte Einfuhren von Rindern und Schweinen aus Serbien ohne „voreilige" Einholung der Zustimmung Ungarns, nachdem Wien die antiösterreichische Politik von Peter I. Karadjordjevic 1906 mit einer totalen Viehimportsperre beantwortet hatte.

Nahrhaft und billig

Die Gemeinde versuchte die steigenden Haushaltskosten durch die Propagierung preisgünstiger Lebensmittel in den Griff zu bekommen, indem sie zum Beispiel unter dem Motto „Fischfleisch kommt in seiner Nahrkraft dem Rind und Kalb nahezu gleich" die Anhebung des Fischkonsums propagierte.

Für Fischesser war Wien ein wahres Paradies. Um die Jahrhundertwende wurden, wie S. Müller recherchierte, auf den Wiener Märkten je nach Jahreszeit mehr als 50 verschiedene Arten von Süßwasserfischen angeboten. Sie kamen aus den fischreichen Gebieten der Monarchie und wurden mit der Bahn, lebend in Bottichen oder tot in Eis verpackt, nach Wien transportiert: Aal aus Böhmen und Ungarn, Aschen aus Niederösterreich und der Steiermark, Barsch aus den nieder- und oberösterreichischen Seen, Brachsen vom Boden- und Plattensee, Forellen aus Nieder- und Oberösterreich, der Steiermark und dem nördlichen Böhmen.

Bereits sehr selten war der Hausen, der nur noch in der unteren Donau vorkam. Ein häufiger Fisch hingegen war der Hecht, der in der nieder- und oberösterreichischen Donau und in der Save gefangen oder in Böhmen und Mähren gezüchtet wurde. Der überaus beliebte Karpfen wurde aus Böhmen, Mähren und Galizien angeliefert. Fanggebiet für Lachs war die Moldau, wesentlich billiger aber war der gefrorene Lachs aus den USA. Die Salzkammergutseen lieferten Lachsforellen und Saiblinge, Welse kamen in der Donau, der Theiß, der Drau, der Save und im Plattensee vor. Der König der Speisefische aber war der Zander, der in der nieder- und oberösterreichischen Donau, in der Theiß und in der Save gefangen wurde.

Frösche wurden aus Ungarn, Bosnien und vom Neusiedler See in die Hauptstadt gebracht, Schildkröten bezog man vom Plattensee, aber auch aus Italien und Griechenland. Krebse wurden um die Jahrhundertwende nur noch aus der Steiermark, der Krain, aus Bosnien und Galizien angeliefert.

Seefisch bezog der Wiener Markt vorwiegend von der österreichischen Adria. Das Fanggut wurde nach Triest gebracht, in Eis verpackt und in die Bahn verladen. Der Nachtzug verließ Triest um 18 Uhr und erreichte den Wiener Südbahnhof um 9.30 Uhr. Diese Transporte waren mit Spesen für Emballage, Fracht und Verzehrsteuer jedoch dermaßen belastet, daß es sich nur bezahlt machte, teure Qualitätsfische auf diese Weise auf den Wiener Markt zu bringen. Die Lieferung von billigen Fischen, die eine preisgünstige Nahrung für die ärmeren Bevölkerungsschichten hätten abgeben können, war der hohen Spesen wegen nicht möglich. Die wohlhabenden Wiener bezogen daher von der Adria nur Fischarten wie Barsch, Meerbarbe und Zahnbrasse, aber auch Seekrebse und Austern, die an der dalmatinischen Küste gezüchtet wurden. Der Umsatz an Adriafischen war wegen der hohen Preise nicht sehr bedeutend. In diese Marktlücke stieß die „Deutsche Dampffischerei Gesellschaft Nordsee", die seit der Jahrhundertwende am Wiener Markt auftauchte. Die Ware kam nun über Bremen, Hannover, Magdeburg und Dresden innerhalb von 45 Stunden nach Wien. Angeboten wurden geräucherter Schellfisch, Lachs und Flunder, aber auch marinierte „Delicat-Fischcotelettes" und marinierter „Delicat-Bratschellfisch". „Nordsee"-Verkaufsstände wurden im 2., 4., 15., 17. und 18. Bezirk errichtet. Um dem Fisch seinen Ruf als reine Fastenspeise zu nehmen und ihn als billiges und gesundes Essen zu propagieren, verteilte die Firma „Nordsee" auch kostenlose Kochbücher; bald wurde die Arbeiterklasse ihre beste Kundschaft.

Signifikant zurückgegangen war im 19. Jahrhundert der Weinkonsum – von 63 Litern im Jahr 1830 auf 35 Liter im Jahr 1910. An Stelle des Weins wurden nun vermehrt Branntwein und auch Bier getrunken, dessen Konsum im selben Zeitraum von 114 Litern auf 136 Liter stieg. Positiv zu vermerken ist, daß auch der Milchverbrauch von 39 Litern im Jahr 1830 auf 154 Liter im Jahr 1910 gestiegen war. Um der Milchpantscherei ein Ende zu machen, hatte die niederösterreichische Statthalterei bereits im Jahr 1856 eine Delegation nach

Brüssel entsandt, die hier das sogenannte „Galaktometer" studieren sollte. Bald darauf wurde auch in Wien ein Milchmeßgerät angekauft, was zur Folge hatte, daß die bis zu 50 Prozent verwässerte Landmilch nicht mehr zum Verkauf gebracht wurde und der Milchpreis gewaltig in die Höhe schnellte. Zuletzt benutzten die Pantscher selbst das Galaktometer, um die beigegebene Wassermenge besser kontrollieren zu können.

Die städtischen Milchhändler, die die Milch früher in Fässern und mit dem Pferdewagen aus den umliegenden Dörfern in die Stadt gebracht hatten, entdeckten nun die Bahn als neues Transportmittel. So entstanden die ersten Milchgroßhändler, wie zum Beispiel die Firma Michael Trösch, deren Gründer bereits seit 1863 einen Milchhandel in Wien besaß. Der Mangel an Kühlmöglichkeiten führte jedoch dazu, daß während der Sommermonate süße Milch kaum erhältlich war. Kondensmilch, wie sie bereits 1872 in Hernals erzeugt wurde, fand bei den Wienern keine Abnehmer, weshalb die Produktion bereits vier Jahre später wieder eingestellt werden mußte.

Größere Molkereien, die die Milch in Flaschen auslieferten, entwickelten sich in Wien erst in den achtziger Jahren des 19. Jahrhunderts. In Verbindung mit diesen Molkereien entstanden auch die ersten Milchläden. Dennoch hatte Wien noch 1885 den niedrigsten Milchverbrauch aller europäischen Großstädte. Milch wurde deshalb verstärkt als das billigste animalische Nahrungsmittel propagiert, als *das einzige von Natur gebotene vollständige Nahrungsmittel, d.h. ein solches, welches für sich allein zu einer gesunden Ernährung dienen kann.*

Ein Meilenstein der österreichischen Geschichte sei hier noch erwähnt: 1911 erschien die erste Auflage des legendären „Österreichischen Lebensmittelbuches" (Codex Alimentarius Austriacus), das die Grundlage des strengen österreichischen Lebensmittelrechts bildete und in dieser Form bis zum Jahr 1975 in Kraft blieb.

Kriege und Frieden

Vom Zentrum zur Peripherie

Der Erste Weltkrieg traf die österreichische Lebensmittelversorgung mit unvorstellbarer Wucht und führte mit Fortdauer des Krieges, vor allem in den letzten Kriegsmonaten, zu gravierenden Versorgungsengpässen, die natürlich auch bei den Märkten der Hauptstadt ihren Niederschlag fanden. Frische Qualitätsprodukte waren schließlich fast nicht mehr oder nur noch zu horrenden Schwarzmarktpreisen zu erhalten. Das Volk hungerte und fror, und Verfälschungen jeder Art waren an der Tagesordnung: Rum wurde mit Tannin schwarz gefärbt, Butter mit Margarine und Butterschmalz mit Kokosfett gestreckt, und viele Würste enthielten mehr Stärke und Farbe als Fleisch.

Im Jahr 1916 war über dem inzwischen eingewölbten Wienfluß neben dem bereits bestehenden Naschmarkt ein provisorischer Obst- und Gemüsegroßmarkt eingerichtet worden. Geplant war, diesen Großmarkt so bald als möglich in einen neu zu errichtenden Zentralgroßmarkt, dessen Standort allerdings noch nicht bestimmt war, zu integrieren. Nichts ist in Wien so langlebig wie Provisorien. Die Planung und Errichtung des neuen Großmarktes verzögerte sich, kriegs- und wirtschaftskrisenbedingt, jedenfalls um viele Jahrzehnte.

Nach dem Ende des Ersten Weltkriegs waren die Wiener mit einer völlig neuen und für sie ungewohnten Situation konfrontiert. Wien war mit einem Mal nicht mehr das Zentrum einer europäischen Großmacht, sondern der Wasserkopf eines ungeliebten Kleinstaates. Viele liebgewordenen Waren aus den früheren Provinzen der alten Monarchie waren nun entweder gar nicht mehr zu erhalten oder als „ausländische" Produkte nun empfindlich teurer als vor dem Krieg. Die bald darauf einsetzende Wirtschaftskrise „erlöste" die meisten Menschen von diesem Dilemma. Nun ging gar nichts mehr!

In den dreißiger Jahren standen der Wiener Bevölkerung, die auf 1.875.000 Einwohner geschrumpft war, folgende Märkte zur

Verfügung: der Zentralviehmarkt, die Großmarkthalle, der Gemüse-
und Obstgroßmarkt des Naschmarktes, der Pferdemarkt, der Zentral-
fischmarkt, der Blumengroßmarkt, Nachmittagsgemüsegroßmärkte
im 2. und im 5. Bezirk, ferner 36 Detailmärkte sowie die Markthallen
im 1., 4., 6., 7. und 9. Bezirk. Zu kaufen gab es zumeist nicht sehr viel,
allerdings stellten die Märkte in Ermangelung anderer Einkaufsmög-
lichkeiten immer noch die wichtigste Quelle der Lebensmittelversorgung der städtischen Bevölkerung dar. Die Glücklichen besaßen
vielleicht noch einen kleinen Schrebergarten oder Verwandte auf dem
Land, um sich über Versorgungsengpässe und galoppierende Preis-
erhöhungen hinwegzuretten.

Neben den regelmäßig abgehaltenen Groß- und Detailmärkten
gab es auch in diesen Jahren der Not einige Gelegenheitsmärkte, die
vor allem die Kinderherzen mit kleinen Nascherein oder einfachem
Spielzeug erfreuten, wie den Fastenmarkt am Kalvarienberg, den
Peregrinimarkt bei der Servitenkirche, den Firmungsmarkt bei der
Stephanskirche und, als Krönung des ganzen, den Christkindlmarkt
am Neubaugürtel. Neu war der Allerheiligenmarkt beim Zentralfriedhof, auf dem an den Totengedenktagen Blumen, Kränze und
Kerzen verkauft wurden.

Marktfieranten

Zu Beginn der dreißiger Jahre waren in Wien und Niederösterreich
etwa 4.000 Marktfahrer tätig, die in mehreren Vereinen organisiert
waren, wie zum Beispiel dem „Verein der Vereinigten Marktfahrer",
dem „Verein der Sozialdemokratischen Kleingewerbetreibenden",
dem „Ring der Neuheiten-Patentverkäufer", dem „Wirtschafts- und
Humanitätsverein Wien 2", der „Fernfahrer-Schutzorganisation" und
dem „Unpolitischen Spezialisten-Schutzverband". Einige dieser
Organisationen gaben auch regelmäßig Zeitschriften für ihre Mitglie-
der heraus. Untereinander waren die Interessenverbände der Fieranten
heillos zerstritten – nicht zuletzt deshalb, weil viele von ihnen nach po-

litischen, weltanschaulichen und religiösen Kriterien organisiert waren.

So klagt der überwiegend jüdische „Unterstützungs- und Rechtsschutzverein der märktebesuchenden Kaufleute in Wien" schon im Frühjahr 1933 im „Fachblatt der Genossenschaft der Marktfahrer für Wien und Niederösterreich" über die Tätigkeit des „Schutzverbandes der Fernfahrer", der immer wieder antisemitische Aktionen setze, die, so das Argument, letztendlich allen Marktfahrern schaden und nur den ansässigen Geschäftsleuten nützen würden. Es stelle sich die Frage, schreibt der Autor des Artikels weiter, ob diese Antisemiten auch beim Kreditnehmen ein judenfeindliches Benehmen an den Tag legen würden. Wegen immer wieder auftauchenden Plakaten mit Wortlauten wie „Kauft nicht bei Juden" oder „Kauft nur beim arischen Geschäftsmann" richtete der Genossenschaftsvorstand schließlich sogar eine Beschwerde an das Bundeskanzleramt. Jüdische Kaufleute wurden überdies aufgefordert, das Hetzblatt des antisemitischen Vereins, das „Ambulante Gewerbe", nicht mehr mit Anzeigen zu unterstützen.

Auch sonst ist das „Fachblatt" ein interessantes, manches Mal sogar amüsantes Spiegelbild einer krisenhaften und sich rasch wandelnden Gesellschaft, so zum Beispiel, wenn das Treiben von als Marktfieranten getarnten Gaunern beklagt wird, die betrügerische Glücksspiele organisierten, aber mit dem Automobil reisten und deshalb schneller als die örtliche Polizei seien. Mit solchen manipulierten Würfel- oder Kegelspielen würde den einfachen Arbeitern und tumben Bauern oft das letzte Geld aus der Tasche gezogen.

Immer wieder werden auch Klagen darüber laut, daß mit der Ausbreitung der Lkws viel zu viele Marktfahrer auf den Märkten anzutreffen seien, wodurch allen Marktfahrern Geschäftseinbußen entstünden. Die Genossenschaft solle, fordert der Verfasser dieser Zeilen voller Naivität, das „Autounwesen auf den Märkten" eindämmen. Am Rande des Existenzminimums bewegten sich damals aber nicht nur die Marktfahrer, sondern alle sogenannten „kleinen Leute", also auch die 3.300 ständigen Markthändler Wiens.

Hungerjahre

Der „Anschluß" Österreichs an das Dritte Reich im Jahre 1938 brachte jenen Wienern, die auch weiterhin am Markt einkaufen gehen durften, zweifelsohne eine vorübergehende wirtschaftliche Verbesserung. Wien wurde außerdem größer: Großenzersdorf kam als 22., Schwechat als 23., Mödling als 24., Liesing als 25., und Klosterneuburg als 26. Bezirk hinzu, alles administrative Veränderungen, die nach dem Krieg wieder rückgängig gemacht wurden. Einige Veränderungen blieben jedoch bestehen: Die nördlich des Wienflusses gelegenen Teile des 13. Bezirks wurden dem neuen 14. Bezirk Penzing zugeschlagen, der alte 14. Bezirk Rudolfsheim wurde mit dem bisherigen 15. Bezirk Fünfhaus zum neuen 15. Bezirk Rudolfsheim-Fünfhaus vereinigt; der 2. und der 20. Bezirk verloren ihre Gebiete nördlich der Donau an den 21. und 22. Bezirk. Das bedeutete natürlich, daß neue Märkte zu errichten waren, aber auch neue und erweiterte Aufgaben für das städtische Marktamt, das kurz nach dem „Anschluß" sein hundertjähriges Jubiläum feierte, unter anderem mit einer Festschrift, die bereits ganz der neuen „Ordnung" verpflichtet war.

Die allgemeine Euphorie erhielt bald ihre ersten Dämpfer. Bereits im September 1939, gleich nach Beginn des Zweiten Weltkriegs, wurde mit der Ausgabe von Brot- und Mehlkarten begonnen und eine strenge kriegswirtschaftliche Regelung des Fleischbezugs vorgenommen. Bald folgten Kleiderkarten, Lebensmittelkarten und Fettmarken, sogar für den Besuch von Gaststätten wurde ein Kartenzwang eingeführt, und ab 1940 erhielt die Bevölkerung Bezugsscheine für Schuhe, Spinnstoffe, Rasier- und Toiletteseifen, Fleisch und Wurst, Fett, Mehl und Brot, Kaffee, Zucker, Öle, Pflanzenfette, Milchprodukte, Reis – kurz, alle Güter des täglichen Bedarfs waren planwirtschaftlich reglementiert.

Immerhin blieb den meisten Wienern bis kurz vor Kriegsende das Hungern erspart. Wirklich schlimm war die Versorgungslage vor allem in den Wochen und Monaten nach der Niederlage – dann floß nach und nach wieder ausländische Lebensmittelhilfe ins Land. Im September 1945 wurde der tägliche Kalorienbedarf eines Erwachsenen auf 1.500 Kalorien festgesetzt – für heutige Begriffe eher eine Diät! –, 1947 wurde er auf 1.700 Kalorien erhöht, und bereits 1948 konnte die Bewirtschaftung von Obst und Gemüse ganz aufgegeben werden. Der Marshallplan, das amerikanische Hilfsprogramm für die durch den Zweiten Weltkrieg zerstörten Länder Europas, ließ eine sukzessive Anhebung auf 1.800 und dann 2.100 Kalorien zu, und im Jahr 1949 mußten „nur mehr" Fleisch, Fett, Brot und Mehl bewirtschaftet werden.

Yppenmarkt, Vortrag zur Verkehrserziehung, 1953

Schlimm hergenommen waren viele der alten Wiener Märkte. Von den 33 offenen Detail- und 8 Straßenmärkten der Vorkriegszeit waren 12 entweder völlig zerstört oder von den Besatzungsmächten beschlagnahmt worden. Kriegsschäden, wie vereinzelte Bomben- oder Granatentreffer, wiesen nahezu alle Marktplätze auf, und bei den Hallen waren große Teile der Verglasungen zerstört. Völlig niedergebrannt waren der Margaretner Markt, der Viktor-Adler-Markt, der Floridsdorfer Markt, die Märkte Im Werd und am Volkertplatz, der Augustinermarkt, der Simmeringer Markt, der Hannovermarkt und der Markt an der Brigittenauer Lände. Das Areal des Pferdemarkts war von der Sowjetarmee besetzt. Dennoch wurde bereits in den Jahren 1945–47 mit dem Wiederaufbau der wichtigsten Märkte begonnen, wobei die Händler für die notwendigen Arbeiten an den Marktständen selbst aufzukommen hatten.

Am 2. Januar 1951 meldete die „Wiener Marktzeitung" bereits eine deutliche Verbesserung der Fettversorgung, und im Jahr 1952 konnte die Lebensmittelbewirtschaftung endgültig eingestellt werden. Österreich war zwar noch nicht frei, aber die Wiener durften sich bereits seit 1953 wieder an importierten Südfrüchten erfreuen. Drei Spezialmärkte, drei Detailmarkthallen und 34 Bezirks- und Detailmärkte hatten den Krieg mehr oder weniger beschädigt überlebt und vermarkteten jährlich 466.000 Stück Vieh, 36 Millionen Kilogramm Fleisch, 77 Millionen Kilogramm Gemüse, 67 Millionen Kilogramm Obst, 54 Millionen Kilogramm Kartoffeln, 7 Millionen Kilogramm Fisch, 20 Millionen Kilogramm Geflügel, 200 Millionen Eier und 600.000 Liter Milch täglich.

Wege in die Zukunft

In den sechziger Jahren platzte das „ewige Provisorium" des Naschmarkts als Detail- und Großhandelsmarkt für Obst, Gemüse und Südfrüchte bereits aus allen Nähten. Über 300 unzufriedene Händler, lärmgeplagte Anrainer und ein ewiges Verkehrsproblem am Ende der Westeinfahrt verlangten eine rasche Entscheidung. Im Magistrat wurden die alten Pläne zur Errichtung eines neuen Zentralgroßmarktes aus den Schubladen geholt, und nach längerer Beratung kamen drei

mögliche Standorte in die engere
Auswahl: ein Grundstück an der
Triester Straße, eines bei der Sim-
meringer Lände und eines beim
Donaupark. Vorerst jedoch blieb
alles beim alten.

In den Jahren 1960 bis 1962
ließ die Gemeinde zwei kriegs-
beschädigte Märkte, den Vorgartenmarkt im 2. und den Hannovermarkt im 20. Bezirk, komplett
neu errichten.

Vorgartenmarkt, 1963

Der Wiener Bevölkerung standen somit folgende Märkte zur
Verfügung:

1. Bezirk: Fischmarkt am rechten Donaukanalufer bei der
Salztorbrücke
2. Bezirk: Karmelitermarkt, Volkertmarkt und Vorgartenmarkt
3. Bezirk: „Augustiner"- oder Rochusmarkt, Markthalle in
der Landstraßer Hauptstraße und Fleischmarkthalle
in der Vorderen Zollamtsstraße
4. Bezirk: Blumengroßmarkthalle am Phorusplatz, Phorusmarkt,
Karolinenmarkt und Naschmarkt
5. Bezirk: Markt Am Hundsturm
7. Bezirk: Markthalle in der Burggasse
9. Bezirk: Markthalle Nußdorfer Straße und Markt am
Zimmermannplatz
10. Bezirk: Viktor-Adler-Markt
11. Bezirk: Simmeringer Markt
12. Bezirk: Meidlinger Markt
15. Bezirk: Schwendermarkt (Groß- und Kleinverkauf)
und Meiselmarkt

16. Bezirk: Brunnenmarkt und Yppenmarkt (Großmarkt)
17. Bezirk: Dornermarkt
18. Bezirk: Kutschkermarkt, Markt am
             Johann-Nepomuk-Vogl-Platz und Gersthofer Markt
19. Bezirk: Nußdorfer Markt und Sonnbergmarkt
20. Bezirk: Hannovermarkt
21. Bezirk: Floridsdorfer Markt
22. Bezirk: Genochmarkt in Stadlau

Im Jahr 1962 gab es in Wien immerhin noch 3.200 Landwirte, davon 1.400 Gärtner, 1.200 Landwirte im engeren Sinn und 600 Weinhauer; 41.000 Hektar waren landwirtschaftliche Nutzfläche, und Wien produzierte mehr Getreide als das Bundesland Vorarlberg.

Im Jahr 1966 beschloß der Gemeinderat die Errichtung eines neuen zentralen Großmarkts für Obst, Gemüse und Blumen. Als Standort wurde ein 416.000 Quadratmeter großes Grundstück in Wien-Inzersdorf, nahe der Südautobahn und mit Anschluß an die Südbahn, gewählt. Die Blumenhalle des neuen Großmarktes konnte bereits 1969 in Betrieb genommen werden. Mit der Errichtung der Großmarktanlage selbst wurde im darauffolgenden Jahr begonnen.

Das Jahr 1972 war ein ereignisreiches Jahr für das Wiener Marktwesen. In diesem Jahr wurde der Fleischgroßmarkt vom bald darauf abgetragenen Großmarktareal in der Landstraßer Hauptstraße in die neuerrichtete Marktanlage von St. Marx umgesiedelt. Etwa zur gleichen Zeit wurde auch der neue Großmarkt für Obst und Gemüse in Wien-Inzersdorf eröffnet und der Fischmarkt am Donaukanal ersatzlos aufgelassen.

Im Jahr 1973 wurde eine neue Gewerbeordnung beschlossen, 1975 ein neues Lebensmittelgesetz. Im selben Jahr wurde der Christkindlmarkt nach jahrzehntelanger Wanderschaft an seinen jetzigen Standort vor dem Wiener Rathaus verlegt. Durch die Errichtung neuer Stadtrandsiedlungen in den siebziger und achtziger Jahren sah sich die

Gemeinde außerdem veranlaßt, in diesen unterversorgten Gebieten mehrere temporäre Märkte zu errichten.

Der Weinskandal des Jahres 1985 und der Reaktorunfall im sowjetischen Atomkraftwerk von Tschernobyl im Jahr 1986 bescherten den Beamten des Marktamtes zwar viele ungewollte Überstunden, gleichzeitig wurde die Fülle der unterschiedlichen Aufgaben des Marktamtes erstmals auch einer größeren Öffentlichkeit bewußt.

Seit dem Ende der achtziger Jahre feiert der Markt eine Art von Renaissance. Während viele der alten Detailmärkte ein immer tristeres Dasein fristen und einige von ihnen in den nächsten Jahren wohl endgültig verschwinden werden, gilt es – besonders beim jüngeren urbanen Publikum – durchaus als schick, am Samstagvormittag am Naschmarkt oder am Brunnenmarkt einkaufen zu gehen. Einen regelrechten Boom erleben auch die sogenannte Gelegenheitsmärkte, also Advent- und Weihnachtsmärkte, Oster- und Frühjahrsmärkte, Floh- und Kirchweihmärkte.

Im Jahr 1988 konnte der während des U-Bahn-Baus vorübergehend stillgelegte Rochusmarkt im 3. Bezirk feierlich wiedereröffnet werden. 1989 wurde die Planung des neuen Meiselmarkts im Gewölbe des aufgelassenen Wasserbehälters an der Hütteldorfer Straße in Angriff genommen. Die Arbeiten selbst begannen im Jahr 1992; etwa zur gleichen Zeit erfolgte der erste Schritt zur Generalsanierung der Nußdorfer Markthalle. Beide Bauvorhaben wurden im Jahr 1995 erfolgreich abgeschlossen. Pläne zur Umgestaltung und Revitalisierung weiterer Märkte wie des Brunnenmarkts, des Hannovermarkts, des Viktor-Adler-Markts, des Karmelitermarkts, aber auch des Flohmarkts am Naschmarkt sollen im Laufe der nächsten Jahre realisiert werden.

Altwiener Märkte

Die „untergegangenen" Märkte der Inneren Stadt

Im ersten Wiener Gemeindebezirk, der „Inneren Stadt", die für viele Wiener immer noch *die Stadt* schlechthin ist, finden sich viele Straßen und Plätze, deren Namen auf ihre frühere Bedeutung für die Herstellung und den Verkauf bestimmter Produkte bzw. ihre Nutzung als Markt hinweisen.

Der Hohe Markt

Wir wollen unseren Rundgang durch die Märkte des alten Wien am Hohen Markt beginnen, der über den Ruinenresten des alten römischen Legionslagers liegt, welche in einem kleinen Museum (geöffnet täglich außer Montag) unter dem Haus Hoher Markt Nr. 3 zu besichtigen sind. Ein uraltes urbanes Zentrum also, auf dessen Bedeutung – und nicht reale Erhebung! – sich das Attribut „hoch" bezieht. Unter dem Namen *forum altum* wird der Markt erstmals bereits im Jahr 1233 erwähnt; die bereits im Jahr 1208 erfolgte Nennung eines „Marktes zu Wien" dürfte sich aller Wahrscheinlichkeit nach ebenfalls auf den Hohen Markt beziehen.

Zentrum des mittelalterlichen Hohen Marktes war die alte „Schranne", die auf jenem Teil des Platzes stand, der heute von den Häusern Hoher Markt Nr. 1, 10/11 („Anker-Versicherung") und 12 („Ankerhof") begrenzt wird. Die Schranne wird erstmals im Jahr 1325 erwähnt; ihr Eigentümer war die Stadt Wien, und das, obwohl das Stadtgericht als landesfürstliches und nicht als städtisches Amt galt. Nachdem die alte Schranne dem verheerenden Großbrand des Jahres 1437 zum Opfer gefallen war, errichtete die Stadt eine neue Schranne im Westen des Platzes – auf dem Grundstück, auf dem sich heute das Haus Hoher Markt Nr. 5, Ecke Tuchlauben, befindet. Die neue Schranne war ein dreigeschossiges Gebäude mit hohem Spitzgiebel und vorragendem Dachgeschoß. Dem ersten Stock vorgeblendet war ein von steinernen Rundbögen getragener Balkon, auf den eine Freitreppe führte. Von hier gelangte man durch ein mächtiges Tor in die Räume des ersten Stockes. Die Schranne bildete das Zentrum des mittelalterlichen Marktwesens. Sie war der Sitz des Stadtrichters, dessen wichtigste Aufgabe darin bestand, die Richtigkeit von Maß und Gewicht zu prüfen und energisch gegen den Zwischenhandel vorzugehen, der die Preise für wichtige Grundnahrungsmittel künstlich in die Höhe trieb.

Ebenfalls an der Westseite des Platzes befand sich von 1282 bis 1753 der Fischmarkt der Stadt. Ursprünglich wurden die Fische wohl im „Fischhof" verkauft, der 1255 erstmals erwähnt wird und vom Hohen Markt durch ein Tor zugänglich war. Der hinter der „Ankeruhr" gelegene gleichnamige Straßenzug erinnert heute noch daran. Spätestens seit dem Jahr 1282 ist der Fischmarkt an jenem Standort nachweisbar, an dem er sich bis zum Jahr 1753 befand, nämlich auf dem von den Häusern Hoher Markt Nr. 5 bis 8 begrenzten Teil des Platzes. Hier befand sich seit dem 15. Jahrhundert auch der mittels Schöpfrad betriebene Fischbrunnen, der das frische Wasser für die zum Verkauf der Fische benötigten Tröge und Bottiche lieferte. Die Erhaltung dieses Brunnens oblag der Stadt Wien, die den Händlern die Fischtröge, Bottiche, Wannen und Tische gegen Entgelt zur Verfügung stellte.

Bis zum Jahr 1480 war der Fischmarkt mit allen seinen Einrichtungen an einen sogenannten „Trögler" verpachtet, der die Abgaben kassierte und dafür für die Erhaltung der Tröge und Wannen, der Hackstöcke und Tische, aber auch für das Funktionieren der Waagen und des Brunnens zu sorgen hatte. Der Brunnen am Hohen Markt erhielt bereits im Jahr 1564 einen Anschluß an die damalige erste Wiener Wasserleitung, deren Wasser aus den Zuflüssen des Alsbaches entnommen, in einem Brunnenkasten gesammelt, in Bleirohren von Hernals bis zur Stadtbefestigung und von dort zu den einzelnen Brunnen geleitet wurde. Neben dem Brunnen am Hohen Markt, der sich in etwa an der Stelle des heutigen „Vermählungsbrunnens" (auch „Josefs-Brunnen", 1732) befand, wurden auch die Brunnen auf dem Platz Am Hof und am Neuen Markt aus der gleichen Quelle gespeist.

Am Hohen Markt gab es neben den Verkaufsstellen für lebende Fische auch noch solche für haltbar gemachte Fische wie Heringe und Stockfische. Heringtische am Hohen Markt werden erstmals im Jahr 1449 erwähnt. Etwa hundert Jahre später treten an ihre Stelle die Heringhütten, deren Standort sich zwischen dem Fischbrunnenhaus und dem Röhrenbrunnen befand. Neben den „vornehmen" Fischarten, wie dem Hausen, der sogar auf einer eigenen Waage gewogen werden mußte, war auch der Krebs ein überaus beliebtes Nahrungsmittel, dessen Handel von einem eigenen „Krebsenrichter" überwacht wurde. Das städtische „Gültenbuch" von 1440 verzeichnet acht Krebshändler, dreißig Jahre später hatte sich ihre Zahl bereits auf sechzehn verdoppelt, was auf eine zunehmende Vorliebe der Wiener für diese delikate Fastenspeise schließen läßt. Die En-gros-Verkaufsstelle der ausländischen Fischhändler befand sich übrigens nicht am Hohen Markt, sondern im Heiligenkreuzerhof (Schönlaterngasse 5), wo *ain yegleich gast recht haben soll zu verkauffen ein halbes drumm oder ainen gantzen hausen miteinander und nicht minner, aber an dem Hohenmarkcht sullen sy pey klainen und pay grossen verkauffen.*

Auch wenn in den meisten Beschreibungen der „Kayserlichen Residentz-Stadt Wienn" der Hohe Markt immer mit dem Fischmarkt gleichgesetzt wird – am Hohen Markt wurden nicht nur Fastenspeisen, sondern auch viele andere Produkte angeboten. Schon um das Jahr 1300 werden die Brottische des Hohen Markts erstmals erwähnt. Sie standen vor der Front des heutigen Hauses Hoher Markt Nr. 10/11, also in der Nähe der älteren Schranne. Eigens dafür zuständige städtische Beamte, die „Herren von der Brotwaage", hatten zu kontrollieren, ob die vorgeschriebene Relation zwischen Gewicht und Preis von den Bäckern auch eingehalten wurde. Im Verlauf des 15. Jahrhunderts nahm die Zahl der Brottische am Hohen Markt jedoch ab,

Vorhergehende Seite:
Hannovermarkt

Diese Seite:
Brunnenmarkt

Rechte und folgende Seite:
Naschmarkt

weil die Wiener immer öfter den von ihnen selbst vorbereiteten Teig den „Bürgerbäckern" zum Ausbacken gaben.

Bereits im letzten Drittel des 13. Jahrhunderts wird außerdem von den „Schmerbern" berichtet. Der Handel mit „Schmer" (rohem tierischem Fett) und „Unschlitt" (ausgebranntem tierischem Fett) war um die ältere Schranne, etwa vor der Front des heutigen Hauses Hoher Markt Nr. 12, konzentriert. Das Ausbrennen von Fett zu Unschlitt war wegen der damit verbundenen Feuergefahr nur in gesonderten Werkstätten gestattet. Mit dem Schmerhandel in Verbindung standen die zwei an der Ecke Hoher Markt und Lichtensteg gelegenen Häuser: Das Schmerhaus (domus arvinae), erstmals im Jahr 1326 erwähnt, befand sich zunächst in privater Hand, ab 1350 im Besitz der Stadt Wien, die darin eine Schmerwaage unterhielt. Für das Nachbarhaus bürgerte sich die Bezeichnung „Schmergrubel" ein, die seit 1452 belegt ist, weil hier mehrere Fetthändler ein Kellergewölbe angemietet hatten.

Im Jahr 1360 werden auch die Wachshändler am Hohen Markt erstmals urkundlich erwähnt. Der Verbrauch von Bienenwachs war im Mittelalter wesentlich höher als heutzutage, da man das duftende Wachs nicht nur zur Herstellung von Kerzen, sondern auch zur Besiegelung von Urkunden benötigte. Die sogenannten „Wachstische" befanden sich vor der Front der heutigen Häuser Hoher Markt Nr. 2 und 3; im ersten Viertel des 15. Jahrhunderts wurden die Wachshändler allerdings auf andere Standorte umgesiedelt.

Auf dem Hohen Markt wurde auch mit anderen Waren Handel getrieben, so zum Beispiel mit Textilien, wobei man die Stoffe streng nach Material (Schafwolle, Baumwolle oder Flachs), nach der Bearbeitung (rohe, „bereitete", „geschorene" und gefärbte Gewebe) und nach ihrem Ursprung (einheimische oder auswärtige Produkte) unterschied. Auch Schuhe wurden auf dem Hohen Markt schon zu Beginn des 13. Jahrhunderts verkauft. Die aus dem 15. Jahrhundert stammende Schusterordnung bestimmte allerdings, daß die Schuster ihre Ware nur an den Markttagen im sogenannten Schuhhaus (Hoher

Markt Nr. 4) feilbieten durften, an den übrigen Tagen aber in ihren Werkstätten zu bleiben hatten und daß sie die Standorte am Markt monatlich wechseln sollten, um etwaige standortbedingte Vor- oder Nachteile auszugleichen.

Dem Handel mit Messern diente der Straßenteil vor den heutigen Häuserfronten Hoher Markt Nr. 12 und Lichtensteg Nr. 4, der in der ersten Hälfte des 14. Jahrhunderts die Bezeichnung „Unter den Messerern" führte. Schon im 15. Jahrhundert sind die Messerer jedoch unter den Mietern der städtischen Marktbuden auf der Brandstätte zu finden. Entscheidenden Anteil am Wirtschaftsleben des Hohen Marktes hatten die „Kramer", die den heutigen Gemischtwarenhändlern entsprachen. Schon im Jahre 1192 boten Kramer aus Regensburg „Kramgewand" am Markt in Wien an. Seit dem Jahr 1350 finden wir die Kramer am heutigen Lichtensteg und seit dem Jahr 1376 in der heutigen Kramergasse, die ursprünglich ebenfalls den Namen Lichtensteg führte. Neben Taschnern, Schuhsohlen- und Riemenerzeugern gab es im Mittelalter am Hohen Markt auch Händler, die kostbares venezianisches Glas feilboten.

Nimmt man die Vielfalt des Warenangebots als Indikator, so erreichte das Treiben am Hohen Markt bereits in der zweiten Hälfte des 14. Jahrhunderts seinen Höhepunkt. Im Verlauf des 15. Jahrhunderts kam man immer mehr vom Verkauf gewerblicher Erzeugnisse am Markt ab. Die verschiedenen Handwerker vertrieben ihre Produkte nun auch an den Markttagen direkt in ihren Werkstätten.

Der Wiener Schottenschulmeister Wolfgang Schmeltzl beschreibt in seinem Lobspruch auf die Stadt Wien den Hohen Markt im Jahr 1548 wie folgt:

> *Nachmals kam ich am Hohen Markt.*
> *Ist ein Pranger hochaufgestellt,*
> *Manchem darunter das Haupt empfiehlt.*
> *Von allen Orten sechts zuführ'n*
> *Zwölff gladen Wägen mit Äpfel und Birn.*
> *Auch fand ich an derselben Statt*

Acht Wägen mit frischem Wildprat
Von Bären, Hirschen, Hasen, Rehen.
Sonst viel Wildpret samt Wildschweinen,
Fasanen, Feldhühner, Rohrhennen,
Fürwahr ich weiß nicht alls zu nennen.
Hundert Gäns, fünfhundert Hühner,
Zweitausend Vögel oder mehr.
Oft findst du feil sonst seltsam Viech,
Wolf, Fuchs, Hund, Katzen lebendig.
Wieviel der Wägen seind gewesen,
Mit Schmalz, Hirsch, Erbsen, Gersten, Läsen [Linsen],
Zweschgen, Federn, Leinwand, Haar,
Macht ich vor Dräng nit zählen gar.
Mit Kürbis, Plutzer, Umurken [Gurken],
Melon', Erdäpfel viel Wägen da stehn.
Nochmals mußt ich von Herzen lachen:
Sah Blunzen, Wurst, wohl hundert Sachen.
Da kam der alte Bürgersmann,
Ging zu mir wieder, sprach mich an:
"Wie g'fällt es euch, mein lieber Freund?
Es ist gewöhnlicher Markttag heunt.
Kommt dann, den Bauernmarkt auch schaut.
Da findt ihr Käs', Schmalz, Rüben, Kraut,
Milch, Obermilch, Milchrahm und Sterzling [Topfen],
Hühner, Eier, Spansau, Praitling [Ferkel],
Tauben und allen Überfluß,
Wer das sieht, billig leben muß
Diese Stadt hier in diesem Fall
Mit Schnabelweid' für ander all."

Die Ansicht des Hohen Marktes von J.E. Fischer von Erlach zeigt den Platz, wie er zu Beginn des 18. Jahrhunderts ausgesehen hat: Rechts vorne steht die nach dem Brand von 1437 neuerrichtete Schranne; links gegenüber ist das im Jahr 1710 errichtete „Fischbrunnenhaus" zu sehen, das gegen Ende des 18. Jahrhunderts demoliert wurde. In diesem Haus war die der Stadt Wien unterstellte Tag- und Nachtwache einquartiert, die bereits 1531 erwähnt wird und bis zum Jahr 1773 bestand; sie hatte die Stunden auszurufen, Brände zu melden, Bettler aufzugreifen, auf die Reinhaltung der Straßen zu achten und – seit 1688 – die öffentliche Straßenbeleuchtung instand zu halten. Zwischen dem Fischbrunnenhaus und der Schranne sieht man eine Reihe flacher Wassertröge, in denen lebende Fische zum Verkauf an-

Der Hohe Markt, geboten wurden. Links vorne tragen Männer einen großen
um 1715 Fisch – wahrscheinlich einen Hausen – auf einem langen
Brett. Im Hintergrund des Bildes, vom Josefs-Brunnen etwas verdeckt,
sind die mit Pultdächern überdeckten Marktstände im Osten des
Platzes zu sehen.

In der Wienbeschreibung „Vienna curiosa et gratiosa etc." aus
dem Jahr 1720 heißt es zum Thema Hoher Markt: *Auf dem
Hohenmarckt kann man verschiedene Sorten Fisch, Hausen und
Schildkrotten überkommen, so pflegen dann auch allda die Burger-
liche Häringer, Gänß, Ändten, Spanferckl, Stockfisch und Häring zu
verkauffen; man findet gleichfalls auf benannten Marckt unterschied-
liches Geflügelwerck, sambt Käß, Butter, Schmaltz, Haar [Flachs] und
gedörrte Zwespen.*

Die Regierungsverordnung von 1753 transferierte den Fisch- und
Krebsenmarkt vom Hohen Markt auf das Schanzl vor dem Roten-
turmtor, die „Haringer" aber kamen auf die Brandstatt. Im zweiten
Punkt der „Victualien-Märkte-Transferierung" vom 14. August 1753
heißt es: *Alle bürgerliche und andere fischkäufler von den Tuchlauben
und dem hohen Markte dahin [auf das „Schanzl vor dem rothen*

84

Thurme"] zu übersetzen, und zur Beschaffung des nöthigen Wassers, auch wegen gehöriger Herstellung der dortigen Straßen die nöthige Veranstaltung zu treffen. (Zit. nach S. Müller 1987.) Damals wurden auch die Schmalzhändler aus ihren unterirdisch angelegten „Schmergrubeln" am Hohen Markt vertrieben und auf die Seilerstätte verlegt.

Ignaz de Luca besuchte den Hohen Markt wenige Jahrzehnte nach der Neuordnung der Wiener Märkte. In seinem Buch „Wiens gegenwärtiger Zustand unter Josephs Regierung", das 1787 erschien, beschreibt er ihn wie folgt: *An der Nordseite dieses Platzes verkauft man an Wochenmärkten frisches Schweinfleisch, und in den Zeiten des Jahrmarkts stehen hier die hölzernen Buden für den Verkauf von allen Arten Eisenwaaren, die aus Steyer nach Wien gebracht werden. Auch befinden sich hier die Buden mit den sogenannten Bertholdsgaadnerwaaren. Eben so werden hier gemeine Holzwaaren für die Küche, die ebenfalls aus dem Lande ob der Ens kommen, verkauft.* Die Beschreibung zeigt ganz deutlich, daß der Hohe Markt durch die Verlegung des Fischmarkts eine seiner wesentlichsten Attraktionen verloren hatte. Aus dem brodelnden Zentrum des städtischen Marktgeschehens war ein ganz gewöhnlicher Wochenmarktplatz für allerlei ländliche Produkte geworden. Seine Funktion als Markt blieb dem Platz noch bis in die Erste Republik erhalten. Eine bemerkenswerte Kontinuität über viele Jahrhunderte!

Der Bauernmarkt

Vom Hohen Markt führt eine Straße in Richtung Peterskirche, deren Name auf ihre frühere Funktion hinweist. Der heutige „Bauernmarkt" ist im Laufe der Zeit aus mehreren Gassen zusammengewachsen. Durchgehend als Bauernmarkt bezeichnet wird der heutige Straßenzug erst seit 1862; als ältere Benennungen sind „Münzerstraße", „Hühnerlucke" und „Taschnergässel" belegt. Seit der Mitte des 15. Jahrhunderts verkauften auf dem „Pawrnmarkt" Landleute aus der Umgebung der Stadt ihre landwirtschaftlichen Produkte wie Milch,

Hühner, Eier und Trauben. Wolfgang Schmeltzl berichtet 1548 über die *schnabelwayd des Pawrnmarckt*, daß hier *kaß*, Schmalz, Rüben, Kraut, *obermilch* (Obers), *milchraum* (Rahm), aber auch Fische wie der *sterzling* und der *praitling* zum Verkauf angeboten würden.

Der Bauernmarkt existierte als solcher bis ins späte 18. Jahrhundert – dann änderte sich seine Funktion, und um die Mitte des 19. Jahrhunderts bezeichnete man den Bauernmarkt allgemein als den „kalten Markt». Mehrmals pro Woche wurde hier altbackenes, „ungewichtiges" oder wegen eines anderen geringfügigen Fehlers vom normalen Verkauf ausgeschlossenes Gebäck verkauft. In Butten, Körben oder auf Tüchern lagen Brötchen, Kipfel, Semmeln, Brezeln und Weißbrotwecken zu Tausenden zu beiden Seiten der Straße ausgebreitet – genügend Rohstoff für so manche Köstlichkeit der Wiener Küche, wie z.B. Semmelpovesen, Semmelschmarren oder Semmelknödel.

Der Wildpretmarkt

Der Kienmarkt (Wildpretmarkt) Parallel zum Bauernmarkt verläuft der Wildpretmarkt, der im Laufe der Zeit seinen Namen mehrmals änderte. Die äl-

teste überlieferte Bezeichnung ist „Neuer Kienmarkt". Der Kienspan – ein harziges Stück der Föhre, Fichte oder Kiefer – wurde sowohl als Ersatz für die kostspieligen Bienenwachskerzen als auch als Brennmaterial verwendet. Im 14. Jahrhundert war wegen der hier befindlichen Münzkammer der Name „Kammerhof" gebräuchlich, eine Bezeichnung, die noch im Plan der Stadt Wien von 1829 aufscheint. Damals hieß die Straße allerdings auch „Heringmarkt". Die Bezeichnung Wildpretmarkt, nach einem von der Familie Exinger hier gegründeten Wildbrethandel, kam erst um die Mitte des 19. Jahrhunderts auf.

Der Petersplatz

Ein weiterer wichtiger Markt im mittelalterlichen Wien war der Lebensmittelmarkt am „Petersfreithof". Der heute wesentlich kleinere Petersplatz geht ja erst auf den Kirchenneubau des 18. Jahrhunderts zurück. Der alte Friedhof um die Kirche selbst wurde, wie alle Friedhöfe der Inneren Stadt, von Kaiser Joseph II. gegen Ende des 18. Jahrhunderts aufgelassen. Auf der Westseite des mittelalterlichen Platzes – zu den Tuchlauben hin – befand sich einst der Milchmarkt, der schon im 14. Jahrhundert *in valle lactis* bzw. *ad forum lactis* genannt wurde. Die kleine Milchgasse erinnert noch heute daran.

Der Markt am „Petersfreithof" entwickelte sich bald zu einem bunten Lebensmittelmarkt, auf dem es neben Milch- und Eierverkäufern auch Käse-, Obst- und Gemüsehändler gab. Wolfgang Schmeltzl reimte 1548 in seinem „Lobspruch auf die Stadt Wien in Österreich":

> *Ich wandert' sorglos aus und ein*
> *Kam zu Sanct Peters Friedhof hinein.*
> *Da steht ein altes Tempelhaus,*
> *Ein Baum wächst zu dem Turm heraus,*
> *Er zwänget zwischen Quadern sich,*
> *Durchdringet die Mauer wunderlich.*
> *Da findet Einer was ihm fehlt,*
> *Dreißig Wagen mit Eiern ist zählt'.*

> *Von Hühnern, alt und junger Brut,*
> *Kapaunen, Gänsen, Enten gut*
> *Fand ich dahier acht Wagen voll.*
> *Was man zur Nothdurft haben soll,*
> *Von Rüben, Kraut, Krenn, Petersil,*
> *Salat, ist jederzeit da viel.*

Eine anschauliche Aufzählung der Köstlichkeiten, die am Petersplatz erhältlich waren, findet sich auch in „Vienna curiosa et gratiosa etc." (1720): *Auf dem Peters Freythof. Daselbsten werden verkaufft Eyer, Butter, Hönig, Vögel, schwartz- und rothes Wildpret, geselchtes Fleisch sambt unterschiedlichen Geflügelwerk, grüne und düre zur Artzney dienliche Kräuter, Schwammen, Schnecken, Salsen, an diesem Ort haben auch ihren Stand die Krautschneider, deren man sich zur Herbstzeit bedienen kann.*

Anläßlich der Markttransferierung von 1753 wurden die Stände der Dürrkräutlerinnen und Schneckenweiber vom St. Petersfriedhof an die Mauer des Schottenfriedhofes verlegt; die Verlegung der Fleisch- und Wildbrethändler wurde damals ebenfalls ins Auge gefaßt. Bei Ignaz de Luca findet sich allerdings folgende Beschreibung des Marktes, die uns zeigt, daß den allerhöchsten Anordnungen nicht immer Folge geleistet wurde: *An diesem Platz verkauft man täglich Maccaroni, gedörrte Zwetschen, Obst, von allen Arten geräuchertes Schweinfleisch, Blutwürste, Bratwürste, worunter die sogenannten Milchwürste die besten sind; auch bekommt man hier Sauerkraut, und in den Wintermonaten Schnecken.*

Der „Markt am Peter" bestand noch bis in die erste Hälfte des vorigen Jahrhunderts. Im Jahr 1803 wurden hier 55 Standeln und Marktbuden gezählt, was auf dem kleinen Platz zu einem ziemlichen Gedränge geführt haben muß. Im Jahr 1844 entfernte man die alten Hütten der „bürgerlichen Dörr- und Frischobstler", die an der Rückseite der barocken Peterskirche klebten. Der winterliche Schneckenmarkt jedoch blieb noch längere Zeit bestehen, und auch die Salzfleischhändler durften weiterhin ihre Waren anbieten.

Der Graben

Vom Petersplatz gelangte man über die kurze Jungferngasse zum Graben, benannt nach der südseitigen Begrenzung des Römerlagers, die durch das Hinausrücken der Stadtmauer am Ende des 12. Jahrhunderts in das Stadtgebiet einbezogen und planiert worden war. 1295 wird hier erstmals ein Markt erwähnt, auf dem Obst zum Verkauf gebracht wurde. Der Graben ist wohl jener Marktplatz Wiens, der seinen Namen und seine Funktion am häufigsten geändert hat. Um 1300 hieß er Milchgraben. Später berichten die Quellen abwechselnd von Krauthandel (1320), Brotladen (1348), Grünzeughandel und Kräutlerinnen („Kaltenmarkt") und von vierzig Bäckertischen (1418). Im Jahr 1444 werden die Fleischbänke der Stadtfleischhauer vor dem Freisingerhof – dem heutigen Trattnerhof – erwähnt, wegen denen die Wiener den Graben in der Folge auch „Fleischgraben" nannten. In der „Marckht Ordnung der Statt Wien" von 1569 ist wiederum von einem Bauernmarkt am Graben die Rede: *Alles Jungs Viech und Fleisch und andere Victualia, so durch die Paurßleuth inn die Statt geführt, sollen an dem täglichen Paur Marckht am Graben auff offnem Marckht verkaufft (...) werden.*

Der Graben („Grüner Markt"), um 1715

Im 16. Jahrhundert waren die Fleischhacker mit ihren Ständen bereits zum Tiefen Graben abgewandert und der Graben bekam den Namen „Mehlzeile" oder „Unter den Melbern" nach den vor dem Freisingerhof ansässigen Mehlmessern. Die Bezeichnung „Mehlzeile" war jedoch nur kurze Zeit gebräuchlich, dann kam der Name „Aiermarkt" auf. Anfang des 18. Jahrhunderts nannten die Wiener den Graben den „Grünen Markt" oder auch den „Grünen Kräutelmarkt" bzw. „Kräutermarkt"; hier konnten die Hausfrauen und Dienstmägde *grüne Speisen, verschiedene Sorten von dem schönsten und besten Obst, Früchte und allerley frische Kräuter* einkaufen. (Zit. nach „Vienna curiosa et gratiosa etc.", 1720.) Auf J.A. Delsenbachs Ansicht des Grabens sind auf der rechten Seite des Platzes zwischen den beiden Brunnen Gemüsestände zu erkennen.

Am Graben gab es in der Barockzeit auch viele „Glückshäfen" und Limonadebuden. Zur Weihnachtszeit ließen sich hier „Pecken", „Lebzelter" und „Zuggerpacher" nieder, und das ganze Jahr über besaßen die „Eypoltauer" (Leopoldauer) eine *sonderbare uralte Freyheit*, nämlich hier frisches Schweinefleisch zu verkaufen. Im Jahre 1753 wurden die Marktleute mit ihrem Grünwarenangebot auf die Seilerstätte verwiesen, etwa hundert Jahre später (1846) mußten auch die Fleischbänke vom Graben entfernt werden. Anfang der sechziger Jahre des vorigen Jahrhunderts gab es am Graben aber immer noch Buden und Standeln, die erst nach und nach von Kaffeekiosken und Limonadehütten abgelöst wurden.

Der Neue Markt

Nachdem der Hohe Markt infolge der steten Zunahme der Bevölkerung und des Warenverkehrs als alleiniger großer Marktplatz bald nicht mehr ausreichte, mußte schon im Mittelalter ein zweiter Marktplatz angelegt werden – das 1234 erstmals erwähnte *novum forum*, der Neue Markt. Zunächst wohl eher als eine „Erweiterung" des Hohen Marktes gedacht, entwickelte sich hier nach und nach das

Zentrum des Warenverkehrs von und nach dem Süden und der Hauptumschlagplatz für Getreide, Mehl und Hülsenfrüchte.

Ursprünglich war der Neue Markt wesentlich größer als heute; er erstreckte sich von der Kärntner Straße im Osten bis zur Seilergasse im Westen. Im Jahr 1375 wird die auf der Ostseite des Platzes (heutige Nr. 4) gelegene alte „melgruobe" erstmals urkundlich erwähnt. Im 15. Jahrhundert diente vorübergehend ein Gebäude bei der heutigen Nr. 12 als „Mehlgrube". Im Jahr 1453 erwarb die Stadt schließlich ein baufällig gewordenes Haus am Neuen Markt und errichtete an seiner Stelle eine vierstöckige Mehlvorratskammer, in welcher auch der „Metzenleiher" amtierte, der die Kontrolle über den Getreide- und Mehlhandel innehatte und die Maße an die Bäcker und Mehlhändler, welche sich in der Regel aus älteren Bäckern rekrutierten, verlieh. Dieses Gebäude existierte bis zum Jahr 1697. In diesem Jahr wurde der Grundstein zu einem Neubau gelegt, der unter anderem auch einen Tanzsaal und eine Gastwirtschaft beherbergte. Hier fanden die im 18. Jahrhundert weithin berühmten Ballveranstaltungen „auf der Mehlgrube" statt. Anselm Desing etwa weiß über die Bälle der „Kayserlichen Residentz-Stadt Wienn" zu berichten: *Die besten werden auf der Mehl Grube gehalten.* Von Joseph Richter („Wienerische Musterkarte", 1799) stammt der folgende Dialog, der die Beliebtheit des Tanzetablissements in der früheren Mehlgrube bestens illustriert:

Mutter: *Du Schaz! d'Madeln möchten morgen gern auf d'Mehlgrubn gehn. Du erlaubst 's doch?*
Vater: *Geh laß mi gehn! – alle Augenblick auf d'n Tanzsaal laufen!*
Mutter: *'S kommen ja lauter honnete Leute auf d'Mehlgrubn, und 's geht ja ihr Bruder mit.*

Die „Mehlgrube" wurde 1832 in ein „Casino" umgewandelt, das für seine regelmäßig stattfindenden Journalistenrunden berühmt wurde. Im Jahre 1859 entwickelte sich daraus der Journalisten- und Schriftstellerverein „Concordia". Im Jahr 1866 wurde die Mehlgrube von Ferdinand Munsch zu einem vornehmen Hotel umgestaltet, und

Mehlgrube, um 1715 1897 erfolgte der Neubau des heutigen „Hotel Ambassador".
Doch zurück zum Getreidemarkt. Dieser fand zweimal in
der Woche, dienstags und samstags, statt. Zu Beginn des Marktes
wurde eine Fahne gehißt; solange sie wehte, durften die Bürger der
Stadt ungehindert Mehl und Getreide für ihren Eigenbedarf erstehen.
Sobald die Fahne eingeholt wurde, stand der Einkauf jedermann frei;
nun konnten auch die „Futterer" und Gastgeber, d.h. die Wirte, ihren
Bedarf an Mehl, Futter und Getreide decken. Die inoffizielle Bezeichnung „Mehlmarkt" für den Neuen Markt hielt sich im Sprachge-
brauch der Wiener übrigens bis nach dem Ersten Weltkrieg. Allerdings
waren auf diesem zentral gelegenen und stark frequentierten Platz
auch andere Lebensmittelhändler anzutreffen, und schon im 14. Jahrhundert ist von Kraut-, Rüben-, Grünzeug- und Fleischhandel am
Neuen Markt die Rede. In Anselm Desings 1741 in Druck gegangener
Beschreibung Wiens aus der Zeit Kaiser Karls VI. heißt es: *(...) der
neue Markt, worauf die Steyrer und Kroaten ihr delicats Flügelwerk
verkauffen.*

Der Neue Markt diente jedoch nicht nur dem Handel, sondern –
so wie viele andere Plätze auch – der Volksbelustigung. Im 15. und 16.

Jahrhundert wurden hier Turniere und festliche Umzüge veranstaltet, und der berühmte Joseph Stranitzky errichtete zu Beginn des 18. Jahrhunderts auf dem Mehlmarkt seine Komödienhütte. Auch die Ziehungen des Zahlenlottos, die zuerst auf dem Augustinerplatz stattfanden, wurden im 18. Jahrhundert am Neuen Markt vorgenommen; im Jahre 1770 übernahm der Staat dieses einträgliche Geschäft allerdings in eigene Regie. Seit dem 13. Jahrhundert wurde auf dem Neuen Markt auch die weiter oben beschriebene Strafe des „Bäckerschupfens" vollzogen. Um die Mitte des 15. Jahrhunderts wurde das Bäckerschupfen vom Neuen Markt an die Donau im Bereich der Weißgerberlände verlegt. Später wurde der Bäckerschupfkäfig beim „Vischergeschirr" vor dem Roten Turm neu installiert, dann verlegte man ihn in die Roßau, wo im Jahr 1773 der letzte derartige Strafvollzug stattfand.

1737 beauftragte die Gemeinde Wien den Bildhauer Georg Raphael Donner mit der Errichtung des Providentia-Brunnens, der die beiden seit dem 16. Jahrhundert bestehenden Brunnenanlagen des Platzes ersetzen sollte. Die bigotte Kaiserin ließ die nackten Bleifiguren jedoch demontieren, um sie wieder einschmelzen zu lassen. Erst der Bildhauer Martin Fischer erkannte ihren hohen künstlerischen Wert, restaurierte sie und veranlaßte im Jahre 1801 ihre Wiederaufstellung. 1873 wurden die Originale durch Bronzekopien ersetzt.

Der Neue Markt wurde von der Regierungsverordnung zur Transferierung der Märkte kaum betroffen; nur die „Hühnerkramer" wurden von hier auf die Seilerstätte verwiesen. Der Brot-, Mehl- und „Grießlereiverkauf" blieb auch weiterhin am Neuen Markt. *In den Wochenmärkten finden sich hier gegen 40 Müller ein, die Mehl verkaufen*, schreibt Ignaz de Luca 1787. Einem Verzeichnis aus dem Jahr 1803 entnehmen wir sogar, daß der „Mehlmarkt" unter allen Märkten Wiens die meisten Marktbuden besaß – alles in allem werden 81 Stände aufgezählt, zum überwiegenden Teil natürlich Müller. Im weiteren Verlauf des 19. Jahrhunderts verlor der Mehlmarkt durch die

Konkurrenz der östlich von Wien gelegenen Mühlen immer mehr an Bedeutung. Am „Schanzl" entwickelte sich unterdessen der „Wasserkörnermarkt" für das per Schiff nach Wien transportierte Getreide, und bald entstand in der Nähe des Schüttels am linken Donaukanalufer noch ein zweiter Markt der gleichen Art.

Neuer Markt,
Anfang 19. Jh.

Der im Volksmund immer noch „Mehlmarkt" genannte Neue Markt entwickelte sich in der zweiten Hälfte des 19. Jahrhunderts mehr und mehr zu einem Viktualienmarkt, auf dem speziell am Vormittag ein reges Marktleben herrschte – und das, obwohl im Jahr 1866 ein Teil der Standler in die neuerrichtete Großmarkthalle des dritten Bezirks abgewandert war.

Der Kohlmarkt

Der im 13. Jahrhundert entstandene Kohlmarkt ist ein alter Verkehrsweg, der das frühere Peilertor – Ecke Tuchlauben und Bognergasse – mit den nach Westen führenden Fernhandelsstraßen verband. Ursprünglich wurde er nach dem alten Wort für Brennholz (wit oder auch wied) als „Witmarkt" bezeichnet. Seit dem 14. Jahrhundert wurde auf dem Brennholzmarkt auch Holzkohle verkauft, wovon sich der heutige Name der Straße ableitet. Der Holzverkauf wurde bereits im Mittelalter auf den „Oberen Werd" – die heutige Roßau – außerhalb der damaligen Stadt verlegt.

Am Hof

Ein weiterer wichtiger Markt wurde auf dem Platz „Am Hof" abgehalten. Nachdem die alte babenbergische Residenz von dort in die neue Burg verlegt worden war, entwickelte sich bereits gegen Ende des 13. Jahrhunderts ein Markt, der den Namen der alten Residenz beibehielt. Im 14. Jahrhundert hören wir von Fischkäuflern und Krebserinnen um den Fischbrunnen, von 17 Krebsständen, 8 städtischen Krambuden und 29 Gewandhütten auf diesem Markt. Im städtischen Rentenbuch von 1418 ist vom „Vischmarkt am Hof" die Rede: *Seefisch sollte man nicht anderswo feilhaben als am Hof, wo es altes Herkommen ist und nicht am Fischmarkt.* Neben den Seefischhändlern werden auch Bäcker und Joppner erwähnt.

Blumenmarkt Am Hof, 1892

Die Regierungsverordnung von 1753 transferierte den Grünzeugmarkt vom Hof auf das „Schanzelthore vor dem rothen Thurme" und
auf den Salzgries, *jedoch mit Vorbehaltung so viel Platzes, als für die
dorthin kommende Salzwagen nöthig ist.* Fünfzehn Jahre später
mußte auch der Fischmarkt vom Hof auf den Stadtwall beim
Fischertor (Gonzagabastei) abwandern.

Weiterhin Am Hof bleiben durfte der Obstmarkt, auf dem auch
auswärtige Bäcker ihr Brot und Gebäck verkauften. Ignaz de Luca
berichtet im Jahr 1787: *Zu den Zeiten der Jahrmärkte ist der Hof mit
hölzernen Buden erfüllt. Sonst wird hier täglich Obst und von allen
Arten Küchengewächse feilgeboten.* Vom 19. Jahrhundert an bis in die
Zwischenkriegszeit galt der Platz Am Hof als der Hauptmarkt der
„bürgerlichen Küchengärtner". Eine poetische Schilderung des
Marktlebens, das Am Hof und auf der benachbarten Freyung stattfand, stammt von Edgar Weyrich aus dem Jahr 1924: *Lockte nicht
dort auf bevölkertem Markt bei zarten Gemüsen, duftenden Blumen
das Obst, feilschend wie heute umdrängt? Schon der Anblick entzück-
te des reichen, des köstlichen Segens, wie er dem laufenden Jahr lieb-
lich im Wechsel entsproß. Ach, im Frühling die ersten, die rötlichen
Kirschen – im Sommer Aprikosen wie Gold neben der Pfirsiche Samt;
Beeren in Hülle und Fülle – und saftige Birnen und Pflaumen, bis sich
die Mispel im Herbst leuchtenden Trauben gesellte. Und die Äpfel
sodann! In allen Formen und Größen in der verschiedensten Pracht
waren sie ringsum zu schaun; Berge von Nüssen nicht minder – und
trockene Feigen und Datteln, wie sie Sankt Nikolaus artigen Kindern
beschert.* (Zit. nach S. Müller 1987.)

Die Freyung

Die nahe gelegene Freyung hieß ursprünglich „Bei den Schotten". Ihr
heutiger Name leitet sich wahrscheinlich vom Asylrecht her, das das
Schottenkloster von alters her gewähren durfte. Der Teil des Platzes
zur heutigen Strauchgasse hin wurde im 15. Jahrhundert „Auf dem

Mist" oder „Am Bühel" genannt, und um die Mitte des 16. Jahrhunderts taucht der Name „Auf'm Steinfeld" auf. Im späteren Mittelalter wurde jeden Samstag beim Garten des Schottenklosters ein Vieh- und Roßmarkt abgehalten; damit verbunden waren auch Pferde(probe)rennen, worauf der Name der Renngasse noch heute hinweist.

Delsenbachs Bild der Freyung vom Beginn des 18. Jahrhunderts zeigt die Schaubühne eines ambulanten Possenreißers, Garküchen mit riesigen Fleischkesseln und mehrere Standeln von Obst- und Viktualienhändlern. Anläßlich der Märktetransferierung wurden die „Kienbauern" vom Judenplatz auf die Freyung verwiesen. Ignaz de Luca schildert das Leben auf der Freyung folgendermaßen: *Hier haben auch die Kräuterfrauen ihren Sitz. Zugleich wird hier täglich des Morgens vieles Küchengewächs verkauft. Zu Jahrmarktszeiten haben an der Seite des Harrachischen Gebäude die böhmischen und mährischen Juden ihre Hütten, wo sie Leinewand, Zwirn u.s.w. verkaufen.*

Im Jahr 1780 wurden die Grünzeugstandlerinnen von der Freyung zum Freihaus auf der Wieden umgesiedelt, und anläßlich der Renovierung der Kirchenfassade im Jahr 1822 wurden auch die „Dürrkräutler", Korbflechter und Tabakverkäufer,

Schotten Platz (Freyung), Anfang 18. Jh.

die vor der Schottenkirche ihre Standeln besaßen, an andere Plätze verwiesen. Doch die Markthaltung auf der Freyung war nicht umzubringen. Schon bald waren die „Küchen-, Lust- und Ziergärtner" Wiens wieder da, um Gemüse, Obst und Blumen bester Qualität anzubieten: *Auf der Freyung sitzen zu Dutzenden die Verkäuferinnen und bieten köstliche Gemüsesorten, Spargel, schöne Trauben, schmackhafte Pfirsiche und anderes Obst um theures Geld den Vorübergehenden zum Kaufe an,* schreibt Karl Landsteiner 1871.

Noch um die Wende zum 20. Jahrhundert fand auf der Freyung um den Austriabrunnen täglich ein Fleisch-, Obst- und Gemüsemarkt statt. Die Freyung gehört damit zu jenen Plätzen des 1. Bezirks, auf denen seit dem Mittelalter immer wieder Märkte abgehalten wurden.

Der Tiefe Graben

Zwischen dem Komplex des Schottenklosters und dem Platz Am Hof liegt der einst vom Ottakringerbach ausgewaschene Tiefe Graben, der zur Römerzeit zum Verteidigungssystem des Lagers gehörte. Nach der

Der Tiefe Graben, um 1730 Ableitung des Baches wurde der Tiefe Graben um die Mitte des 15. Jahrhunderts teilweise planiert; etwa hun-

dert Jahre später übersiedelten die Stadtfleischhacker mit ihren Bänken vom Graben hierher.

Eine Zeichnung von Salomon Kleiner zeigt den Tiefen Graben, wie er um 1730 ausgesehen hat; rechts vorne ist ein Teil der alten Fleischbänke zu sehen. Ein halbes Jahrhundert später berichtet Ignaz de Luca: *Izt verkauft man hier an Wochenmärkten Federvieh, welches größtentheils von Eipeldau zum Verkauf hieher gebracht wird. In den Zeiten des Jahrmarkts wird hier der Obstmarkt gehalten.* Der Markt am Tiefen Graben, auf dem „Eipeldauer" (Leopoldauer), Kagraner und Stadlauer Bauern ihr gemästetes und meist schon geputztes Geflügel verkauften, wurde erst um die Jahrhundertwende aus verkehrstechnischen Gründen aufgelassen.

Der Salzgries

Unweit des Tiefen Grabens stößt man auf den im Jahr 1322 erstmals erwähnten Salzgries. Die Gegend wurde ursprünglich „An dem Gries" genannt, weil sich hier eine Landungsstelle für die Donauschiffe befand, die unter anderem auch Salz aus Oberösterreich nach Wien brachten. Schließlich ließen sich immer mehr „Salzer" hier nieder und gaben dem „Gries" seinen Namen. Die „Victualien-Märkte-Transferierung" ordnete an, *die grünen Waaren von allen Gattungen von den hiesigen Hauptplätzen und Gassen auf den Salzgries zu verlegen, jedoch mit Vorbehaltung so viel Platzes, als für die dorthin kommende Salzwagen nöthig ist.* (Zit. nach S. Müller 1987.)

Im Jahr 1838 wurde auch der Viktualienmarkt von der offenbar dichter bewohnten Seilerstätte auf den Salzgries verlegt. Viktualienmärkte galten als feuergefährlich, schmutzig und der Gesundheit der Bewohner abträglich. Dafür kamen die Hühnerkramer vom Neuen Markt und die Schmalzhändler vom Hohen Markt auf die Seilerstätte. Eine Magistratsverordnung vom Jahr 1879 verwies die Vogelhändler und Vogelfutterverkäufer, die sich ebenfalls am Salzgries etabliert hatten, auf den Markt Am Hof. In den achtziger Jahren des vorigen

Jahrhunderts wurde der Salzgries reguliert und verlor dadurch sein früheres Aussehen.

Der Judenplatz

Ein weiterer Markt wurde auf dem Judenplatz abgehalten, der bis zur ersten Vertreibung der Juden im Jahr 1421 unter seiner damaligen Bezeichnung „Schulhof" das Zentrum der Wiener Judenstadt gebildet

Der Judenplatz hatte. In „Vienna curiosa et gratiosa etc." (1720) heißt es:

Auf dem Judenplatz ist zu erkauffen Kien, Leitern und allerlei Holzwerk für Dräxler und Tischler. Im zu Ende gehenden 18. Jahrhundert etablierten sich die „bürgerlichen Küchengärtner", die aus der Leopoldstadt und von Erdberg kamen und den Verkauf ihrer Erzeugnisse en gros betrieben, am Judenplatz. Die Ware wurde zumeist schon abends angeliefert und von Knechten bewacht. Im Morgengrauen kamen die Kleinhändler, Greißler und Gemüseverschleißer der Stadt und ihrer Vorstädte, um sich hier mit frischer Ware einzudecken. Um sieben Uhr früh war der Spuk meist vorbei.

Ignaz de Luca erzählt: *Zu den Zeiten des Jahrmarktes stehen hier die hölzernen Buden, in welchen die niedlichsten Schreinerwaren feil-*

geboten werden. Sonst verkauft man an diesem Platze täglich des Morgens von allen Arten Küchengewächse.

Die beim Hohen Markt gelegene Judengasse gehörte übrigens nie zur mittelalterlichen Judenstadt und wurde erst im 17. Jahrhundert so genannt.

Der Vogelmarkt

Eine weitere Gruppe kleinerer Märkte befand sich im Südteil der Stadt. Ein besonderes Kuriosum war der Vogelmarkt, den auch S. Müller in ihrer Studie von 1987 beschreibt. Zu Beginn des 18. Jahrhunderts wurde er noch auf dem „Peters Freythoff vor dem Kirchen gepau" abgehalten, nach 1780 finden wir ihn bei der Stallburg, am Ende der damaligen Oberen Bräunerstraße, der heutigen Habsburgergasse. „Vogelliebhaber" konnten auf dem kleinen Platz von der Nachtigall bis zur Eule, vom Fink bis zum abgerichteten Gimpel alles kaufen. Exotische Vögel gab es allerdings nur bei jenen Vogelhändlern, die ein „Gewölbe" in der Stadt besaßen. Singvögel wurden aber nicht nur in Käfigen gehalten. Viele von ihnen landeten in den Kochtöpfen der Wiener, und so verwundert es auch kaum, daß rund um Wien angeblich kein einziger Vogel mehr zu finden war. Natürlich wurde am Vogelmarkt auch Vogelfutter verkauft: Ameiseneier – je nach Jahreszeit frisch oder getrocknet – per Liter, Mehlwürmer nach Hunderten. Vor der Stallburg gab es auch einen kleinen Taubenmarkt; der eigentliche Taubenmarkt befand sich am Hundsturm, im heutigen 5. Bezirk.

Mit der Zeit entwickelte sich der Vogelmarkt bei der Stallburg zu einem bunten Tiermarkt, auf dem die tierliebenden Wiener auch noch andere Haustiere erwerben konnten: Eichhörnchen, gestachelte Schwein- und Hundsigel zum Schabenvertilgen, Kaninchen, Meerschweinchen, weiße Mäuse, Schlangen, Salamander, Laubfrösche als Wetterpropheten – und natürlich Hunde. Wien war schon damals „auf den Hund gekommen", und die Besitzer der Vogelkramerhütten waren echte Spezialisten, was das Scheren, das Ohren- und Schwanzstutzen, aber auch das Entwurmen der Vierbeiner betraf. Auf Wunsch und Bestellung konnten sie fast alles besorgen: Manierliche Schoß-hündchen für die Damen von Stand, englische Bullenbeißer, Jagd-hunde, Doggen und Pinscher.

Der Vogelmarkt in der Oberen Bräunerstraße verschwand erst in der zweiten Hälfte des 19. Jahrhunderts. In einem Wienführer aus dem Jahr 1873 wird daran erinnert, daß noch bis vor wenigen Jahren zahl-reiche Vogelhändlerhütten hier ihren Sitz hatten.

Der Schweinemarkt

Vom Vogelmarkt war es nicht weit zum Lobkowitzplatz. Im Jahr 1408 ließ Herzog Leopold IV. den Wiener Bürgermeister Konrad Vorlauf und zwei seiner Verbündeten auf diesem Platz, der damals noch „Schweins-markt" hieß, durch das Schwert hinrichten. G.A. Schimmer berichtet, daß der „Sweinmarkt", der seit 1382 urkundlich erwähnt wird, den Geistlichen des benachbarten Augustinerklosters ein besonderer Dorn im Auge gewesen sei. Bezugnehmend auf deren Grunzen und Schreien vermerkt der wortgewaltige Abraham a Santa Clara, *daß die Geistli-chen wohl gerne mit St. Davide, nicht aber mit Esau psalliren möchten.* Die Gebete der Geistlichen wurden schließlich erhört: Der Schweine-markt kam zunächst vor das Kärntner Tor, dann zum Stubentor.

In früheren Quellen wird der Lobkowitzplatz auch als „alter Roßmarkt" bezeichnet. Später kam der Name „Spitalplatz", nach dem nahen Bürgerspital, aber auch die Bezeichnung „Angesetzte Schütt" auf. Im 19. Jahrhundert war hier dreimal in der Woche ein „Brodmarkt" für frisches Landbrot.

Die Seilerstätte

Vom Lobkowitzplatz gelangte man, vorbei am alten Kärntner Tor und weiter über die Wasserkunstbastei, zur Seilerstätte. Hier wurden die Seile und Tauwerke für die Donau-, Save- und Drauschiffe hergestellt. Im Jahr 1753 zogen – gemäß der mehrmals zitierten Verordnung – die

Eier- und Grünwarenstandler vom Graben, die Hühnerkramer vom Neuen Markt und die Schmalzhändler vom Hohen Markt auf die Seilerstätte.

Ignaz de Luca berichtet dazu 1787, sachlich wie immer: *An diesem Platz verkauft man an Wochenmärkten Butter, Eyer, Federvieh und Küchengewächse.* Geradezu ins Schwärmen gerät hingegen A. Schmidl um 1833 bei seiner Schilderung des Marktlebens in der Seilerstätte: *(...) am buntesten ist aber das Wogen und Treiben der Küchengöttinnen auf der Seilerstätte, und in den zu derselben führenden Straßen. Gemüse, Obst, Eier, Geflügel, Butter wird dort in den Vormittagsstunden feil geboten; Punkt 12 Uhr erscheinen aber die Straßenkehrer, und jede Spur des tollen Gewirres ist in kurzem vertilgt, so daß, wer Abends eben durch diese Straße und das Karolinenthor die eleganten Besucher des „Wasser-Glacis" ruhig hausströmen sieht, kaum den Ort wieder erkennen würde, wo in der Frühe alle slavischen Dialekte mit den österreichischen und ungarischen um die Wette schrien und lärmten.*

Zur selben Zeit begann man allerdings höheren Orts die malerischen Buden und Standeln des Viktualienmarktes als feuergefährlich anzusehen; heftig kritisiert wurde auch die mangelnde Sauberkeit des Marktbetriebs. Im Jahr 1838 wurde der Grünwarenmarkt deshalb auf den Salzgries verlegt, und die Seilerstätte wurde zum Eier- und Geflügelmarkt der Stadt. Im März des Jahres 1848 kam es hier zu heftigen Auseinandersetzungen zwischen Greißlern und Eierfrauen, denen wieder einmal Preistreiberei und Zwischenhandel vorgeworfen wurde.

Durch die Umwidmung der Zentralmarkthalle zu einer Großmarkthalle wanderte der Eier- und Butterhandel im Jahr 1866 von der Seilerstätte dorthin ab. Die restlichen Marktfunktionen der Seilerstätte übernahm ab 1871 die neueröffnete „Zedlitz-Markthalle".

Der Dominikanerplatz

Die ältesten Nachrichten über den „Georgi-Holzmarkt" am Dominikanerplatz stammen aus dem 15. Jahrhundert, wo es heißt, zwischen den „Dominicanern" und der „Hohen Schuel" werde jährlich vierzehn Tage nach Ostern ein Holz- und Holzwarenmarkt abgehalten. Im Jahre 1742 verlegte man den Holzmarkt in die Roßau. Der Hofraum nächst der Dominikanerkirche wurde noch 1846 als „Schmalzhof" bezeichnet, weil hier Schmalz – das vor allem aus Mähren kam –, Käse und gesalzene Butter verkauft werden durften.

Der Fleischmarkt

Der Straßenzug, der heute die Verbindung zwischen der Judengasse bzw. Rotenturmstraße und der Postgasse herstellt, gehört zu den ältesten Verkehrswegen der Stadt. Allerdings verlief er früher etwas anders. Der „Alte Fleischmarkt", wie er noch 1829 bezeichnet wird, verband die Rotenturmstraße bzw. den Haarmarkt mit dem k.k. Hauptmautgebäude, jenem Häuserkomplex, in dem heute die griechisch-unierte Barbara-Kirche untergebracht ist. Zum Fleischmarkt gehörte früher auch der „Auwinkel", der bis in die zweite Hälfte des 18. Jahrhunderts nach dem nahegelegenen städtischen Schweineschlachthaus eigentlich „Sauwinkel" hieß.

Der Fleischmarkt wird bereits 1220 als *carnifices Wiennensis* und 1285 als *Via carnorum* bezeichnet. Nicht nur die Fleischbänke, auch das Metzgerinnungshaus, das 1333 erstmals urkundlich erwähnt wird, und die Landfleischhauer, „Gaufleischer" genannt, hatten hier ihren Standort. Allerdings übersiedelte schon im Jahr 1256 ein Teil der Fleischer zum Lichtensteg, die heutige Verbindung zwischen dem Hohen Markt und dem Lugeck.

Der „Alter Fleischmarkt" genannte Straßenzug erfuhr durch den Zuzug von Griechen, die den Balkan- und Levantehandel kontrollierten, eine wesentliche Veränderung. An diese zweite Blütezeit des Fleischmarkts erinnert die in den fünfziger Jahren des vorigen Jahrhunderts von Theophil von Hansen neugestaltete griechisch-orthodoxe Kirche „Zur heiligen Dreifaltigkeit". Die parallel zum Fleischmarkt verlaufende Griechengasse erhielt ihren Namen erst um das Jahr 1700; früher hieß sie Sauerkrautgasse.

Die Rotenturmstraße

Sie besteht aus mehreren Abschnitten, die in früherer Zeit unterschiedliche Bezeichnungen führten. Zwischen Stephansplatz und Lugeck hieß sie „Am Lichtensteg", seit dem 18. Jahrhundert auch Bischofsgasse. Die eigentliche Rotenturmstraße („Beim Roten Turm") erstreckte sich zwischen dem Fleischmarkt und dem heutigen Kai. Jener Straßenabschnitt aber, auf dem der Fleischmarkt, die untere Rotenturmstraße, die Rabengasse und die Bischofsgasse zusammentrafen, wurde noch 1829 „Haarmarkt" genannt, ein Name, der seit 1270 urkundlich überliefert ist. Flachs, das dort verkauft wurde, wurde damals auch „Haar" genannt.

Lugeck und Lichtensteg

Vom „Haarhof" gelangte man in wenigen Schritten zum Lugeck und zum Lichtensteg, die die Bäckerstraße mit dem Hohen *Das Lugeck*

Markt verbanden. Schon im Jahr 1256 ist ein Großteil des Fleischhandels im Bereich Lugeck, Lichtensteg, Kramergasse und Rotgasse anzutreffen. Er wurde auf den sogenannten Fleischbänken und der über den damaligen Möhringbach führenden Schlagbrücke abgewickelt. Mit dem Namen Lichtensteg wurde ursprünglich die heutige Kramergasse bezeichnet, im 14. Jahrhundert bürgerte sich allerdings der Name „Am Brezzeneck" und „pretzenpanch" ein, und zwar nach dem hier gleichfalls verkauften Brezengebäck.

Die Ansicht Salomon Kleiners zeigt das Lugeck, den „Regenspurger Hoff", den Säulenhof und, im vorderen Teil des Bildes an der Ecke zur Bischofsgasse, die „Fleisch Banck": regelmäßig angelegte Hüttenzeilen mit einheitlich gedecktem Schindeldach. Die Gasse führte nun den Namen „Unter den langen [oder: vorderen] Fleischbänken".

Trotz aller im 18. Jahrhundert erfolgten Umsiedelungen weiß noch Ignaz de Luca 1787 über den Lichtensteg zu berichten, daß *die Schlächterbuden, die sich größtentheils an diesem Orte befinden, (...) ihn des Morgens sehr lebhaft machten.* Das „Curiositäten und Memorabilien-Lexikon" vermerkt, daß die Fleischbänke am Lichtensteg erst um die Mitte des vorigen Jahrhunderts endgültig verschwunden waren, und noch in den sechziger Jahren wird in Zusammenhang mit dem Lichtensteg ein Markt erwähnt.

Die Brandstätte

Auf der alten Brandstätte gegenüber dem Riesentor der Stephanskirche gab es im Mittelalter Gewandhändler, Messerer, Bürstenbinder, Spiegler, aber auch Wildbret- und Geflügelhändler. Durch die Regierungsverordnung von 1753 wurden überdies die „Haringtische" vom Hohen Markt hierher verlegt. Gegen Ende des 18. Jahrhunderts wurde der Markt für Gänse, Enten, Ferkel und Stockfische auf der Brandstätte abgehalten: *Sie haben ihre Plätze auf der Brandstatt in der Bischofsgasse. Sie verkaufen auch Mutterschweine u. dergl.*, schreibt Ignaz de Luca.

Im Jahr 1803 wurden hier 36 Marktstandeln gezählt. Die *Die Brandstätte* großen baulichen Veränderungen der Jahre 1874 und 1875 vertrieben den Gänsemarkt. Der hier befindliche Gänsemädchenbrunnen wurde zuerst vor der Mariahilfer Kirche, dann auf der Rahlstiege aufgestellt. Den Namen Brandstätte trägt heute jener Straßenzug, der den Stephansplatz mit den Tuchlauben verbindet.

Ein einziges lärmendes Treiben

Marktstände und Marktbuden waren nicht nur an den genannten Orten anzutreffen; wie das Verzeichnis der Markthütten aus dem Jahre 1803 zeigt, gab es auch eine große Anzahl von mobilen Verkaufsstellen auf diversen anderen Wiener Straßen und Plätzen. A. Schmidl behauptet in seinem Buch „Wien wie es ist" (1833), daß nur der Wildpretmarkt und der Vogelmarkt auf den gleichnamigen Plätzen sowie der Markt für Stockfisch, Gänse, Enten und Ferkel auf der Brandstätte hölzerne Buden besäßen und daß die Fleischbänke noch immer durch die belebtesten Straßen zerstreut seien und ihren Hauptsitz am Lugeck hätten. Ignaz de Luca wiederum weiß über die zahlreichen Greißler zu berichten: *Sie verkaufen Eßig, Vogelfutter, Küchenbesen, Erbsen, Zinnkraut, Kranawetholz u.d.gl. Man findet sie fast in allen Gassen. Sie haben offene Buden.*

Silvia Müller weist auf die auffällige Verteilung der Märkte innerhalb der Stadt hin. Recht deutlich ist dabei die größere Konzentration von Märkten im Gebiet des ehemaligen Römerlagers zu erkennen. Die außerhalb desselben gelegenen Märkte und einzelnen Marktbuden fanden sich stets an den Wachstumspunkten der Stadt, wie z.b. auf der Freyung, am Kohlmarkt, in der Kärntner Straße, im Bereich Weihburggasse und Franziskanerplatz sowie zwischen dem Lugeck und der alten Universität. Händler, die normalerweise nicht auf Märkten zu finden waren, konzentrierten sich an ganz bestimmten Punkten der Stadt, so zum Beispiel die „Bethenmacher" genannten Erzeuger von Rosenkränzen und die Kranzelbinder am Stephansplatz oder die Standeln der Strohhuthändler am Franziskanerplatz.

Im Laufe der Zeit mußten viele Innenstadtmärkte aus verkehrstechnischen Gründen, aber auch wegen ihrer Lärm- und Schmutzbelästigung weichen. Tägliche Märkte wurden in der zweiten Hälfte des 19. Jahrhunderts nur noch auf dem Platz Am Hof, auf dem Hohen Markt, auf dem Judenplatz und am Tiefen Graben abgehalten. Auf diesen Märkten wurden alle Arten von Viktualien, vorwiegend aber Obst, Gemüse und Blumen, zum Verkauf gebracht. Am Lobkowitzplatz wurde jeden Dienstag, Freitag und Samstag Landbrot verkauft. Der „Schanzelmarkt" am heutigen Kai war täglich geöffnet. Auf dem nahen Rudolfsplatz wurde vormittags Geflügel verkauft, und am Franz-Josefs-Kai wurden jeden Freitag und an den Fasttagen in der Kar- und Weihnachtswoche Fische, Krebse und Schalentiere angeboten. Das 1878 erschienene Marktverzeichnis der österreichischen Monarchie nennt ferner den Christkindlmarkt, einen Jahrmarkt mit Kramwaren, der im Dezember Am Hof abgehalten wurde, und einen acht Tage dauernden Firmwochenmarkt am Stephansplatz, der am Sonntag vor Pfingsten öffnete.

Wegen des frühmorgendlichen Grünmarkts, auf dem, wie A.
Köstlin und R. Frey 1877 berichten, sehr zum Ärger der Anrainer,
viele hunderte von Händlern (...) die Plätze Hof, Freiung, Judenplatz
und Tiefen Graben einem Ameisenhaufen gleich bedecken, kam es
immer wieder zu heftigen Beschwerden seitens der Bewohner der angrenzenden Straßen, die durch das allnächtliche Chaos, durch das
Hufegeklapper und das Rädergeratter am Kopfsteinpflaster, durch das
Geschrei der Kutscher und Marktarbeiter um ihren Schlaf gebracht
wurden. Jahrelang reagierte die Stadtverwaltung auf die Eingaben der
lärmgeplagten Anwohner mit immer neuen Verordnungen und Ver-
haltensvorschriften, ohne eine echte Abhilfe zu schaffen. Schließlich
mußten sich die Greißler der ganzen Stadt hier mit Waren *Marktleben auf*
versorgen ... *der Freyung*

Im Jahr 1908 wurden folgende Bestimmungen erlassen:

1. *Marktplatz ist der Platz Am Hof, die Freyung, der Judenplatz,*
   sowie der Heidenschuß, die Drahtgasse und die Parisergasse.
2. *Zur Wagenaufstellung können die umliegenden Straßen, Gassen*
   und Plätze nach Maßgabe des Bedarfes und der Verkehrs-
   verhältnisse benutzt werden.

Die Aufstellung von Wägen ist vor dem Haus Renngasse 2 und auf dem Passauerplatz untersagt.

Zur ungehinderten Ausfahrt der Lösch- und Rettungszüge aus der Feuerwehrzentrale Am Hof ist vor der Front des Hauses Nr. 9 Am Hof ein Raum von 15 m Breite bis zum Rinnsal der Durchzugsstraße längs der Häuser Nr. 6 und 9 Am Hof vom Marktfuhrwerk jederzeit freizuhalten.

3. *Der Markt beginnt um 1 Uhr früh und endet um 6 Uhr morgens (...).*

4. *Mit der Zufuhr der für den Markt bestimmten Waren darf seitens der Marktviktualienhändler schon um 9 Uhr abends begonnen werden (...).*

Weiter heißt es dort: *Auf den Zufahrtstraßen zu den einzelnen Markt-plätzen und zur Wagenaufstellung benützten wichtigen Verkehrs-straßen muß stets so viel Raum frei bleiben, daß noch zwei Wagen anstandslos nebeneinander verkehren können.* (Zit. nach S. Müller 1987.)

Markt Am Hof, 1912

*Marktszene
Am Hof,
um 1910*

Der „Nachtmarkt" war bis zum Ersten Weltkrieg auch an Sonn-
und Feiertagen mit regem Markttreiben erfüllt. Weiterhin aktiv waren
damals, wie alte Fotos zeigen, auch die Märkte Am Hof, auf der
Freyung, am Tiefen Graben, auf dem Judenplatz und am Hohen
Markt.

Die Großmärkte an der Donau und am Wienfluß

Der Schanzlmarkt

Außerhalb der Befestigungsanlagen Wiens, an den Ufern von Donau
und Wienfluß – „am Gries", wie man sagte – gab es eine Reihe von
Märkten, die für die Versorgung der Stadt von größter Bedeutung
waren. Von einer Markthaltung auf dem Areal zwischen der Wiener
Stadtmauer und der Donau, dem heutigen Donaukanal, wird bereits
im Mittelalter berichtet. Im Jahr 1446 wurde bestimmt, daß die
auswärtigen Händler das per Schiff herangebrachte Obst nur an zwei
wöchentlichen Markttagen vom Wagen aus auf dem Hohen Markt
und am Graben, sonst aber nur „am Schanzl" feilbieten durften.

111

Der Schanzlmarkt befand sich ursprünglich in der Gegend vor dem „Rothenturm-Thor", unterhalb der Kirche Maria am Gestade; näher zur heutigen Rotenturmstraße hin befand sich ein Schiffsbauplatz. Anläßlich der Markttransferierung von 1753 wurde der Fisch- und Krebsenmarkt vom Hohen Markt auf das Schanzl vor dem Roten Turm verlegt; die Grünzeugstandeln, die auf den meisten Hauptplätzen der Stadt zu finden waren, zogen zum Teil auf den Salzgries, zum Teil auf den Platz zwischen dem Schanzl und dem Roten Turm. Gegen Ende des 18. Jahrhunderts befand sich am Schanzl ein kleiner Hafen mit einem Mauthaus. Von Obstkramerhütten am Schanzl wird anläßlich einer Brandkatastrophe berichtet, die am 16. April 1778 wütete. Dabei verbrannte eine in ihrer Hütte schlafende Obsthändlerin. Die übrigen „Obstweiber" verloren durch das Feuer ihre Hütten und Vorräte.

Zu Beginn des 19. Jahrhunderts wurden die vor dem Burgtor ansässigen Fratschlerinnen durch die Errichtung der neuen Glacis-Anlagen entweder auf den „Aschenmarkt" auf der Wieden oder auf das Schanzl an der Donau vertrieben. Der Schanzlmarkt entwickelte sich bald zum bedeutendsten Obst- und Gemüsemarkt für die mit dem Schiff herangebrachten Waren. Er erstreckte sich, wie A. Schmidl berichtet, von der Gonzagabastei, wo sich heute der Ringturm und die U-Bahn-Station Schottenring befinden, bis zur Ferdinandbrücke, wo die Obst-, Gemüse- und Salz-Zillen landeten. Das meiste Obst, wie Kirschen, Marillen, Pfirsiche, Äpfel, Birnen, Zwetschken und Trauben, kam aus der Wachau. Die Fahrt von der Wachau nach Wien dauerte sechs bis sieben Stunden und wurde zumeist in der Nacht durchgeführt. Die Gegenschiffahrt erfolgte mittels Pferdezug, wovon die noch bestehenden Treppelwege an der Donau zeugen.

Heinrich Walden schildert im Jahre 1834 eine typische Szene vom „berüchtigten Schanzlmarkt": *(...) tönte ein gellendes Geschrey in unsere Ohren, wir blickten über die Bastey hinab und sahen wie zwey Oebstlerinnen sich raufend herumzogen, sie konnten vor Schreyen kein lautes Wort mehr sprechen. (...) Jede der streitenden Partheyen bekam ihre Hülfstruppen, und es wäre zu einem Gemetzel, wie bey der Sicilianischen Vesper gekommen, wenn sich nicht die aufgestellte Wache mit dem Haselstocke, welcher unter der gemeinen Wiener-Volksclasse gewöhnlich der Laxenburger-Spargel genannt wird, in das Mittel gelegt und Ruhe gestiftet hätte.* Grund für diese wüste Streiterei war, *daß die Frau Nachbarinn erboßt geworden sey, weil die andere Frau Nachbarinn für einen Kreuzer um zwey Aepfel mehr gegeben habe.*

Nach der „Allgemeinen Dienstordnung" von 1839 war der Schanzl-markt in drei Abschnitte geteilt: Die Anker- und Verkaufsplätze am rechten Donauufer, dem heutigen Donaukanal, waren den Obst- und Viktualienschiffen vorbehalten; jene am linken Flußufer waren für die Erdäpfel-, Kraut- und Rübenschiffe reserviert; auf einem speziellen Marktplatz am rechten Ufer durfte ausgeladenes Gut „im Großen und Kleinen" verkauft werden. Die Händler der am linken und am rechten Ufer ankernden Schiffe durften ihre Ladung je-doch nur vom Schiff aus verkaufen und nichts auf der

Schanzl-Markt mit Obstflotille, 1875

Uferböschung stapeln. Hochsaison am Schanzl war – entsprechend den hier angebotenen Waren – in den Monaten August bis Oktober; in dieser Zeit war der Verkauf sowohl vor- als auch nachmittags gestattet. Zu Winterbeginn mußten sämtliche Obst- und Gemüseschiffe das Schanzl verlassen.

Im Jahre 1893 mußte der Schanzlmarkt, der durch Jahrzehnte hindurch der bedeutendste Obst- und Gemüsemarkt der Stadt gewesen war, wegen des Stadtbahnbaus vorübergehend in die Gegend des heutigen Wettsteinparks in den 2. Bezirk transferiert werden. Im November 1903 wurde der Schanzlmarkt endgültig am linken Donaukanalufer, zwischen der Maria-Theresien-Brücke, der heutigen Augartenbrücke, und dem Stationsgebäude der Dampftramway untergebracht, wo er noch bis zum Jahr 1933 existierte.

Weiter bis zur Franzensbrücke laden die Getreide- und Kälber-schiffe aus, heißt es in A. Schmidls Buch „Wien wie es ist" (1833). Neben Obst und Gemüse transportierten die Donauschiffe natürlich auch Getreide nach Wien, und so entwickelte sich auf der linken Donaukanalseite beim „Schüttel" der sogenannte „Wasserkörnermarkt". Seit den siebziger Jahren des vorigen Jahrhunderts wurde der Großteil des Getreides allerdings in Kaisermühlen abgeladen.

Der Fischmarkt

Am Ufer des heutigen Donaukanals gab es seit der Mitte des 18. Jahrhunderts, als die Fischhändler des Hohen Marktes vor das Rotenturm-Tor im Bereich der heutigen Schwedenbrücke verwiesen worden waren, auch eine beträchtliche Anzahl von Fischverkaufsständen. Ignaz de Luca beschreibt diesen Fischmarkt wie folgt: *Am Ende der rothen Thurmgasse links gegen das Fischerthor. Er wird gewöhnlich am Freytag und Sonnabend gehalten, und sooft in der Woche ein Fasttag fällt. Man bekommt hier von allen Arten Fische, auch Krebsen, Schildkröte, Rohrhühner u.s.w.* Eine weitere Fischverkaufsstelle existierte auf dem Stadtwall beim Fischertor an der Gonzagabastei.

In der Biedermeierzeit breitete sich der Fischmarkt ent- *Fischmarkt vor*
lang der Kasematten vom Fischertor stromaufwärts bis zum *der Neutorbastei*
Neutor aus. In der zweiten Hälfte des vorigen Jahrhunderts wurde er
schließlich auf die Rampe des Franz-Josefs-Kais verlegt. Die Fischhändler mußten hier auf eigene Kosten ihre Stände neu errichten. Es
waren zumeist Bretterbuden, teilweise auch kleine Fachwerkhütten
oder schlichte Verkaufstische mit Bottichen. Durch die Errichtung der
Kaimauern und den Bau der Wiener Stadtbahn mußte auch *Fischmarkt am*
dieser Fischmarkt neuerlich verlegt werden, und zwar auf *Fuß der Bastei*
das linke Donaukanalufer, zum

sogenannten „Scharfen Eck",
einer alten Flußbiegung in der
Nähe der Stefaniebrücke, der heutigen Salztorbrücke.

Die Genossenschaft der Fischhändler errichtete hier, an der
Oberen Donaustraße, eine neue
Marktanlage für Süßwasserfische
und Krebse, bestehend aus zwei
Holzbaracken mit achtzehn stabilen und einigen provisorischen

Der Fischmarkt am Franz-Josefs-Kai

Ständen. Der Vorrat an Lebendfischen wurde in schwimmenden Fischbehältern gehalten. Genauso wie auf den früheren Fischmärkten, gab es hier weder Kühlräume noch Abflußleitungen. Das benötigte Wasser wurde einem Schöpfbrunnen entnommen, und das Abwasser schüttete man einfach auf die Straße. Die Händler wurden vom Marktamt immerhin verpflichtet, die Preise für ihre Ware auf einer schwarz lackierten Tafel anzuschreiben.

Auf Anregung Bürgermeister Karl Luegers beschloß, wie S. Müller beschreibt, der Wiener Gemeinderat im Jahr 1903, einen zeitgemäßeren Fischmarkt zu errichten und diesen wieder am stadtseitigen Donaukanalufer, unmittelbar oberhalb der Stefaniebrücke, anzusiedeln. Der neue „Zentrale Fischmarkt" konnte bereits ein Jahr später, 1904, seiner Bestimmung übergeben werden. Auf einer Grundfläche von 1.500 Quadratmetern waren zwei 48 Meter lange Fischverkaufshallen für stabile Verkaufsstände errichtet worden; weitere 2.500 Quadratmeter boten Platz für transportable Stände. Jeder Stand war mit Hochquellwasser, Gas und einem Anschluß an die Kanalisation ausgestattet. Entlang des Flusses wurde ein 100 Meter langer Treppenkai errichtet, an dem die Fischkalter für die lebenden Fische verankert waren. Unter der zum Fischmarkt führenden Zufahrtsrampe hatte die Gemeinde einen 80 Quadratmeter großen Kühlraum errichtet, in dem mit Gasmotoren betriebene Kältemaschinen für eine Kühlraumtemperatur von null Grad sorgten.

Der Fischmarkt bei der Salztorbrücke existierte bis zum Jahr 1972. Mangels Bedarfs, wie es in den Unterlagen des Marktamtes heißt, wurde die bereits ziemlich desolat gewordene Anlage in diesem Jahr ersatzlos aufgelassen.

*Fischmarkt am
Schanzl,
Anfang 20. Jh.*

*Der Fischmarkt
am Franz-Josefs-
Kai: Wägen der
Fischbutte*

*Fischverkäufer an der Oberen
Donaustraße, Anfang 20. Jh.*

*Der Fischmarkt am
Franz-Josefs-Kai:
Weihnachtskarpfen,
1950*

Vom Ochsengries zum Viehmarkt

Im Osten Wiens, am linken Ufer des Wienflusses in der Gegend des heutigen Beethovenplatzes, bestand seit dem Mittelalter ein Viehmarkt, der 1549 als „Ochsengries" in den Quellen aufscheint und einmal pro Woche, nämlich freitags, unter Oberaufsicht des „Hansgrafen" abgehalten wurde. Diesem obersten Beamten über den Viehhandel waren die sogenannten „Unterkäufel" beigestellt, die als Vermittler und Dolmetscher fungierten; „marktfremde" Personen, insbesondere die im Viehhandel stark vertretenen Juden, waren von dieser Tätigkeit ausgeschlossen. Der alte Ochsengries war offensichtlich ohne jede bauliche Einrichtung, denn im Jahr 1583 ersuchten die ungarischen Händler um eine Einplankung des Marktgeländes, weil das Vieh, *welches allererst von der wilden Halt kumbt, und durch das Getrenge und Stossen bis weilen aus dem Haufen ausreißt, die angrenzenden Weingärten zerstörte, und weil das Gesinde so der deutschen Sprach nicht kundig und sich diesfalls nicht bereden oder die Ursachen solches Einlauffs anzeigen kundten, oftmals sehr übel zerschlagen und geschädigt werde.*

Anfang des 18. Jahrhunderts wurde der Ochsenmarkt auf das jenseitige Ufer des Wienflusses vor das Stubentor verlegt – etwa dorthin, wo sich heute die Station Wien-Mitte befindet. Erst 1760 wurden auf dem Ochsengries hölzerne Stände für die Rinder errichtet, die nach Hubers Vogelschauplan von 1774 bis hin zum Hetztheater auf dem Weißgerbergrund reichten. Ignaz de Luca berichtet über den „Ochsenzwinger": *Vor dem Stubenthor zwischen der Wien und dem Invalidengebäude. (...) Hier werden die Ochsen eingeschlossen, die aus Ungarn hieher kommen. Der Haupttrieb ist am Freytag in jeder Woche.*

Der Ochsentrieb erfolgte über Bruck an der Leitha und Schwechat und wurde tags zuvor schon in Wien angekündigt. Die Sicherheitswache hatte dafür zu sorgen, daß die Landstraßer Bürger Türen und Tore verriegelten. Auch die Obst- und Lebkuchenstandeln vor dem

Invalidenhaus – vormals der Sommersitz des Generals Prinz Maximilian von Hannover, 1727 durch Erzbischof Kolonitz an die Armen der Stadt Wien übergeben – mußten weggeräumt werden, wenn die Staubwolke der Ochsenherde im Osten sichtbar wurde. Der Ochsentrieb von der Marxer Linie über die Landstraßer Hauptstraße war, im Unterschied zum Besuch des nahen Hetztheaters am Weißgerbergrund, ein kostenloses Vergnügen, dem die Wiener nur allzu gerne zusprachen. Bereits am frühen Morgen drängte das Volk an die Rinderbarrieren, während die „vornehme Classe" die wilde Jagd des Viehtriebes lieber aus der sicheren Entfernung des Invalidenhauses betrachtete.

Der Schriftsteller Franz Gräffer hinterließ uns in seinem 1918–22 erschienenen Buch „Kleine Wiener Memoiren und Wiener Dosenstücke" eine ausführliche Schilderung dieses Volksvergnügens, das er in seiner Jugend noch selbst miterlebt hatte: *Die Guardia zu Roß, Dragoner mit blankem Säbel, eine Schar vorne; die Guardia auch an den Flanken, nicht minder als Arrièregarde. Und trotz dessen manches Malheur. Der Exekutionsplatz zerfällt in eine ganze Anzahl größerer und kleinerer Vierecke, aus starken Balken und Bäumen bestehend, der Länge nach gitterartig befestigt und besät von dem lieben, schaulustigen Publikum, so an diesen Balken steht oder an ihnen hängt oder ganz oben auf ihnen dragonerisch reitet oder balanciert, mitunter aber durch die wild anprallenden Ochsen schockweise abgeschüttelt wird. Zuweilen sogar in ein okkupiertes Quadrat, auf einen Wald von Hörnern. Sich solchen Gefahren auszusetzen? „Ei, wurde es als Antwort heißen: Was da! Wer wird so furchtsam sein? Was kann einem denn geschehen? Man muß halt Courage haben und vorsichtig sein. Ich gehe schon zwanzig Jahr auf den Ochsenstand und den laß ich mir nicht nehmen, und mein Pepi schon ins siebent Jahr. Das Spektakel laß ich mir nicht wehren, besonders wenn die Karolyer kommen. Das ist halt ein Festtag und kostet keinen Kreuzer." Selbiges die Replik eines oder des anderen Herrn Grammelstätter oder*

Wurstelhauser oder Kraxelberger oder Hachelputzer u.s.w. auf dem Balken. Sprichts und liegt unten. Liegt unten und sitzt wieder oben. (...) Soviel ist gewiß, daß der prickelnde Reiz der auch allerdings augenscheinlichen Gefahr diesen Grammelstätterischen Liebhabern die Lust nur noch erhöhte, ähnlich der subtilen Tendenz jener Kuchenjuno, die ihrem Gebieter, einem „ledigen Witwer", entgegnete. „Und ich geh halt doch zu der Henkung, ich will mich halt fürchten." Bei der Ochsenteilung steigert sich die Aufregung. Viel Konfusion, viel Geschrei, viel kannibalisches Dreinschlagen; viel Gehetze, viel Gebrüll, viel Schweiß und Blut und Beschädigung der Zweifüßigen, dieser oder jener Schwerblessierte, ferner zur Übung der Sulteln, Blasseln u.s.w. gefliessentlich scharfes Hetzen als Bravoursache, Gegenstand von Wetten. A la Espagnole, rein à la Stiergefecht! Wohl zehn bis zwanzig magyarische Feuerstiere waren im blutigen, heißen Hetzkampf überwunden, zerschunden, gebunden, auf niederen Wagen davongeführt worden. Dort und da setzte ein solch Gehetzter, in Wut und Verzweiflung, über das Geländer weg, mitten durch all die Grammelstädter und nahm reißaus, gleichviel wohin, und hinein in die Wien. Zehn, zwölf Bullenbeißer nach, fünf, sechs Knechte, ein paar zu Pferde, Dragoner rasselnd nach und rasselnd vor und einhauend auf den Flüchtling und ihn niederhauend, denn wo nicht: er sprengt nach der Stadt! Wohl geschah es mehr als einmal, daß solch ein Ausreißer wirklich durch das Stadttor eindrang und in die Gassen, obschon die Torwache beordert war, ihn mit dem Bajonett zu fällen. (...) Das Vorgefallene rekapitulierend, oft in Widerspruch und Streit, wandelten die Zuschauer gesellig von dannen, zum „Kegel" oder zur „Birne" auf ein Glas Zwölfer. Vorher schon hatten sich die Kaufherren, die Herren Fleischhacker mit ihren Equipagen oder Reitpferden entfernt. Gewerbseifrige Jungen und Dirnen strömten auf den Schauplatz, nach Rudera, Fragmenten von Kleidern, Eßwaren, kleinen Utensilien suchend, scharf musternd und nie ohne Ausbeute. Dann erst verödete der Ochsenstand.

Die Teilung der Herden wurde zumeist durch das Los entschieden. *Bei dieser Ochsentheilung finden sich immer besonders in den Sommermonaten eine grosse Menge Zuschauer ein*, schreibt Ignaz de Luca. Die Schlachtung der Tiere wurde manchmal an Ort und Stelle vorgenommen und riß die Jugend und das „schöne Geschlecht" zu *frenetischen Freudenkundgebungen* hin.

Kein Wunder, daß ein Spötter wie Franz Karl Xaver Gewey von dieser Atmosphäre – im Jahr 1820 – zu einigen satirischen Versen inspiriert wurde:

> *Man sah ja Ochsen dort erscheinen*
> *Von allen Classen, nieder, hoch;*
> *Und manche, deren auf zwey Beinen*
> *Beschämten oft die rechten noch.*
>
> *Man sah den Schwall von Pflastertretern*
> *Der Kopf und Herz daselbst bewies*
> *Laut brüllend auf und nieder klettern*
> *Auf dem Gebälk am Ochsengries.*
>
> *Man sah mit Zischen, Poltern, Schlagen,*
> *Die jungen Stutzer der Stadt Wien,*
> *Das arme Thier in Harnisch jagen,*
> *Das klüger als sie selber schien.*
>
> *In Phaetons, Schwimmern, Lehenkutschen*
> *Erschien sogar das Weibsgeschlecht;*
> *Statt Logen saß es in Pirutschen,*
> *Wie in Madrid beym Stiergefecht.*
>
> *(...)*
>
> *Damit sich alles nun vereine,*
> *Was Menschen toll und rasend macht;*
> *Hat man auch noch den Markt der Schweine*
> *An deinen Gränzen angebracht.*
>
> *Dort grunzten Satans Leibkastraten,*
> *Am Freytag ihren Höllenchor;*
> *Sie gaben uns zwar fette Braten,*
> *Zerfleischten uns jedoch das Ohr.*

Als im Jahr 1797 die Arbeiten für den Wiener Neustädter Kanal in Angriff genommen wurden, berichtet G.A. Schimmer 1837, mußte der Viehmarkt an die St. Marxer Linie übersiedeln; ein Teil der Ochsenstände wurde sogar jenseits des Walles errichtet. Der neue Standort hatte den Vorteil, daß das Vieh viel einfacher zum Markt gebracht werden konnte. Die Viehstände in St. Marx waren allerdings nicht überdacht, sondern nur mit Planken umgeben, und bei Regen wateten Tiere und Menschen im knietiefen Kot. Im Winter mußte das Vieh bei Simmeringer Wirten oder im Stall eines Fleischers eingestellt werden.

Die Ochsenhetze endete mit der Verlegung des Marktes nach St. Marx jedoch nicht. Im Jahr 1841 versuchte eine Regierungsverordnung das widerwärtige Schauspiel durch ein Zutrittsverbot für Nichtbeschäftigte zu beenden – ohne großen Erfolg. Im Jahr 1846 wurde schließlich mit dem Bau eines Schlachthofes in St. Marx und eines zweiten, kleineren Schlachthauses in Gumpendorf begonnen. Wegen der politischen Unruhen der folgenden Jahre konnten beide Schlachthäuser erst fünf Jahre später in Betrieb genommen werden. In den achtziger Jahren des 19. Jahrhunderts wurden weitere Schlachthäuser in Nußdorf (1886), in Hernals (1887) und in Meidling (1888) errichtet. Das Nußdorfer Schlachthaus in der Grinzinger Straße Nr. 151 wurde 1922 aufgelassen und dient heute der städtischen Straßenpflege als Werkstätte und zu Lagerzwecken.

In der zweiten Hälfte des vorigen Jahrhunderts wurde der Ochsentrieb immer mehr durch den Bahntransport ersetzt. Am Zielbahnhof in Floridsdorf erfolgte eine erste Viehbeschau. Verseuchtes oder „umgestandenes“ Vieh wurde sofort in das Gumpendorfer Schlachthaus geschickt und landete zuletzt in der „Aasgrube“ in Kledering. Das Ausladen und die Viehbeschau nahmen derart viel Zeit in Anspruch, daß mit dem Weitertransport des gesunden Viehs erst am nächsten Tag begonnen werden konnte. Die Tiere mußten über Nacht bei Floridsdorfer Wirten eingestellt werden – verständlich, daß Heu hier wahre Spitzenpreise erzielte. Am nächsten Tag fand der Ochsentrieb statt, der zwei bis drei Stunden dauerte und über den Praterstern, den Weißgerbergrund und die Landstraße nach St. Marx führte. Der Hauptmarkttag an der Marxer Linie war der Montag, für „übergebliebenes" Vieh war der Mittwoch als Ersatzmarkttag vorgesehen. Laut Marktordnung begann der Verkauf bei Tagesanbruch und dauerte im Sommer bis 16 und im Winter bis 15 Uhr. Soweit die Theorie, denn in Wahrheit hing alles von der Pünktlichkeit der Bahntransporte ab.

Die dringend benötigte Viehschleppbahn wurde 1874 fertiggestellt. Zur selben Zeit begann man mit der Planung eines zentralen Viehmarktes. Die ersten Offerte für die Errichtung des „Central-Viehmarktes" langten im Jahr 1877 ein. Die Bauten sollten solide sein und den Ansprüchen der Neuzeit genügen – auf äußere Dekoration wollte man gerne verzichten. 1879 wurde mit dem Bau in St. Marx begonnen, der schließlich im Jahr 1884 der Benutzung übergeben werden konnte. Er bestand aus einer Rinderhalle für 4.500 Stück und Rinderstallungen für 3.460 Stück Vieh, einer Kälberhalle für 4.500 lebende oder 12.000 tote Tiere, einer Schafhalle für 6.000 Stück und offenen Schafständen für ebensoviele Tiere, einer Schweinehalle für 6.500 Tiere und sogenannten „Szallasen" – halbüberdachten Plätzen, die mit einem Wasserbassin und Futtertrögen für 5.320 schwere Schweine ausgestattet waren. Der Viehmarkt in St. Marx war damit, wie auch das statistische Departement im k.k. Handelsministerium stolz verkündete, einer der größten des Kontinents.

Eine Verordnung des Ministeriums des Inneren, des Handels und des Ackerbaues erklärte den „Central-Viehmarkt in St. Marx" nun zum einzigen legalen Markt für den Verkauf des zur Schlachtung bestimmten Großhornviehs, der Kälber, Schafe und Schweine, und das nicht bloß für Wien, sondern für insgesamt 45 Gemeinden in der Umgebung der Stadt. Damit wurden die halblegalen „Winkelmärkte" vor den Toren Wiens unterbunden und alle Bestrebungen zu ihrer Legalisierung hinfällig gemacht.

Der Viehmarkt wurde an den folgenden Tagen abgehalten:

Montag und Donnerstag wurden Rinder, Kälber sowie ausgeweidete Schweine und Schafe verkauft; Dienstag und Donnerstag auch lebende Schweine und Donnerstag noch zusätzlich lebende Schafe. Es gab zwei Arten von Verkauf: Entweder indirekt über die „Vieh- und Fleischmarktcasse", die als „Commissionärin" das ihr anvertraute Vieh über Vermittlung der Marktagenten verkaufte, oder direkt durch den Eigentümer bzw. dessen „Bestellte".

Es wär' nicht Wien, wenn nicht schon kurz nach der Inbetriebnahme des neuen Viehmarkts erste Klagen und Beschwerden aufgetaucht wären. Das Unternehmen, hieß es, entspreche weder Gegenwart noch Zukunft. Bemängelt wurde unter anderem, daß die Transportkosten zu hoch und der Transport überdies schlecht organisiert sei, daß die Waggons für den Tiertransport ungeeignet seien, und daß die Züge regelmäßig große Verspätungen aufwiesen, wodurch sich beträchtliche und damit auch geschäftsschädigende Gewichtsverluste beim Vieh ergäben. Nachdem der Montag der einzige Markttag von Bedeutung war, mußten die zu spät ankommenden Tiere oft eine Woche lang um teures Geld eingestellt und verpflegt werden.

Da man bei der Errichtung des Viehmarkts überaus sparsam vorgegangen war, erwies sich die Anlage bald als zu klein. Im Jahr 1888 wurde deshalb mit dem Bau eines neuen Rinderschlachthofs begonnen, der bereits am 6. Mai 1889 der Benützung übergeben werden konnte. 1903 folgten vier neue Viehhallen, wodurch die Aufnahmekapazität des Viehmarkts von St. Marx, der nunmehr eine Fläche von 310.000 Quadratmetern bedeckte, nahezu verdoppelt wurde. Als kleine Konzession an das Dekorationsbedürfnis der Zeit wurden am Eingangstor des weitläufigen Geländes in der Viehmarktgasse zwei Sandsteinreliefs aufgestellt, die einen zahmen österreichischen und einen wilden ungarischen Stier mit ihren Bändigern darstellen.

Der gegen die Ochsenhetze gerichteten Regierungsverordnung aus dem Jahr 1841 war, wie bereits erwähnt, wenig Erfolg beschieden gewesen. Am 20. April 1909 wurde eine neue Kundmachung zur

Hintanhaltung der Tierquälerei verlautbart, in der es heißt: *Es wurde die Wahrnehmung gemacht, daß auf dem Zentralviehmarkt in St. Marx beim Ein- und Ausladen von Horn- und Stechvieh auf den Bahnrampen, bei dem Triebe dieser Tiere in und aus den Stallungen sowie in und aus den Verkaufshallen und beim Abtriebe in das Schlachthaus St. Marx ganz unnötige Mißhandlungen dieser Tiere stattfinden. Behufs Hintanhaltung dieser Ausschreitungen sieht sich der Magistrat veranlaßt, auf die bestehenden marktpolizeilichen Vorschriften hinzuweisen, wonach jede rohe Behandlung sowie das unnötige Herumtreiben, Hetzen und Schlagen der Tiere verboten ist und Übertretungen dieses Verbotes mit Geldstrafen bis zu 200 K, eventuell mit Arrest bis zu 14 Tagen geahndet werden. Der Wiener Tierschutzverein erklärte sich gleichzeitig bereit, Markthelfer, die sich bei der Behandlung der Tiere eines besonders tierfreundlichen Vorgehens befleißigen, mit Geldprämien zu belohnen.* (Zit. nach S. Müller 1987.)

Die zentrale Lage der Reichshaupt- und Residenzstadt Wien ließ 1903 den Gedanken aufkommen, neben dem Viehmarkt von St. Marx auch einen Zucht- und Nutzviehmarkt für die Bauern und Viehzüchter der gesamten Monarchie zu errichten. Der Ausbruch und der weitere Verlauf des Ersten Weltkriegs beendeten jedoch alle Diskussionen zu diesem Thema. Im Jahr 1916 wurde mit „Hilfe" arbeitsverpflichteter Kriegsgefangener mit dem Bau einer „Kontumazanlage" begonnen, eines Seuchenhofs, der die Endstation für verdächtiges Schlachtvieh darstellte. Die Arbeiten konnten kriegsbedingt erst 1922 beendet werden. Glaubt man dem „Amtlichen Marktbericht" vom 10. Juni 1925, so herrschte am Wiener Zentralviehmarkt auch nach dem Zusammenbruch der Monarchie ein geradezu verwirrendes Leben und Treiben. Montag war der Markttag für Rinder, Dienstag für das Borstenvieh und Donnerstag für Jung- und Stechvieh. Trotz der neuen politischen Grenzen fanden sich am Viehmarkt in Wien auch weiterhin galizische Rinder, ungarisches Steppenvieh und sogar rumänische Büffel ein. Zu wahrer Poesie versteigt sich der Verfasser des Marktberichts aber erst bei der Auflistung der Schweine, die man hier antraf: *das feiste Fleischtier Galiziens und der blondlockige Fettwanst aus Ungarn, die schwarzen Bakonyer und noch so manches wühlende Borstenvieh.*

Der alte Viehmarkt von St. Marx bestand bis in die frühen siebziger Jahre. Allerdings wurden große Teile der Anlage zu diesem Zeitpunkt nicht mehr genützt bzw. waren veraltet und völlig desolat. Zu Beginn der siebziger Jahre wurde deshalb ein neuer Schlachthof errichtet, der im Jahre 1972 in Betrieb ging. Der Auslandsschlachthof beherbergte übrigens im Sommer 1976 für einige Monate die sogenannte „Arena"-Bewegung gegen die damalige Kultur- und Baupolitik der Stadt Wien, die in der Besetzung der Hallen der Alternativ-Festwochen gipfelte und bis zu 50.000 meist jugendliche Wiener mobilisierte. Im Herbst wurden die Gebäude des Auslands- und Rinderschlachthofes abgetragen und die „Arena" in einen Teil des früheren Schweineschlachthofs einquartiert.

Der Heumarkt

Am Wienfluß, oberhalb des ehemaligen Ochsengrieses, lag der alte Heumarkt, nach dem heute noch ein Straßenzug benannt ist. Bereits im 17. Jahrhundert nannte man das Gebiet zwischen dem Stuben- und dem Kärntner Tor den „Heugries". Allwöchentlich wurden hier große Mengen von Heu herangeführt, das als Futtermittel für die zahlreichen Pferde – vor allem der Hofstallungen – und für die Kühe der städtischen Milchmeier gebraucht wurde. Es gab, grob gersagt, vier verschiedene Heuqualitäten: das Bergheu, das als das beste Heu galt, kam aus dem nahen Wienerwald; das Wiesenheu wurde östlich und südlich der Stadt im Raum Enzersdorf, Schwechat und Laxenburg geschnitten; außerdem gab es slowakisches und ungarisches Heu. Letzteres war billig, jederzeit verfügbar, aber von minderer Qualität.

Das „Curiositäten und Memorabilien-Lexikon" (1846) vermerkt dazu folgendes: *Die hier zu jeder Zeit angehäuften Heu- und*

Strohvorräte sind sehr beträchtlich, denn sie sind auf den Bedarf eines Pferdestandes berechnet, der gewöhnlich zu 600 Stück angeschlagen wird, und sich unter Carl VI. und Maria Theresia auf 1200 Stück belief. Zum Transport des Materials in die Hofstallungen bestehen eigene Fourage-Wagen, die sich durch ihre colossale Größe bemerkbar machen, und gegen welche die gewöhnlichen Leiterwagen sich wie Pygmäen ausnehmen.

Am Heumarkt wurde auch ein saisonaler Pferdemarkt abgehalten. Ignaz de Luca berichtet im Jahr 1787: *Vor dem Carnerthor jenseits der Wien am Heumarktplatz. Der Pferdemarkt wird zweymal im Jahr gehalten, nämlich nach dem Sonntag Jubilate, und im September nach dem Schuzengelfest, und zwar jederzeit an dem darauf folgenden Montag, Dienstag und Mittwoch.* Die kaiserliche Heuwaage befand sich seit dem Beginn des 18. Jahrhunderts auf der Laimgrube am Wienfluß gegenüber der alten Kettenbrücke. Es war ein großes Gebäude *mit einer künstlichen Wage, mittels welcher ein, mit mehr als 60 Zentner beladener Heuwagen durch einen einzigen Menschen in die Höhe gezogen, und genau abgewogen* werden konnte. Kleinere Heuwaagen standen auch in der Nähe des Heumarkts, so zum Beispiel in der früheren Waaggasse, der heutigen Salesianergasse.

Das Prestigeprojekt der Glacisverbauung zwang den Gemeinderat in den sechziger Jahren des vorigen Jahrhunderts zur Auflassung des Heumarkts. Als neuen Standort erwarb die Gemeinde im Jahr 1864 die Siebenbrunnenwiese in Margareten und ließ die als Zufahrt gedachte Reinprechtsdorfer Straße verbreitern. Der Heu- und Strohmarkt in Margareten existierte bis zu Beginn des 20. Jahrhunderts. In den Jahren 1951–55 wurde auf seinem Gelände der Theodor-Körner-Hof (Grünwaldgasse 2–6) errichtet.

Der Getreidemarkt

Der Getreidemarkt bildet heute die Grenze zwischen dem ersten und dem sechsten Bezirk. Früher wurde das gesamte Gebiet zwischen dem

Wienfluß, der Kothgasse (heute: Gumpendorfer Straße) und der Laimgrube (heute: Mariahilfer Straße) als „Traidmarkt" bezeichnet, ein Name, der sich auf den städtischen Körnerkasten bezog, der in der Gegend der heutigen Rahlstiege stand. Auf einer Wien-Karte aus dem Jahr 1770 sind rechts von der heutigen Mariahilfer Straße bereits die Hofstallungen und links der „Getraidt-Markt" zu sehen.

Der Getreidehandel war noch zu Beginn des 19. Jahrhunderts durch das Verbot des Getreideankaufs zum Zweck des Wiederverkaufs und durch die Bindung des Handels an drei festgelegte Plätze – den Getreidemarkt, den Neuen Markt und den Wasserkörnermarkt – streng geregelt. Erst die chronischen Versorgungsschwierigkeiten der Hauptstadt veranlaßten die Behörden zu einer Lockerung der Bestimmungen. Im Jahre 1817 wurde der Getreidehandel freigegeben, sodaß sich im Laufe des Vormärz eine Getreidebörse auf privater Basis entwickeln konnte. Im Jahr 1849 errichtete die Stadt Wien einen Getreideschüttkasten am Getreidemarkt, der sich jedoch bald als unzulänglich erwies. Noch vor Ausbruch des Ersten Weltkriegs entstanden große Getreidespeicher am heutigen Handelskai und im Stadtteil Zwischenbrücken, an der Grenze der heutigen Bezirke zwei und zwanzig.

Der Naschmarkt

Der Naschmarkt im vierten Wiener Gemeindebezirk ist mit Sicherheit der berühmteste Markt der Stadt. Trotz seiner bewegten Geschichte handelt es sich um einen relativ jungen Markt, dessen Tradition sich nicht bis ins Mittelalter zurückverfolgen läßt. Im 18. Jahrhundert befand sich auf der Freyung ein Obst- und Grünzeugmarkt, der immer wieder Anlaß zu Auseinandersetzungen zwischen dem Magistrat und dem Schottenkloster gab. Im Jahr 1780 wurde dieser Markt deshalb auf die Wieden vor das Starhembergsche Freihaus verlegt, wo sich auf dem Gelände der früheren städtischen Aschen- und Mistablagerungsstätte bereits ein kleiner Milchmarkt befand. Eigentlich ziemlich logisch, daß die Wiener diesen Markt deshalb als den „Aschenmarkt"

bezeichneten. Ein anderer Erklärungsversuch ist jedoch *Der alte*
ebenso plausibel: „Asch" ist das alte Wort für einen Milch- *Naschmarkt*
eimer aus Eschenholz.

Im Jahr 1791 wird dieser kleine Markt „ausser dem Kärntnerthor
vor dem fürstlich Starhembergischen Freyhause" erstmals erwähnt.
Das ursprünglich „Conradswörth" genannte Freigut war um die
Mitte des 17. Jahrhunderts von Conrad Balthasar Graf Starhemberg
erworben worden. Conrads Sohn Ernst Rüdiger, der Verteidiger Wiens
gegen die Türken, ließ das Gebäude im Zuge seiner Abwehrvor-
bereitungen aus Sicherheitsgründen schleifen. Das nach dem Ende der
Türkenbelagerung neuerrichtete „Freihaus" war von den heutigen
Straßenzügen Wiedner Hauptstraße, Resselgasse, Kühnplatz, Schleif-
mühlgasse und Margaretenstraße begrenzt. Es besaß 6 Höfe mit 31
Stiegen und war mit mehr als 1.000 Mietern das größte Zinshaus
seiner Zeit. Kurz vor Ausbruch des Ersten Weltkriegs wurde die
Anlage teilweise demoliert. In den Jahren 1935–37 entstanden auf
einem Teil der alten Freihausanlage in der Operngasse mehrere
Wohnhäuser. Am Haus Operngasse 25 erinnert ein farbiges Sgraffito

an das Freihaus, das hier bis zum Jahre 1936 stand. Gegenüber, am Haus Operngasse 36, ist eine – allerdings sehr schlecht erhaltene – Darstellung der Freihausanlage aus der Vogelperspektive zu sehen. Vereinzelte Reste der großen Wohnhausanlage bestanden weiter, wurden im Zweiten Weltkrieg schwer beschädigt und in den siebziger Jahren definitiv abgetragen.

Doch zurück zum „Aschenmarkt", der sich auf rasante Weise entwickelte. Seit dem Jahr 1793 mußten all jene landwirtschaftlichen Produkte, die mit dem Wagen nach Wien gebracht wurden, am Aschenmarkt verkauft werden. Die Umgestaltung des Promenadenplatzes am äußeren Burgtor und die Errichtung des neuen Burgtores im zweiten Jahrzehnt des 19. Jahrhunderts sorgten für weiteren Zuzug, nachdem die dort ansässig gewesenen Obst- und Gemüseverkäuferinnen ihre Standorte verloren hatten. Manche wichen auf das Schanzl, viele auf den Aschenmarkt aus. Der Wiener „Naschmarkt", wie er nun bereits inoffiziell genannt wurde, begann Gestalt anzunehmen. Der neue Name stellt wahrscheinlich eine Verballhornung des noch lange Zeit gebräuchlichen „Aschenmarkt" dar und bezieht sich auf die süßen Nascherein – verzuckerte Orangenschalen, Datteln und Feigen –, die hier erhältlich waren.

Im 19. Jahrhundert bestand der Naschmarkt aus vier getrennten Bereichen: Der größte Teil des Marktes war für Obst reserviert, das direkt vom Wagen verkauft wurde, der daran angrenzende kleinere Teil für Landleute und Händler, die ihre Ware kleinweise verkauften. Ein weiterer Platz war für den Verkauf von Erdäpfeln bestimmt und der vierte für Grünwaren, Kraut, Rüben, Landbrot und Stroh. Direkt vor dem Kärntner Tor wurden überdies Brennholz, Sägespäne, Tischlerholz, Leitern, Heugabeln, Stangen und Holzkohle angeboten.

Auch am Naschmarkt gaben, wie A. Schmidl im Jahr 1833 schildert, die *berüchtigten Fratschlerweiber den Ton an: (...) dort fallen auch noch immer die berühmten Kämpfe zwischen ihnen und ihren natürlichen Feinden, den Schusterbuben vor. Diese Göttinnen der*

*Grobheit besitzen in der That eine merkwürdige Gabe zu schimpfen,
und man muß wirklich über die Phantasie erstaunen, mit welcher sie
die kühnsten Metaphern und Bilder hervorsuchen, um ihr unglück-
liches Opfer mit einer recht langen Fluth ergiebiger Scheltworte zu
überschütten.* Etwa zur selben Zeit – 1834 – berichtet Heinrich
Walden, *daß hier Obst aller Art verkauft werde, und es sogar unter
den Höckerweibern eine Art Großhändlerinnen gibt, welche den
Landleuten, wenn sie mit ihren Wägen hereinkommen, die ganze
Ladung sogleich abnehmen und dann an die minder vermöglichen
Höckerinnen theilweise verkaufen (...). Auch besitzen diese Weiber ein
eigenes Lexikon von Titulaturen und Sprichwörtern, welche wohl der
gemeine Wiener belacht.*

Neben einer Vielzahl landwirtschaftlicher Produkte und feiner
Naschereien gab es am Naschmarkt auch die berühmten „Bradelbrater". Diese Vorläufer unserer heutigen Würstelstände hatten einen
oder zwei mit kochendem Wasser gefüllte Kessel vor sich stehen, in
denen die verschiedensten Würste schwammen. Die Inhaber dieser
mobilen Garküchen waren meist Vorstadtselcher, die mit allen Arten
von Würsten, mit Blunzen und Preßwurst, aber auch mit   *Der Naschmarkt,*
gekochtem Selchfleisch, mit gesulzten Schweinsfüßen und   *nach 1900*

mit Grammelschmalz handelten. Ein anläßlich der Weltausstellung von 1873 herausgegebener Wienführer pries den Naschmarkt bereits als eine Sehenswürdigkeit ersten Ranges, und Vinzenz Chiavacci schrieb um die Jahrhundertwende: *Wenn man vom*

Der Naschmarkt, um 1910

Kärntnerring in Wien über die Elisabethbrücke kommt, vermeint man das Zeltlager eines Nomadenstammes zu erblikken. Das ist der Naschmarkt mit seinen zahlreichen Obst- und Gemüsestandeln, die durch ungeheure Regenschirme aus Segeltuch vor Sonne und Regen geschützt sind.

Der Kärntnertormarkt oder Naschmarkt, wie er ab 1905 auch offiziell genannt wurde, platzte bald aus allen Nähten, so groß war die tägliche Zulieferung an Obst und Gemüse. Die Verkaufsplätze reichten nicht mehr aus, und die Standler mußten sogar in den nahen Resselpark auszuweichen. Als kurz nach der Jahrhundertwende das durch die Wienflußüberbauung gewonnene Terrain in den Marktbereich einbezogen wurde, vergrößerte sich die Fläche des Naschmarktes von 13.000 Quadratmetern auf nunmehr 36.000 Quadratmeter und nicht weniger als 900 Läden! Allerdings stand der Naschmarkt dem

Naschmarkt, 1912, Kürbisverkäufer

Gemüsehändlerin

Prestigeprojekt eines Prachtboulevards im Wege, der vom Karlsplatz bis nach Schönbrunn führen sollte. Schon damals wurde deshalb eine Verlegung des Marktes ins Auge gefaßt.

Im Jahr 1910 verfaßte der Architekt Eugen Fassbender eine Studie zur Regulierung des Naschmarktbereiches. Zuallererst sollte der riesige Komplex des Freihauses, der nicht mehr den modernen Anforderungen entsprach, niedergerissen und die freiwerdende Fläche mit zeitgemäßen Wohnanlagen bebaut werden.

Gurkenstand

Der reformierte Naschmarkt sollte trotz der notorischen Abneigung der Wiener gegen Markthallen zum Teil in einer Halle untergebracht, zum Teil als offener Markt entlang der Wien geführt werden. *Der Anblick des heutigen Naschmarktes ist mit seinem Hüttenwerk und Gerümpel, defekten Schirmen und Plachen einer Kaiserstadt nicht würdig, schließt Fassbender seine Studie.* (Zit. nach S. Müller 1987.)

Kurz vor Ausbruch des Ersten Weltkriegs stand endlich fest, daß der Naschmarkt in absehbarer Zeit verlegt und eine gründliche Umgestaltung erfahren werden würde. Einige Fachleute plädierten dafür, den Naschmarkt mit dem Großmarkt vom Platz Am Hof zu vereinen und beide Märkte in einer mächtigen Zentralmarkthalle unterzubringen. Ihre Gegner traten vehement dafür ein, das System der dezentralisierten und offenen Märkte beizubehalten und sich mit einigen kosmetischen Korrekturen zu begnügen. Die Entscheidung fällte der Krieg: Vorerst geschah gar nichts.

Im Jahr 1919 wurde der vor dem Freihaus gelegene Teil des Naschmarkts aufgelassen. Der Naschmarkt, der nunmehr auf seinen heutigen Standort an der Wienzeile beschränkt war, erhielt neue und einheitlich gestaltete Marktbauten. Obwohl die Debatte um eine Verlegung des Naschmarkts niemals ganz verstummen wollte, überlebte er die Wirtschaftskrise der dreißiger Jahre, die Naziherrschaft und den Zweiten Weltkrieg relativ unbeschadet. Auch nach dem Krieg hatten etwa drei Viertel aller Großhändler Wiens ihren Standort am Naschmarkt, was natürlich zu ganz erheblichen Problemen führte.

Im Jahr 1965 meldete das Amtsblatt der Stadt Wien, daß ein neuer Großmarkt zwar in Planung, die Standortfrage allerdings noch ungeklärt sei. Ernsthaft erwogen wurde eine Verlegung des Großmarkts nach St. Marx, wobei man mit einer Baudauer von etwa sechs Jahren rechnete. Wenig später kündigte der damalige Bürgermeister Marek in einem Interview die definitive Verlegung des gesamten Naschmarkts an, da dieser im Jahr 1916 ja bloß als ein „Provisorium" geplant gewesen sei, aber, meinte er, *wie das hierzulande so ist, halten sich Provisorien oft erstaunlich lange.*

Die Zerstörung des Naschmarkts konnte glücklicherweise verhindert werden. Umziehen mußte im Jahr 1972 bloß der Großmarkt, der sich von der Stadtbahnstation Kettenbrückengasse stadtauswärts erstreckt hatte – und zwar nicht nach St. Marx, sondern nach Wien-Inzersdorf. Der revitalisierte und gegenüber früher deutlich verkleinerte Naschmarkt ist heute der wichtigste und größte Detailmarkt der Stadt.

Naschmarkt, Anfang der dreißiger Jahre

Der Roßmarkt

Marktplätze für den Pferdehandel sind in Wien seit dem Mittelalter urkundlich erwähnt. Schon im Jahr 1303 wurde hinter dem Garten des Schottenklosters – im Bereich der heutigen Renngasse – jeden Samstag ein Roßmarkt abgehalten. Fünfzig Jahre später finden wir den Pferdemarkt am Stock-im-Eisen-Platz und im 15. Jahrhundert auf dem heutigen Albertinaplatz. Von hier übersiedelte er zum „Neuen Roßmarkt" zwischen dem Augustinerkloster und dem Kärntner Tor. Seit dem Jahr 1627 fand der Pferdehandel außerhalb der Stadt vor dem Kärntner Tor und seit 1656 auf dem „Platz gegen das Stubentor" statt.

In der ersten Hälfte des 19. Jahrhunderts wurde zweimal im Jahr ein großer Pferdemarkt abgehalten, und zwar acht Tage vor Jubilate und acht Tage vor dem Allerheiligenjahrmarkt. Dieser Markt dauerte jeweils drei Tage, wobei der Verkauf für jedermann ohne Gebühr war. Der reguläre Pferdemarkt wurde seit der Mitte des 19. Jahrhunderts auf einem Teil des Heumarkts abgehalten; darüber hinaus gab es in der Fasangasse im 3. Bezirk jeden Dienstag und Freitag einen Roßmarkt, der jedoch eher von untergeordneter Bedeutung war. Nachdem die Stadt Wien bestrebt war, verschiedene Teilmärkte zu zentralen Großmärkten zusammenzufassen und diese aus dem eigentlichen Stadtgebiet zu verbannen, wurde im Oktober 1883 mit dem Bau einer Marktanlage auf der Siebenbrunnenwiese im 5. Bezirk, in unmittelbarer Nähe des neuen Heumarktes, begonnen. *Für den neuen Markt wird der bisher unbenutzte nordöstliche Theil des Heu- und Strohmarktes im 5. Bezirk verwendet, welcher von der Siebenbrunnenfeldgasse, der verlängerten Einsiedler- und Kohlgasse und dem Linienwall begrenzt ist. Seinerzeit wird statt des Linienwalles die Gürtelstraße den Pferdemarkt begrenzen; es wird sodann auch von dieser Straße aus der Hauptzugang zum Markte stattfinden,* ist im Verwaltungsbericht der Gemeinde Wien aus dem Jahre 1883 zu lesen. 1885 konnte der neue Pferdemarkt in Betrieb genommen werden.

Zeitgenössischen Schilderungen zufolge war, wie S. Müller be-

schreibt, die Luft auf dem ausgedehnten Areal, das heute von Gemein-
debauanlagen geprägt ist, vom Hufschlag, vom Wiehern und von den
Ausdünstungen der aufgeregten Rosse und dem Geruch der dampfen-
den Misthaufen erfüllt. Die Fläche des Pferdemarktes betrug 38.000
Quadratmeter, entsprach also in etwa jener des damaligen Naschmarkts. Der Teil gegen die Kohlgasse war für Zugpferde, jener gegen
die Einsiedlergasse für Reitpferde bestimmt. Das Administrations-
gebäude befand sich in der Siebenbrunnenfeldgasse und verfügte über
eine Restauration und einen Aufenthaltsraum für die Pferdeknechte.
Im linksseitigen Teil der Anlage war eine 320 Meter lange Probefahr-
bahn für Zugpferde, im rechten eine etwa 150 Meter lange Reitbahn
untergebracht.

Um 1900 wurden auf diesem städtischen Pferdemarkt jährlich
etwa 51.000 Rösser aus allen Teilen der Monarchie zum Kauf angeboten. Von diesen Tieren waren etwa 1.200 Luxuspferde, 30.000
Gebrauchspferde und 20.000 Schlachtpferde. Der Konsum des preis-
werten Pferdefleisches war in den letzten Jahrzehnten des 19. Jahrhunderts rasant angestiegen: Im Jahr 1897 verzeichnete die Statistik
mehr als 11.000 geschlachtete Tiere, während es im Jahr 1854 nur
943 gewesen waren. Ursprünglich sollte die Pferdeschlachtbrücke bei
den Weißgerbern errichtet werden, wo sich bereits zahlreiche
Schlachtbetiebe befanden; in der „Neuesten Beschreibung von Wien
und allen Merkwürdigkeiten dieser grossen Kaiserstadt" heißt es
nicht von ungefähr, daß die Vorstadt der Weißgerber, *wegen des
Aufenthaltes der vielen Schlächter (...) minder gesund* sei. Nach
Protesten der dortigen Gastwirte wurde die Pferdeschlächterei vorerst
jedoch in der Treustraße nahe der Brigittenauer Lände angesiedelt, wo
sie sich bis zum Jahr 1884 befand. Im Jahr 1885 wurde „Im Erdberger
Mais", nahe der heutigen Südosttangente, ein modernes Pferde-
schlachthaus errichtet.

Holzlagerstätten und -märkte

Die wichtigste Energiequelle der Wiener Haushalte war noch im 19. Jahrhundert das Holz. Ignaz de Luca zählt 1787 folgende große Holzlagerstätten auf: *Vor dem Neuen Thor; In der Leopoldstadt; Unter den Weißgerbern; Zwischen Theresien- und Mauttor; Zwischen Schotten- und Neutor.* Die Zulieferung des Holzes erfolgte hauptsächlich auf dem Wasserweg. Die meisten der mit Holz beladenen Schiffe oder Flöße legten in der Roßau an, ein Teil auch in Nußdorf. Die Gegenden am Donaukanal, wo das Holz von den Schiffen entladen wurde, nannten die Wiener „Holzgries" oder „Unter den Holzern". Die größten Bau- und Brennholzlager befanden sich in der Roßau oberhalb des Schanzlmarkts und erstreckten sich vom Neutor bis zur Spittelau. Auch A. Schmidl bezeichnet die Roßau im Jahre 1833 als den *Haupt-Holzwaaren-Platz: Von Nußdorf, wo der Kanal beginnt, bis zur oberen Kettenbrücke legen die Holzschiffe an, mit deren Ausladen ein eigenes kräftiges, aber rohes Völkchen, die „Holzscheiber" beschäftigt ist.*

Im 19. Jahrhundert mußten die Holzlagerplätze wegen Brandgefahr in einem bestimmten Sicherheitsabstand zu den Wohnhäusern angelegt und durch Pfähle abgegrenzt werden. Der Verkauf von Brennholz war – im Gegensatz zu den meisten Viktualienmärkten – ganztags gestattet. Seit dem Jahr 1817 war der Handel mit Holz auch auf den Plätzen der Vorstädte gestattet. Der Holz- und Kienmarkt der Bauern, die mit ihren Pferdefuhrwerken Brennholz, Kien, Sägespäne und Tischlerholz in die Stadt brachten, befand sich in der Nähe des „Aschenmarktes". Ein weiteres „Holzplatzel" existierte in Neubau; hierher brachten die Landleute das Klaubholz, das sie mit Schubkarren transportieren konnten. Noch um die Mitte des 19. Jahrhunderts waren die Ufer der Donau und des Wienflusses von klafterhoch aufgetürmten Holzstößen geprägt. Um diese Zeit gewann das Leopoldstädter Ufer immer mehr Anteil am Donaufrachtverkehr, und bald entwickelte sich auch in der heutigen Brigittenau ein bedeutender Lagerplatz für Bau- und Brennholz.

Eine weitere Möglichkeit, Holz auf dem Wasserweg nach Wien zu transportieren, bot der Wiener Neustädter Kanal. Der Kanal war im Jahr 1803 eröffnet worden und diente der Beförderung von Steinkohle, Ziegeln und Brennholz. Um das im Bereich der heutigen Station Wien-Mitte gelegene Hafenbecken entwickelte sich eine weit ausgedehnte Holzlagerstätte, die bis zur Invalidenstraße reichte. Etwa ab der Mitte des vorigen Jahrhunderts übernahm allerdings die Bahn einen Großteil der Fracht, und der Wiener Neustädter Kanal verlor seine frühere Bedeutung.

Neben den Brenn- und Bauholzmärkten gab es im alten Wien auch regelmäßige Marktplätze für Holzwaren. De Luca berichtet: *[Der Holzmarkt] wird in der Roßau gehalten, und nimmt seinen Anfang den 27sten September. Man verkauft Schäffer, Butten, hölzerne Teller, Löfeln u.d.gl. (…) Der Holzmärkte sind in der Roßau zwey; als: zu Georgi und Jacobi.* Bis zum Jahr 1830 wurde auf dem freien Platz zwischen der unteren Berggasse und dem Donaukanal vom 24. April bis zum 8. Mai außerdem der „Peregrini Holzmarkt" abgehalten, und vom 23. September an fand vierzehn Tage lang ein „Holz- oder Weinlesemarkt" statt.

Die Wiener Vorstadtmärkte

Carl August Schimmer zählt in seiner Wienbeschreibung von 1837 folgende täglich stattfindende Märkte in den Vorstädten auf: in der Leopoldstadt am Karmeliterplatz; auf der Landstraße am Kirchenplatz; auf der Wieden bei der Paulanerkirche; in Mariahilf in der Kirchengasse und der Laimgrube; in der Vorstadt St. Ulrich am sogenannten „Platzl"; in der Josefstadt in der Kaiser- und Langen Gasse; auf dem „Spitalberg" (Spittelberg) in der Siebensterngasse und beim „Holzplatzl"; in der Alservorstadt in der gleichnamigen Hauptstraße und in der Roßau am Kirchenplatz. Natürlich gab es in allen Bezirken

auch zahlreiche „Victualienhändler mit Gewölbe", den berühmten
Greißler „am Eck", der jedoch punkto Frische und Preisgünstigkeit
nur selten mit der am Markt erhältlichen Ware konkurrieren konnte.

Der rasante Bevölkerungsanstieg im 19. Jahrhundert führte zu
einer immer dichter werdenden Verbauung der Wiener Vorstädte und
der außerhalb der Linien gelegenen Gemeinden. Obwohl, wie uns ein
Zeitgenosse versichert, viele Hausfrauen es vorzogen, auch weiterhin
ein oder zwei Mal in der Woche die weit entfernten Marktplätze der
Inneren Stadt aufzusuchen, mußten die Gemeinden schließlich dem
Bedarf der ganztags arbeitenden Bevölkerungsschichten genügen und
neue, einfacher zu erreichende Versorgungsmöglichkeiten schaffen.
Fast alle ständigen Märkte jenseits des Gürtels und des Donaukanals

Marktszene in   entstanden in der zweiten Hälfte des vorigen Jahrhunderts.
Wien, um 1900   Viele bestanden ursprünglich nur aus wenigen mobilen

Standeln, die meisten wurden im Laufe ihres Bestehens mehrmals verlegt, fanden einmal hier und einmal da statt und waren eines Tages einfach wieder verschwunden, ohne irgendeine Spur im Stadtbild hinterlassen zu haben. Eine genaue Datierung ist deshalb in manchen Fällen nicht oder nur sehr schwer möglich.

Leopoldstadt

Der wichtigste Viktualienmarkt in der Leopoldstadt, dem heutigen 2. Bezirk, war der Karmelitermarkt oder „Markt Im Werd", der ursprünglich am Karmeliterplatz, in der Karmelitergasse sowie in der Großen und der Kleinen Sperlgasse beheimatet war. Der Karmelitermarkt bildet eine Ausnahme unter den Vorstadtmärkten, denn seine Gründung geht auf das späte 17. Jahrhundert zurück. Im Jahr 1671 erteilte Kaiser Leopold I. der verwaisten Judenstadt das Privileg zur Abhaltung eines Wochenmarktes vor der Kirche in der Taborstraße. Aus dem Wochenmarkt entwickelte sich ein täglicher Obst- und Gemüsemarkt, der im Jahr 1888 vom Kirchenplatz in die Karmelitergasse übersiedelte. 1910 wurde der gesamte Markt auf den heutigen Marktplatz verlegt, wo sich seit dem Ende des vorigen Jahrhunderts bereits einige Marktstände befanden.

Neben dem Karmelitermarkt gab es jenseits des Donaukanals noch zwei weitere Viktualienmärkte, auf denen täglich Obst und Gemüse verkauft werden durfte. Das waren der Markt auf dem Kirchenplatz der Brigittenau (Brigittaplatz, heute 20. Bezirk) und der Markt in der Franzensbrückengasse, der bereits um 1850 entstanden war und im Jahr 1876 zum Czerninplatz übersiedeln mußte. Im Jahr 1913 wurde auch dieser Markt eingestellt und dem Karmelitermarkt einverleibt. Etwas später entstanden war der Markt am Volkertplatz. Inmitten von Gemüsegärten fand hier seit 1878 ein provisorischer Markt statt, der aus einigen wenigen Standeln bestand und von der Gemeinde Wien erst nachträglich genehmigt wurde. 1912 wurde in der Vorgartenstraße, entlang des städtischen Reservegartens, ein wei-

terer Markt eingerichtet. Beide Märkte sind bis heute als Einkaufs-
möglichkeit erhalten geblieben.

Für kurze Zeit beherbergte die Leopoldstadt auch zwei große – an
anderer Stelle bereits behandelte – Märkte, nämlich den städtischen
Fischmarkt am Scharfen Eck in der Oberen Donaustraße und den
Schanzlmarkt, der wegen des Stadtbahnbaus von der Roßau auf das
gegenüberliegende Ufer verlegt wurde und bis zum Jahr 1933 bestand.
Oberhalb der Augartenbrücke gab es außerdem einen Geflügelmarkt,
der schon ab 4 Uhr früh geöffnet hatte. Vor der Jubiläumskirche am
Erzherzog-Karl-Platz, dem heutigen Mexikoplatz, existierte seit 1926
ein Gemüsegroßmarkt, der im Sommer dreimal und im Winter zweimal die Woche jeweils nachmittags abgehalten wurde.

Landstraße

Die Vorstädte Landstraße, Rennweg, Weißgerber und St. Marx,
die den heutigen 3. Bezirk bilden, besaßen im vorigen Jahrhundert
mehrere ständige Märkte. Schon im 18. Jahrhundert wird von einer
„Fleischbang" berichtet, die sich an der Nordmauer des Nikolai-
friedhofs, am heutigen Rochusplatz, befand. Nach der Aufhebung des
Friedhofs im späten 18. Jahrhundert entwickelte sich vor der Rochuskirche der Augustinermarkt, der direkte Vorläufer des heutigen
Rochusmarkts. Belegt sind seit dem Jahr 1875 außerdem Marktstände
am Rennweg, am Paulusplatz, am Radetzkyplatz und am „Weissgärber Kirchenplatz".

„Unter den Weissgärbern" war im Vormärz die Adresse der meisten Metzger Wiens, die man fast alle aus der Stadt verwiesen hatte.
Die Weißgerbervorstadt war als die „Fabrik der Rost- und Lungen-
braten" verschrien, als „Schaf- und Ochsenresidenz", in der sich an
heißen Tagen ein unerträglicher Gestank breitmachte.

Verworfener Winkel! Sitz der blut'gen Bürger
Du Mördergrube für das Rind!

> *Mehr Ochsen schlachtest du als Freyheitsbürger*
> *Durch Robespierre gefallen sind.*
> *(...)*
> *Du riech'st – Fabrik der Rost- und Lungenbraten!*
> *Von Weitem schon nach Ochsenblut.*
> *(...)*
> *Kein Gutbenaster darf zu dir sich wagen*
> *Du Schaf- und Ochsenresidenz!*
> *(...)*
> *Du lebst von Unschlitt, trinkest statt Burgunder*
> *Das dunkelrothe Ochsenblut.*

(F.K.X. Gewey, 1820)

Vielen Wienern blieb die Reise in die Vorstadt „Weissgärber" dennoch nicht erspart. An der Donaulände befand sich nämlich ein bedeutender Lager-und Marktplatz für Brenn- und Bauholz. Bereits weiter oben besprochen wurden der Zentralviehmarkt in St. Marx sowie der Heu- und der Pferdemarkt am Wienflußufer.

Wieden

Der offiziell als „Kärntnertormarkt" bezeichnete „Aschenmarkt", auf dem außer Obst und Gemüse auch Brennholz und diverse Handwerksprodukte feilgeboten wurden,

Gemüsemarkt am St. Elisabethplatz, um 1890

wurde bereits an anderer Stelle besprochen. Kleinere Viktualienmärkte bestanden am Karolinenplatz (seit 1932 Sankt-Elisabeth-Platz) und am Phorusplatz. Nach der Errichtung der Detailmarkthalle am Phorusplatz im Jahr 1880 wurde dieser Markt aufgelassen. Die Halle war bis zum Jahr 1969 – zuletzt als Blumengroßmarkt – in Betrieb.

Margareten

Margareten besaß einen Viktualienmarkt am Margaretner Hauptplatz. Ein weiterer kleiner Markt wurde Anfang der sechziger Jahre des vorigen Jahrhunderts am Hundsturmer Platz errichtet, wo sich bereits ein großer Taubenmarkt befand. Im Jahr 1881 wurde auch am Bacherplatz ein Viktualienmarkt eingerichtet. Ein bedeutender Markt befand sich im vorigen Jahrhundert auch in der Reinprechtsdorfer Straße. Die Bevölkerung konnte sich auf diesem spezialisierten Marktplatz mit Holz, Kohle und Kalk eindecken. Dreimal in der Woche, dienstags, freitags und samstags, wurde auch Heu und Stroh zum Kauf angeboten, an Dienstagen und Samstagen gab es zusätzlich Getreide und Hülsenfrüchte, und im Herbst wurde frisches Kraut angeliefert. An anderer Stelle bereits besprochen wurden der Pferdemarkt in der Siebenbrunnenfeldgasse und der daran angeschlossene Heu- und Strohmarkt.

Mariahilf

In der Vorstadt Mariahilf bestand bereits in der ersten Hälfte des 18. Jahrhunderts ein kleiner Viktualienmarkt vor der Mariahilfer Kirche. Zu Beginn des 19. Jahrhunderts wurde er

Marktszene in Wien, um 1900

in die nahegelegene, zum heutigen 7. Bezirk gehörende Kirchengasse verlegt und vergrößert. Zwei kleinere Märkte bestanden auch in der Marchettigasse und vor der Gumpendorfer Kirche „Zum heiligen Aegidius". Letzterer wurde im Jahre 1861 in die benachbarte Mollardgasse verlegt. Ein Getreidemarkt, auf dem auch Holz und Kohle verkauft werden durften, befand sich in der am Wienfluß gelegenen Vorstadt „Ob der Laimgrube" in der Gegend des heutigen Theaters an der Wien.

Neubau

Tägliche Lebensmittelmärkte für den heutigen 7. Bezirk bestanden in der Zieglergasse, der Schottenfeldgasse, der Lerchenfelder Straße und am „Platzl" der Vorstadt St. Ulrich. Neben Lebensmitteln wurde auf diesem neben der Kirche gelegenen Markt auch Stroh angeboten.

Josefstadt

Die Bewohner des heutigen 8. Bezirks konnten sich auf den Märkten in der Lerchenfelder Straße und der Alser Straße (bei der Skodagasse) versorgen. Nachdem der in der Alser Straße gelegene Markt für die Bürger der „Alser-Vorstadt" bald nicht mehr ausreichte, mußte er in den sechziger Jahren des vorigen Jahrhunderts bis zum „Dreiläuferhaus" an der Abzweigung zur Kinderspitalgasse verlängert werden.

Alsergrund

Bis zur Eröffnung der Markthalle in der Nußdorfer Straße gab es im heutigen 9. Bezirk vier Viktualienmärkte: in der Lichtentaler Gasse, in der benachbarten Marktgasse, in der ebenfalls nahegelegenen Salzergasse und in der Porzellangasse. Dieser Markt befand sich bis zum Jahr 1865 auf dem kleinen Platz vor der Servitenkirche. 1905 wurde er in die Müllnergasse verlegt, um dem Durchzugsverkehr in der Porzellangasse Platz zu schaffen. Nachdem der Stadtbahnbau in

Marktszene in Wien, um 1900

145

den neunziger Jahren des vorigen Jahrhunderts die Verlegung eines vor der Hernalser Linie gelegenen kleinen Lebensmittelmarktes notwendig machte, beschloß die Gemeinde, diesen Markt innerhalb des Gürtels am Zimmermannplatz neu anzusiedeln, wo er bis heute existiert. In der Vorstadt Roßau gab es einen ausgedehnten Holzmarkt, der vom Neutor bis zur Spittelauer Lände reichte; in der Gegend der heutigen Pramergasse befand sich die Hauptverkaufsstelle für Weinstöcke und Holzschindeln, und bei der sogenannten „Lampelmauth", in unmittelbarer Nähe des k.k. Wasserzollamts, wurde jeden Donnerstag ein Markt für Jungtiere abgehalten (Kälber, Lämmer, Kitzen und Jungschweine), die mit dem Schiff nach Wien gebracht wurden.

Favoriten

Der älteste Platz des 10. Bezirks ist der Columbusplatz, wo es schon im 19. Jahrhundert einen täglichen Viktualienmarkt gab. Im Jahr 1877 bekam der stark expandierende Bezirk auf Antrag des Bezirksausschusses einen zweiten Lebensmittelmarkt am Eugenplatz, dem heutigen Viktor-Adler-Platz. Der neue Markt erfreute sich bald so großen Zuspruchs, daß er dem Markt am Colum-

Gemüsemarkt in Favoriten

busplatz den Rang ablief und dieser schließlich ganz verschwand. *Mit Rücksicht auf die zahlreiche Arbeiterbevölkerung im X. Bezirk, welche erst in den Abendstunden bei der Heimkehr aus der Arbeit ihre Einkäufe an Viktualien und dgl. zu machen pflegt,* gestattete der Gemeinderat im Jahr 1882 den Viktualien- und Blumenhändlern des 10. Bezirks, ihre Waren bis zum Einbruch der Abenddämmerung verkaufen zu dürfen. Dies war jedoch nicht die einzige Konzession an die Bedürfnisse des Arbeiterproletariats. Sehr zum Leidwesen der katholischen Kirche durften die Favoritner Fleischhändler sogar an Sonn- und Feiertagen offenhalten. In einem Märkteverzeichnis aus dem Jahr 1931 findet sich neben den beiden bereits erwähnten Märkten übrigens auch ein Markt im Bereich Triester Straße und Quellenstraße.

Simmering

Der 11. Wiener Gemeindebezirk war bis zum Beginn der Industrialisierung von Gärten und von Feldern geprägt und die Bevölkerung des Bezirks in ihrer Versorgung ziemlich autark. Im 19. Jahrhundert änderte sich das Erscheinungsbild weiter Teile Simmerings durch den massiven Zuzug von Arbeitern und Kleingewerbetreibenden grundlegend. Im Jahr 1873 beschloß der Gemeinderat, einen kleinen Markt beim Enkplatz einzurichten. Der Simmeringer Markt wurde 1874 eröffnet und wenige Jahre später von sechs auf elf Hütten erweitert. Im Jahr 1909 mußte der Markt wegen der Bauarbeiten an der Neu-Simmeringer Kirche an einen anderen Standort verlegt werden. Die Gemeinde erwarb deshalb ein Grundstück in der Geiselbergstraße; allerdings konnte der neue Simmeringer Markt erst 1924 in Betrieb gehen, weshalb in der Sedlitzkygasse ein langjähriges Provisorium bestand.

Meidling

Der Meidlinger Markt in der Niederhofstraße geht ebenfalls auf die massenhafte Zuwanderung böhmischer Arbeitskräfte in der zweiten Hälfte des vorigen Jahrhunderts zurück. Ein kleinerer Gemüsemarkt befand sich auch in der Hetzendorfer Straße. Regelmäßige Hühner- und Schweinemärkte bestanden bis zum Ausbruch des Ersten Weltkriegs in den Innenhöfen der Gasthäuser Hasel (Ecke Grünbergstraße, Schönbrunner Schloßstraße) und Eckenberger (Ecke Altmannsdorfer Straße, Breitenfurter Straße).

Rudolfsheim-Fünfhaus

Die Gemeinde Braunhirschen erhielt schon im Jahr 1833 die Erlaubnis, in der Nähe der heutigen Schwendergasse einen täglichen Viktualienmarkt abzuhalten. Dieser kleine Detailmarkt entwickelte sich im Laufe der Zeit zu einem zentralen Marktplatz für die Bauern der heutigen Bezirke 12, 13 und 14. Benannt wurde der mittlerweile zur völligen Bedeutungslosigkeit verkommene Schwendermarkt nach Karl Schwender, dem Besitzer mehrerer Vergnügungslokale im Bezirk. Einen Heu-, Stroh- und Viktualienmarkt gab es in der früheren Mondscheingasse. Nachdem dieses Gäßchen auf Dauer zu eng und steil war, wurde der Heumarkt zur Straßenbahnremise verlegt. Aus dem gleichfalls abgesiedelten Viktualienmarkt entwickelte sich der spätere Meiselmarkt, der im Jahr 1905 als bloßes „Provisorium" genehmigt wurde und bis zu seiner Verlegung im Jahr 1995 einer der urtümlichsten Wiener Märkte war.

Um die Mitte des vorigen Jahrhunderts erhielt auch die Ortschaft Fünfhaus einen Markt in der Mariahilfer Straße, der aus verkehrstechnischen Gründen im Jahr 1903 in die parallel verlaufende Robert-Hamerling-Gasse verlegt wurde. Kleinere Märkte gab es am Reithofferplatz, in der Friesgasse und am Neubaugürtel. Letzterer wurde im Zuge der Errichtung der Wiener Stadtbahn im Jahr 1896 auf den Urban-Loritz-Platz im 7. Bezirk verlegt. Ein wöchentlicher Stechviehmarkt wurde an wechselnden Standorten abgehalten. Ebenfalls im 15. Bezirk, zwischen der Avedikstraße und der Zollernsperggasse, befand sich der Rudolfsheimer Zentralmarkt für Holz, Hafer, Heu und Stroh. Wegen der Errichtung des Technischen Museums veranlaßte

die Gemeinde im Jahr 1912 die Verlegung dieses Marktes zum Meiselmarkt an der Hütteldorfer Straße.

Markt an der oberen Mariahilfer Straße, um 1900

Ottakring

Auf den Kleinmärkten des 16. Bezirks durften bereits im 19. Jahrhundert bis zum Aufflammen der öffentlichen Straßenbeleuchtung Obst, Südfrüchte und Blumen verkauft werden. Die Standeln mit dem übrigen Warenangebot mußten den Verkauf bereits zu Mittag einstellen. Schon um 1830 gab es in der Thaliastraße einen kleinen Markt, der sich im Laufe der Zeit in die Brunnengasse ausdehnte und bereits um die Jahrhundertwende ein bedeutender Markt war. Mitte der sechziger Jahre des 19. Jahrhunderts wurden die im Bereich Ottakringer Straße, Neulerchenfelder Straße und Haberlgasse gelegenen „Schanzgründe" parzelliert. Der damalige Minister Johann Nepomuk Berger erwarb einen Teil des Geländes und überließ der Gemeinde zwei Parzellen zur Errichtung eines Marktes, der heute aus verkehrstechnischen Gründen verschwunden ist.

Im Jahr 1872 wurde der Exerzierplatz beim Yppenheim aufgelas-

Vogelmarkt hinter der Altlerchenfelder Kirche

sen und der heutige Yppenplatz angelegt. Aus verkehrstechnischen Gründen mußte im Jahr 1895 der Neulerchenfelder Markt von der Kirche zum Yppenplatz übersiedeln. In der Folge wuchsen der neue Yppenmarkt und der benachbarte Brunnenmarkt immer mehr zusammen und bildeten schließlich einen der größten Detailmärkte der Stadt. Am Yppenplatz etablierte sich überdies ein Großmarkt für die westlichen Bezirke Wiens. Am Beginn der Grundsteingasse in Neulerchenfeld gab es auch einen in der ganzen Stadt bekannten und überaus beliebten Vogelmarkt.

Hernals, Währing und Döbling

Ebenfalls im vorigen Jahrhundert gegründet wurden die noch bestehenden Märkte am Dornerplatz im 17. und am Gersthofer Platzl im 18. Bezirk. Für letzteren wurden im Jahr 1900 stabile Verkaufsstände entlang der Vorortelinie errichtet. Ein kleiner Lebensmittelmarkt bestand auch im Bereich Gentzgasse und Gersthofer Straße. Im 19. Bezirk ist ein Markt in der Gatterburggasse belegt, der kurz vor Beginn des Ersten Weltkriegs aufgelassen wurde. An seiner Stelle wurde eine kleine Gartenanlage errichtet. Solange Waren mit dem Schiff nach Wien gebracht wurden, fand ein Kleinhandel mit Viktualien auch an der Nußdorfer Lände vor dem Gasthaus „Zum König von Bayern" statt.

Brigittenau

Der im Jahr 1900 vom 2. Bezirk abgetrennte 20. Bezirk hatte seinen Viktualienmarkt traditionellerweise am Brigittaplatz. Im Jahr 1905 wurde dieser Markt auf die freie Fläche zwischen der Kluckygasse, der Hannovergasse und der Webergasse verlegt. Nachdem die Gemeinde Wien vom Augustiner-Chorherrenstift Klosterneuburg ein Grundstück gepachtet hatte, wurde eine weitere Standortveränderung vorgenommen. Am 1. Dezember 1913 konnte der neue, immer noch bestehende Hannovermarkt zwischen Othmargasse, Hannovergasse und Gerhardusgasse eröffnet werden. Kurz nach der Jahrhundertwende wurde der Obst- und Gemüsemarkt vom Schanzl auf die Brigittenauer Lände verlegt. Die mit Obst und Gemüse beladenen Schiffe legten im Bereich des heutigen Wettsteinparks an, und der Markt- *Hannovermarkt*

Verkaufsstand bei der Brigittabrücke, 1917

bereich des neuen Schanzl-markts erstreckte sich von der Augartenbrücke bis zur Friedensbrücke (vormals Brigittabrücke). Noch weiter stadtauswärts, in der Treustraße, existierte bis zum Beginn des 20. Jahrhunderts ein Freilagerplatz für Holz.

Floridsdorf

Die Gemeinde Floridsdorf, die im Jahr 1904 mit den Ortschaften Leopoldau, Kagran, Hirschstetten und Stadlau zum 21. Bezirk zusammengefaßt worden war, besaß seit 1887 einen eigenen Markt am Floridsdorfer Spitz zwischen dem späteren Amtshaus und dem heutigen Forum-Kaufhaus. Während der Errichtung des Bezirksamtes in den Jahren 1901–3 wurde dieser Markt provisorisch in der Haidschüttgasse untergebracht. Nach der Fertigstellung des Schlingerhofs im Jahr 1926 verlegte die Gemeinde Wien den Markt auf den Platz vor der Gemeindebauanlage.

Donaustadt

In Stadlau, das im Jahr 1904 dem 21. Bezirk zugeteilt und erst später mit einigen niederösterreichischen Gemeinden und Teilen des 21. Bezirks zu dem eigenständigen 22. Gemeindebezirk zusammenge-schlossen wurde, errichtete die Gemeinde im Jahr 1913 den Markt am Genochplatz. Die übrigen vorwiegend ländlichen Gemeinden waren weitgehend autark und besaßen außer den Kirtagen und Jahrmärkten keine eigenen Märkte. In Leopoldau fand jedoch jeden Dienstag ein Körnermarkt statt.

152

Markt oder Halle?

Die im vorigen Abschnitt beschriebenen kleinen Detailmärkte reichten für die Versorgung der durch Industrialisierung und massive Zuwanderung rasch wachsenden Stadt bald nicht mehr aus. Um die Mitte des vorigen Jahrhunderts setzte daher eine öffentliche Diskussion über neu zu schaffende Marktplätze ein. Nach dem Vorbild anderer Weltstädte, wie etwa London, Paris oder Berlin, sollten jedoch keine weiteren offenen Märkte errichtet werden, sondern moderne, wetterfeste Bauwerke, nämlich Markthallen.

Durch die Errichtung und Eröffnung mehrerer Markthallen wurden, wie S. Müller schildert, zahlreiche kleine Straßenmärkte in der näheren Umgebung dieser Hallen aufgelassen. So zum Beispiel wurden die Marktparteien vom Phorusplatz und andere Standler der Wieden in die neue Markthalle am Phorusplatz verwiesen. Die Detailmarkthalle in der „Esterhazy Realität" im 6. Bezirk

Marktszene in Wien, um 1900

löste die Straßenmärkte in der Marchettigasse und in der Kirchengasse ab. Der Markt vom St. Ulricher Platzl und der Schottenfelder Markt übersiedelten in die Markthalle in der Neustiftgasse, der Markt auf der Alserstraße in die Detailmarkthalle in der Bartensteingasse. Die Markthalle in der Nußdorfer Straße machte den Lichtentalermarkt überflüssig, nicht jedoch den Viktualienmarkt in der Porzellangasse, der wegen der großen Entfernung zur Halle vorerst bestehen blieb.

Obwohl sich das System der Markthallen in Wien niemals wirklich durchsetzen konnte, verschwanden die meisten der in diesem Abschnitt beschriebenen Vorstadtmärkte im Laufe der ersten Jahrzehnte unseres Jahrhunderts. Die Wirtschaftskrise der zwanziger Jahre, die Zerstörungen des Zweiten Weltkriegs, vor allem aber die Tatsache, daß die offenen Straßenmärkte zu einer immer größeren Verkehrsbehinderung wurden, führten, lange vor dem Auftauchen der großen Supermarktketten, zu einem großen Marktsterben.

Die ungeliebten Markthallen

Die Landstraßer Halle

Während die Markthalle in vielen Ländern des islamischen Orients auf eine jahrhundertealte Tradition zurückblicken kann und auch in Europa schon im Mittelalter vereinzelt Markthallen zum Schutz der Waren vor ungünstiger Witterung errichtet wurden, setzte sich die Idee des geschlossenen und überdachten Marktes erst im Laufe des 19. Jahrhunderts überall durch. Überall, aber nicht in Wien, wo die räumliche Trennung der „Stadt" von ihren Vorstädten und die Existenz einer „Verzehrungssteuerlinie" einer stärkeren Zentralisierung des Marktwesens entgegenstanden und wo sowohl Kunden als auch Händler trotz der prekären Witterung dem Aufenthalt im Freien einem gemütlichen Einkaufsbummel in der Halle gegenüber den Vorzug gaben. In seinem Buch „Wien wie es ist" bemerkt A. Schmidl schon im Jahre

1833 mit einiger Verwunderung: *Es gibt keine Hallen.* Pläne zur Errichtung von Markthallen gab es allerdings immer wieder – und in den sechziger Jahren des vorigen Jahrhunderts schien es, als sei der Trend der Zeit auch in Wien nicht mehr aufzuhalten. Zum

Die Großmarkthalle im 3. Bezirk, 1939

Standort einer ersten großen Markthalle wurde die Landstraße auserkoren. An Stelle des nur wenige Jahrzehnte zuvor errichteten Wiener Neustädter Kanals wurde in den Jahren 1847–49 eine Verbindungsbahn angelegt und mit ihr der Bahnhof Wien-Hauptzollamt, eine hervorragende Möglichkeit, die direkte Belieferung der immer hungriger werdenden Stadt zu gewährleisten. Die neue Zentralmarkthalle sollte deshalb direkt neben dem Bahnhof liegen. In den Jahren 1864–65 wurde nach den Plänen und unter der Aufsicht von Carl Gabriel, dem Vizedirektor des städtischen Bauamtes, neben der Stubentorbrücke ein schmuckloser Rohziegelbau errichtet. Die feierliche Eröffnung erfolgte am 20. November 1865.

Zweck der „Central-Markthalle" war die genügende und möglichst billige Approvisionierung der Stadt und ihrer Umgebung. Sie war gemäß den Verordnungen befugt, *durch Heranziehung, Vermehrung und Regulierung der Zufuhr von Lebensmitteln aus allen Theilen der Monarchie und insoferne es die internationalen Verkehrsverhältnisse gestatten, auch aus dem Auslande zu erzielen.* Zur Belebung der Markthalle wurden die Eier- und Butterhändler von der Seilerstätte und die Marktstände des „Mehlmarktes" in die neue Zentralmarkthalle verlegt. Durch die vorübergehende Auflassung des Mehlmarktes wurde die Markthalle auch zur Hauptverkaufsstelle für alle Arten von Hülsenfrüchten. Eine weitere Aktivierung des Marktlebens in der Halle erwartete man sich von den Landparteien aus der Umgebung der Stadt.

Die Verkaufsgüter waren in 8 Klassen geordnet:

1. Geschlachtete Rinder, Kälber, Schöpse, Schweine, Lämmer, Ziegen, und Spanferkel; Zungen; geräuchertes, gesalzenes und gepökeltes Fleisch aller Gattungen; Würste.
2. Zahmes Geflügel (lebend oder geschlachtet): Hühner, Gänse, Enten, Truthühner, Kapaune und Tauben.
3. Wildbret: Hasen, Schwarzwild, Hirsch, Gemsen, Rehfleisch; kleines Federwild und kleine Vögel; Fasan, Auer- und Schild-hühner, Wildgänse, Trappen, Birk-, Hasel-, Schnee- und Stein-hühner, Wildenten und Wildschnepfen.
4. Fische aller Gattungen: Süßwasserfische und Meeresfische (frisch, gesalzen, mariniert, geräuchert und getrocknet); Austern, Krebse, Schildkröten und sonstige Schalentiere und Fische.
5. Eier und Fettwaren: Eier, Butter (frisch und gesalzen), Rind- und Schweineschmalz, Schweinefett (mit Ausnahme von Schmer), Gänsefett, Speck und Knochenmark; Käse und Topfen.
6. Hülsenfrüchte: alle Sorten nebst Hirse, Gries, gerollter Gerste, Kümmel, Anis und Fenchel.
7. Gemüse: alle Sorten in frischem, getrocknetem, kompimiertem und eingemachtem Zustand, ferner Erdäpfel und Schwämme.
8. Obst: alle Sorten (frisch, getrocknet, gedörrt oder eingelegt); Pflaumenmus, Kastanien, Nüsse und Südfrüchte.

Der Grundgedanke der neuen Markthalle war bestechend: Alle land-wirtschaftlichen Produzenten der Monarchie sollten ihre Waren ein-senden und gegen eine kleine Provision zum kommissionellen Verkauf bringen können. Die persönliche Anwesenheit der Erzeuger war nicht mehr notwendig; dadurch konnten Zeit, Reisekosten und Personal gespart werden! Dennoch setzte sich die Idee eines zentralen Marktes auf der Landstraße nicht durch. Die Verzehrsteuer und andere fiska-

lische Hemmnisse, vor allem aber der völlig unzulängliche Bahntransport mit seinen tagelangen Verzögerungen ließen das Marktleben
nicht in der gewünschten Form gedeihen. Die Waren kamen nicht selten verdorben in Wien an und mußten vom Marktamt konfisziert werden. Kein Wunder, daß die Einsendungen bald dramatisch zurückgingen. Da das neue Gebäude bereits im Jahr 1866 teilweise leerstand,
wurden einige Räume an das „Militär Aerar" vermietet, das hier seine
Mehl- und Futtervorräte einlagerte.

Wegen mangelnden Zuspruchs wurde die Zentralmarkthalle per Gemeinderatsbeschluß vom 11. September
1868 in eine Großmarkthalle für den Engroshandel umgewandelt.
Nachdem die Tieferlegung des benachbarten Bahnhofs der Großmarkthalle den direkten Gleisanschluß entzogen hatte, wurden elek-
trische Aufzüge installiert. Zugleich erhielten die im Souterrain
gelegenen Lagerräume eine Kühlanlage, wodurch die Lager- und
Konservierungsmöglichkeit der Waren verbessert werden konnte. Um
die Versorgung der Großstadt schrittweise zu zentralisieren, wurde am
4. Dezember 1899 in der benachbarten Invalidenstraße eine weitere

*Das Innere der
Fleischmarkthalle*

Fleischverladung bei der Fleischmarkthalle, Anfang 20. Jh.

Markthalle eröffnet, die ausschließlich für den Verkauf von importierten Fleischwaren bestimmt war. Die Fleischhalle umfaßte 2.300 Quadratmeter verbauter Fläche und erstreckte sich über zwei Geschoße. Den modernen Anforderungen entsprechend, war die neue Halle mit Luftgleisen und elektrischen Aufzügen ausgestattet, die es erlaubten, in relativ kurzer Zeit große Mengen Fleisch aus dem unteren in das obere Geschoß zu befördern. Eine 64 Meter lange Eisenbrücke verband die Fleischhalle mit der Großmarkthalle.

Die Gegenstände des Marktverkehrs in der Fleischhalle waren durch die Marktordnung von 1912 genau definiert:

1. Frisches Fleisch von Ochsen, Kühen, Büffeln, Stieren, Kälbern, Schafen, Schweinen, Lämmern, Ziegen, mit und ohne Fell, im Ganzen oder in Teilen; eingesalzenes, geräuchertes und gepökeltes Fleisch und Fett sowie Würste und Flecksiederwaren von Tieren dieser Art.

2. Zahmes Geflügel, lebend und geschlachtet, in den Federn oder gerupft: Hühner, Gänse, Enten, Truthühner, Kapaune und Tauben.

3. Wildbret und Federwild: Hirsche, Rehe, Gemsen, Wildschweine, Hasen, aufgehacktes Rot- und Schwarzwild, Fasane, Auer-, Birk-, Schnee-, Rohr- und Rebhühner, Wildgänse, Wild- und Duckenten, Wildtauben, Wald-, Moos-, Haide- und Wiesenschnepfen, Krammetsvögel, Wachteln und andere nach dem Gesetz zum Genuß zulässigen Wildarten und kleine Vögel.

4. Süßwasser und Seefische, lebend, gesalzen, geräuchert, getrocknet und mariniert, sowie alle Arten von Schalentieren.

In der Fleischhalle wurden gewaltige Mengen von Fleischwaren

umgesetzt. Im Jahr 1903 waren es: 14.739 Tonnen Rindfleisch, 1.580
Tonnen Kalbfleisch, 536 Tonnen Schaffleisch, 6.469 Tonnen Schweine-
fleisch; 131.255 Kälber, 7.421 Schafe, 10.498 Lämmer und 22.956
Schweine; 2.607 Hirsche, 2.613 Rehe, 110 Gemsen, 98.314 Hasen,
102 Wildschweine, 7.817 Fasane, 75.380 Rebhühner, 2.407
Krammetvögel, 2.809 Wildenten und 437 Wildgänse.

*Viktualienhalle,
Anfang 20. Jh.*

Das Großprojekt „Markthalle" war damit allerdings noch nicht
abgeschlossen. Im Jahr 1904 wurde, ebenfalls in der Invalidenstraße,
eine dritte Markthalle eröffnet, die Viktualienhalle (3.100 Quadratmeter). Sie wies eine ähnliche bauliche Gestaltung wie die Fleischhalle
auf, stand ebenfalls mit der Stadtbahn in Verbindung und diente dem
Engroshandel mit Grünwaren. Das obere Stockwerk war dem Detailverkauf gewidmet. Gemeinsam bildeten die Großmarkthalle, die
Fleisch- und die Viktualienhalle die sogenannte „Zentral-Marktanlage
für Groß- und Kleinhandel".

Der Marktverkehr in der Landstraßer Halle fand an Wochentagen
in der Zeit vom 1. Mai bis zum 31. Oktober von 4 Uhr früh bis 4 Uhr
nachmittags, in den übrigen Monaten von 5 Uhr früh bis 4 Uhr nach-

*Seefischhalle,
Anfang 20. Jh.*

mittags und an Feiertagen bis 12 Uhr mittags statt. Der Detailverkauf begann an allen Tagen erst um 6 bzw. 7 Uhr früh. Amtliche Aufsichtsorgane sorgten dafür, daß alle Artikel unentgeltlich gewogen wurden. Das Marktkommissariat wies sowohl den Groß- als auch den Detailhändlern die Verkaufsplätze zu. Der Beginn und das Ende des Marktverkehrs wurden durch ein Glockenzeichen angezeigt.

Die Errichtung von Detailmarkthallen

In den siebziger Jahren des vorigen Jahrhunderts machten sich Wiener Architekten und Beamte der „Bau- und Approvisionierungs-Section" Gedanken über die Errichtung weiterer Markthallen. Damit sollte die Konkurrenz zu den offenen Märkten gefördert und ein Beitrag zur Verbilligung der Lebensmittel in Wien geleistet werden. Darüber hinaus sollten solche großen öffentlichen Bauvorhaben den herrschenden Notstand in der Bauindustrie, aber auch bei Handel und Gewerbe bekämpfen. August Köstlin, der sich in dieser Frage besonders engagierte, führte auch noch andere Argumente ins Treffen, die seiner Ansicht nach für die Errichtung von Markthallen sprachen: *Ist daher der Zweck der Hallen auch in erster Linie der der Nützlichkeit, so erfordert es nichtsdestoweniger die Ehre und Würde der ersten Architekturstadt unseres Jahrhunderts, daß sie auch in diesen öffentlichen Nützlichkeitsbauten Zeugniß gibt von der Höhe des technisch künstlerischen Standpunktes, welchen sie einnimmt und einzunehmen berechtigt bleiben will.*

Der Wiener Gemeinderat ernannte sicherheitshalber eine „Kommission für Markthallenplätze, Markthallen und deren Bauart". Zur

Diskussion standen die folgenden Bauvorhaben: Auf den noch unver-
bauten Stadterweiterungsgründen des 1. Bezirks sollten insgesamt
fünf Detailmarkthallen errichtet werden, unter anderem am Paradeplatz – dem Areal, auf welchem sich heute Rathaus und Parlament
befinden –, am Rudolfsplatz und in der Fichtegasse. In den Bezirken
Leopoldstadt, Landstraße und Wieden waren je drei Markthallen geplant, wobei die im Naschmarktbereich vorgesehene Halle 400
Standplätze umfassen sollte. Im Jahr 1871 lag der Gemeinde das
Anerbieten eines Konsortiums von Pariser Kapitalisten, vertreten
durch Herrn Eduard Besnier de la Pontonerie, vor, sämtliche in Wien
erforderlichen Markthallen zu erbauen, das nöthige Kapital beizu-
schaffen und Erstere nach ihrer Vollendung der Gemeinde zur
Benützung übergeben zu wollen. (Zit. nach S. Müller 1987.) Besnier
de la Pontonerie war, wie seine zahlreichen Entwürfe und Offerte zeigen, ein Verfechter der Leichtbauweise in Eisen und Glas, die in London
und Paris zur damaligen Zeit gerade en vogue war.

Insgesamt legten drei der konkurrierenden Bewerber Offerte für
Hallen in moderner Leichtbauweise vor, zwei entschieden sich für die
herkömmliche Ziegelbauweise, die sich beim Großmarktkomplex in
der Landstraße bereits bewährt hatte. Auch dem Stadtbauamt
erschien die im übrigen wesentlich billigere Ziegelbauweise dem
Wiener Klima mehr angemessen. Nachdem diese grundsätzliche
Entscheidung gefallen war, versuchten die Baufirmen sich gegenseitig
zu unterbieten, z.B. wollten sie bei der Überdachung sparen oder auf
die Unterkellerung verzichten. Ein Bewerber schlug sogar vor, für die
Unterkellerungen die „kostenlose" Arbeitskraft des Militärs heran
zuziehen, da diese Keller die Verteidigungsfähigkeit der Stadt wesentlich erhöhen würden! Am Ende vieler langwieriger Diskussionen
über Standorte, Bauweisen, Kosten und mögliche Einsparungen stellte
sich heraus, daß sämtliche Bauvorhaben aus akutem Geldmangel
verschoben werden mußten – mit einer einzigen Ausnahme: der
„Zedlitzhalle" (2.100 Quadratmeter) nächst dem Stubentor in der

heutigen Cobdengasse, die nach Plänen des städtischen Oberinge-
nieurs Haussmann errichtet und 1871 eröffnet wurde.

Die Diskussion um die Errichtung weiterer Markthallen war durch
die Budgetnot für einige Jahre auf Eis gelegt. Erst 1877 wurden ver-

Zedlitz-
Markthalle, 1897

schiedene neue Offerte eingereicht, die zum Teil an frühere
Pläne anknüpften. Im 1. Bezirk sollten drei Detailmarkthallen errichtet werden, und zwar am Rudolfsplatz, am Paradeplatz
und in der Fichtegasse. Im 2. Bezirk waren Detailmarkthallen auf dem
Areal des Strafhauses, am Volkertplatz und in der Dreyerstraße geplant.
Im 3. Bezirk sollte eine neue Schlachtviehmarktanlage vor der St. Marxer
Linie und eine Zentralmarkthalle am heutigen Eislaufplatz entstehen,
außerdem wollte man den Augustinermarkt auf der Landstraßer Hauptstraße durch eine kleine Markthalle ersetzen und auch den Rennweg
mit einer Halle versehen. Im 4. Bezirk war immer noch eine „Nasch-
markthalle" vorgesehen, weiters eine Halle bei der Elisabethbrücke
und eine in der Phorusgasse. Im 5. Bezirk sollte der Bacherplatz verbaut
werden, und im 6. Bezirk planten die Architekten eine Markthalle in
der Esterházygasse und eine zweite im oberen Teil des Bezirks.

Offertsteller waren die Firmen Körösi aus Graz, Fives-Lille, Henike und Huide aus Berlin, Besnier de la Pontonerie, die Union Baugesellschaft und das Projekt Köstlin und Frey. Den teuersten Kostenvoranschlag machte Besnier de la Pontonerie, der mit Abstand billigste kam von Fives-Lille. Köstlin und Frey legten ihrem Offert ein ausführliches „Exposé über die Nothwendigkeit und Zweckmässigkeit der Errichtung von Central- und Detailmarkthallen" bei, das für ihre Pläne eines vollkommen geordneten Hallensystems werben sollte. Unter anderem heißt es darin: *Die Errichtung von Markthallen überhaupt (...) ist für Wien aus vielfachen öffentlichen Rücksichten unbedingt nothwendig und macht sich der Mangel an diesen überaus wichtigen Approvisionierungsanstalten täglich fühlbarer. Und weiters: Die Straßenmärkte mit ihrem ungebundenen Treiben wirken störend, nicht nur auf den Verkehr, sondern auch auf das öffentliche Leben überhaupt ein und geben der Residenz im Vergleich mit anderen Großstädten das Ansehen einer Provinzstadt, sie belästigen durch ihr lärmendes Getriebe die Bewohner der Umgebung und haben sich, mit wenigen Ausnahmen, durch die im Straßenleben großgezogenen, rohen und zügellosen Elemente der sich hier einfindenden Verkäufer und Verkäuferinnen, einen gefürchteten, keineswegs schmeichelhaften Ruf erworben.* Die Halle könne hier Abhilfe schaffen, denn die Erfahrung habe gezeigt, *daß der Aufenthalt in Hallen auf die naturwüchsigen, zu Invectiven und Excessen leicht neigenden Marktleute einen gewissen moralischen Zwang ausübt.*

Auch für die Kunden seien die offenen Märkte nur von Nachteil. Wer stets auf den Verkehr achten und um seine eigene Sicherheit besorgt sein müsse, der könne sich nur schwer auf die Begutachtung der Waren konzentrieren. Straßenmärkte, so die Autoren, seien nicht nur behindernd, sie würden auch ständig behindert, müßten Rücksicht nehmen auf Bauarbeiten, Transporte, ja sogar auf Leichenbegängnisse und Umzüge. An vielen Plätzen der Stadt müßten die Standler ihre Waren schon im Morgengrauen verkaufen, um den Verkehr nicht zu behindern. Dadurch werde der Zwischenhandel gefördert, die Produkte unnötig verteuert – und nicht zuletzt leide auch die Ware unter der schlechten Witterung. Trotz dieser eindringlichen Argumentation geschah vorerst nichts. Oder nicht sehr viel. Im Jahr 1877 wurde die ehemalige Esterházy-Reitschule im 6. Bezirk zur „Markthalle in der Esterházy Realität" umfunktioniert – kein Neu-, sondern bloß ein Umbau. Diese etwa 2.000 Quadratmeter große Markthalle erfreute sich jedoch eines derart lebhaften Zuspruchs, daß sie im Jahr darauf bereits erweitert werden mußte. Der Magistrat empfahl dem Gemeinderat die Herstellung eines Zubaues auf der Ecke der Amerling- und Damböckgasse.

Esterházy-Markthalle, 1939

Im Frühjahr 1879 faßte der Wiener Gemeinderat endlich den langersehnten Beschluß zur Errichtung weiterer Detailmarkthallen in mehreren Bezirken Wiens. Nachdem die Eisen-Glas-Konstruktion der Zedlitzmarkthalle sich wegen der starken Hitzeentwicklung im Sommer und der ständigen unangenehmen Zugluft nicht wirklich bewährt hatte, entschied man sich für die massive Ziegelbauweise. Fast gleichzeitig wurde der Bau von zunächst vier Markthallen in

Angriff genommen: Am Phorusplatz Nr. 5 für die Bezirke 4 und 5, Ecke Neustiftgasse und Burggasse (Nr. 78–80) für den 7. Bezirk, im Bereich Bartensteingasse, Stadiongasse (Nr. 11) und Doblhoffgasse, nahe dem Rathaus, für den 1. und den 8. Bezirk und an der Kreuzung Nußdorfer Straße und Alserbachstraße für den 9. Bezirk. Architekt war in allen vier Fällen Friedrich Paul. Die Eröffnung erfolgte bereits im Jahr 1880.

Das mehrfach diskutierte Projekt eines Markthallenbaus am Rudolfsplatz wurde nach den Recherchen von S. Müller im Jahr 1893 von Gustav-Alfred Heyderich noch einmal aufgenommen. Heyderich wollte die Plätze der Inneren Stadt – auch im Sinne des beginnenden Fremdenverkehrs – von abgestellten Pferdefuhrwerken, Fleisch-, Obst- und Gemüsemarktstandeln befreien, die seiner Meinung nach die Sicht auf den Donnerbrunnen am Neuen Markt, auf die Pestsäule am Graben, auf den Vermählungsbrunnen am Hohen Markt und auf die Mariensäule Am Hof verdeckten. Am Rudolfsplatz sollte deshalb eine einstöckige Detail-

Innenansicht der Markthalle am Phorusplatz, 1901

markthalle entstehen, in die alle Marktfahrer des 1. Bezirks einziehen könnten. Den „Herren und Frauen Marktfiranten", die sich nicht von ihren Verkaufsplätzen trennen wollten, erklärte Heyderich, daß es in einer wettergeschützten Halle viel bequemer sei, daß das tägliche Zuführen, Aufstellen und Wegführen der gesamten Verkaufsutensilien wegfiele und daß sie in der Halle ihre Geschäfte bis zum frühen Abend offenhalten könnten. Auf den öffentlichen Straßen und Plätzen sollten nach Heyderichs Vorstellungen nur einige wenige ambulante Verkäufer tätig sein.

Der Bau aller weiteren bereits geplanten Hallen kam jedoch nie zustande. Umso heftiger wurden die bereits errichteten Hallen kritisiert. In seinem Buch „Das Marktwesen" schreibt Johann Lichtenstadt im Jahr 1899: *Wohl sind Hallen gebaut worden. Allein die Wiener Hallen sind nur gedeckte Märkte, ohne eine zusammenhängende systematische Organisation. (...) Die Centralmarkthalle (...) ist heute nur mehr ein schlecht eingerichteter Fleischmarkt. Die Detailmarkthallen (...) sind nichts anderes, als gedeckte Märkte alten Systems.*

Die in Leichtbauweise errichtete Zedlitzhalle zum Beispiel wurde ihrer Funktion als Markthalle niemals wirklich gerecht. Die Gemeinde versuchte zwar das Marktleben anzuregen, gewährte eine großzügige Reduktionen der Gebühren um bis zu 50 Prozent und stellte den Händlern sogar die benötigten Utensilien kostenlos zur Verfügung – aber es nützte alles nichts. Händler und Kunden blieben der ungeliebten, aber stets gut durchlüfteten Markthalle fern. Im Jahr 1902 wurde die Zedlitzhalle an den kurz zuvor be-

Abbruch der Zedlitzhalle, 1965

gründeten Hagenbund vermietet und zu einer Ausstellungshalle umfunktioniert. Nach der modernen Kunst kam die Industrie in Gestalt
des Deutsch-Österreichischen Gewerbebundes, der die ehemalige
Markthalle zu Ausstellungs- und Verkaufszwecken benutzte. Im Jahre
1965 wurde die einzige in Leichtbauweise errichtete Markthalle
Wiens schließlich demoliert. An ihrer Stelle befindet sich seit 1971 das
Umspannwerk des 1. Bezirks.

Der Großmarkthallenkomplex im 3. Bezirk war mit der Eröffnung
der Viktualienhalle im Jahr 1904 im wesentlichen vollendet worden.
Die Anlage mußte allerdings in den Jahren 1924–35 mehrfach erweitert werden. Der Zentralmarkt, der ursprünglich eine breite Ange-
botspalette umfassen sollte, spezialisierte sich immer mehr auf Fleisch
und Fleischwaren und bildete bald den mit Abstand größten
Fleischmarkt des Landes. Im Jahr 1962 wurde die „Halle" deshalb
konsequenterweise in „Fleischmarkthalle" umbenannt. Ihre baldige
Verlegung war zum damaligen Zeitpunkt jedoch bereits beschlossene
Sache. Im Jahr 1972 konnte mit dem Abbruch des großflächigen
Markthallenkomplexes begonnen werden, an dessen Stelle sich heute
unter anderem das Hotel Hilton erhebt. Die alte Viktualienhalle
mußte einem mehrstöckigen Neubau weichen, in dessen unterem Teil
eine Verkaufshalle eingerichtet wurde – der Landstraßer Markt.

Die übrigen in den späten siebziger Jahren des 19. Jahrhunderts
errichteten fünf Markthallen entwickelten sich unterschiedlich. Einige
mußten durch wirtschaftliche Impulse gefördert werden, andere, von
den Konsumenten stärker frequentierte Hallen konnten sogar
vergrößert und modernisiert werden. Noch vor Ausbruch des Ersten
Weltkriegs waren erste Sanierungen und Reparaturen, teilweise sogar
komplette Renovierungen dringend notwendig. Die erst 1895 errichtete winzige Detailmarkthalle Michelbeuern wurde bereits 1903 wieder aufgelassen.

Im Jahre 1913 wurde die nur 1.600 Quadratmeter große Phorushalle im 4. Bezirk einer gründlichen Renovierung unterzogen. Als

Detailmarkthalle bestand sie bis zum Jahr 1952, dann wurde sie in eine Blumengroßmarkthalle umgewandelt. Nach der Fertigstellung der Blumenhalle des neuen Großmarktes in Wien-Inzersdorf im Jahr 1969 wurde auch die Phorushalle stillgelegt. An ihrer Stelle erhebt sich heute ein in den Jahren 1982–85 errichtetes Pensionistenheim. Die Detailmarkthalle in der Esterházygasse im 6. Bezirk diente während des Zweiten Weltkriegs dem Landesernährungsamt als Lebensmittel-lagerhalle. Nach dem Krieg war sie – wiederum als Lagerhalle – an eine Gemüsegroßhandelsfirma verpachtet. Anfang 1957 wurde die ehemalige Markthalle abgetragen und an ihrer Stelle im Jahr darauf eine städtische Wohnhausanlage errichtet. Die Detailmarkthalle des 7. Bezirks in der Burggasse wurde im Jahr 1912 komplett renoviert. Sie war mit knapp 3.000 Quadratmetern eine der größten und beleb-testen Hallen und bestand bis zum Jahre 1954. Nach ihrem Abriß entstand auch hier eine Wohnhausanlage der Gemeinde Wien.

Die Detailmarkthalle in der Stadiongasse (1.850 Quadratmeter) war durch die Einrichtung eines Blumengroßmarktes noch vor dem Ersten Weltkrieg kräftig belebt worden. Im Jahre 1905 ver-mietete die Gemeinde Teile der Markthalle als Depoträum-lichkeiten an das Brauhaus der Stadt Wien. Durch diese

Markthalle Stadiongasse, 1939

zusätzlichen Einkünfte konnte die Halle vier Jahre später einer kompletten Renovierung unterzogen werden. 1948 trug ein Sturm nahezu das gesamte Dach der Markthalle ab, die zu diesem Zeitpunkt unter anderem dem nahen Burgtheater als Kulissendepot diente. Im Jahr darauf wurde die ehemalige Markthalle von der Kiba in ein Kino umgebaut, damit endlich der unschöne Anblick der beschädigten Halle verschwinde, wie es hieß. Das zunächst Rathauskino, dann Forum-Kino genannte Etablissement ging schon 1950 in Betrieb und gehörte zu den schönsten und größten Kinosälen der Stadt. 1978–79 errichtete die Gemeinde Wien an seiner Stelle ein Amtshaus, dessen Eingang sich in der Rathausstraße befindet.

Die einzige dieser Markthallen, die ihre ursprüngliche Funktion auch heute noch erfüllt, ist die Detailmarkthalle in der Nußdorfer Straße im 9. Bezirk. Sie war mit nur 1.180 Quadratmetern die kleinste der Schöpfungen des Architekten Friedrich Paul. Im Jahre 1904 wurden Souterrainräumlichkeiten an den „Ersten Wiener Volksküchenverein" vermietet, und im Jahre 1905 zog auch hier die Brauerei ein. Die Halle überstand Weltkriege und Wirtschaftskrisen ebenso wie Wiederaufbau und Wirtschaftswunder. In den Jahren 1993–95 wurde sie komplett renoviert und im Sommer 1995 feierlich wiedereröffnet.

Sonder(bare)märkte

Handel mit Waren aller Art – der Tandelmarkt

Die ersten Trödler in Wien hatten keinen festen Sitz. Sie verkauften ihre Altwaren wie Kleider und andere Bedarfsgegenstände an besonders frequentierten Orten – neben Kirchen zum Beispiel, an wichtigen Durchzugsstraßen oder auf zentral gelegenen Plätzen. Die ältesten Nachrichten über den Handel mit Trödel stammen aus dem frühen 15. Jahrhundert: Schon 1404 wird ein Tandelmarkt auf der Brandstätte, gegenüber dem Riesentor des Stephansdoms, erwähnt. Eine eigene

Innung besaßen die Trödler allerdings erst seit dem Jahr 1529. Im Jahr 1614 übersiedelte der Tandelmarkt von der Brandstätte zum Kärntner Tor, wo es auch Platz für Schaubuden und andere Lustbarkeiten gab. Die Aufsicht über diesen Markt wurde per Dekret dem Stadtrat aufgetragen. Neun Jahre später, im Jahr 1623, erhob Kaiser Ferdinand II. die Trödlergesellschaft zur „Wohl erbaren zunft der bürgerlichen Tandler".

Die „Fetzentandler" hatten nun zwar einen ehrbaren bürgerlichen Beruf; ein bürgerlich-beschauliches Leben führen konnten sie jedoch nicht. In den Wirren des Dreißigjährigen Krieges entstand, ebenfalls in der Gegend des Kärntner Tores, neben dem zivilen Tandelmarkt ein eigener Soldatentandelmarkt. Die invaliden Kriegsveteranen, von denen es in dieser Zeit mehr aus genug gab, mußten mit dem Altwarenhandel ihren kargen Lebensunterhalt bestreiten. Zwistigkeiten und erbitterte Revierkämpfe zwischen den bürgerlichen Trödlern und den ehemaligen Soldaten waren die Folge. Nach der Vertreibung der Juden vom „Unteren Werd" im Jahre 1670 erteilte Kaiser Leopold I. den neuen Bewohnern der neuen Leopoldstadt, wie die Gegend von nun an genannt wurde, ein Marktprivileg für einen „Tandel Marckt", der an den „ordentlichen Markttagen" Dienstag, Freitag und Samstag stattfinden durfte. Ein Teil der Trödler übersiedelte daraufhin vom Kärntner Tor auf den Platz vor der verlassenen Synagoge. Einige Jahre später, 1681, folgten die übrigen Händler. Heute erinnert daran nur noch die Tandelmarktgasse im zweiten Bezirk.

Diese Maßnahme, die in erster Linie dazu diente, die Attraktivität der ehemaligen Judenstadt zu steigern, umfaßte eine Reihe weiterer Marktprivilegien, nämlich die Abhaltung eines Jahrmarktes zum Fest der hl. Margareta am 20. Juli, eines Wochenmarktes für Lebensmittel und für Vieh, das ganze Jahr hindurch jeden Mittwoch, und eines Geschirrmarktes am 11. November. Der Jahrmarkt bestand bis ins 19. Jahrhundert, aus dem Wochenmarkt entwickelte sich der ständige Karmelitermarkt, und der Geschirr- oder „Häfenmarkt" existierte bis zum Jahr 1730. Später befand er sich in der Roßau.

Doch zurück zum Tandelmarkt, der im 17. und 18. Jahrhundert mehrmals zwischen der Leopoldstadt und seinem alten Standort beim Kärntner Tor hin- und herwanderte. Bei Ausbruch der Pest im Jahre 1679 kam er zum Kärntner Tor; nach Protesten der Leopoldstädter Bevölkerung wurde er 1681 aber wieder in die Leopoldstadt verlegt. Keine besonders gute Wahl, wurde die Leopoldstadt doch 1683 von den Türken verwüstet. Der Tandelmarkt übersiedelte wieder zum Kärntner Tor, in die Nachbarschaft des damaligen Heumarkts. Anselm Desing berichtet zur Zeit Kaiser Karls VI. über diesen Markt: *So gar der Tändel-Markt siehet einem anderwärtigen Jahr Markt gleich, worauf nicht schlechte Ding allein, sondern wohl wichtige in Menge anzutreffen und fast alles was man verlangt.*

Schon 1741 finden wir den Tandelmarkt jedoch wieder in der Leopoldstadt. Der nächste Umzug führte den Markt in die Vorstadt Wieden, genauer gesagt in die Gegend des heutigen Resselparks, auf den Platz des späteren Polytechnischen Instituts, dessen Bau die Stände der Trödler im Jahr 1821 abermals verdrängte. Ignaz de Luca erwähnt in seiner Wienbeschreibung von 1787 den josephinischen Trödelmarkt: *Vor dem Carnerthor jenseits der Wien über der Brücke links. Er wird in der Woche dreimal, als am Dienstag, Freytag und Sonnabend gehalten. Man bekommt hier von allen Arten Trödelwaare, als: Kleidungsstücke, Eisenwaaren, Bücher u.s.w. Man verkauft auch neue Waaren; z.B. wollene Strümpfe, rauhe Mützen, Hüte, Leinewaaren u.s.w. Jemand, der nackend nach diesem Markte kommt, kann ganz neu gekleidet nach der Stadt gehen.* Die Juden, erzählt de Luca weiter, besaßen einen eigenen täglichen Trödelmarkt in der Preßgasse.

Nach dem Bau des Polytechnischen Instituts, der heutigen Technischen Universität, finden wir den Tandelmarkt in der Gegend des heutigen Eislaufvereins wieder. Gleichzeitig verlegte man auch den Soldatentandelmarkt und den „Spitalberger" Tandelmarkt hierher. Heinrich Walden beschreibt diesen riesigen „Trödelmarkt beim

Carolinentor" 1834 wie folgt: *(...) beynahe dem Bescheldepartement gegenüber, der Trödel- oder nach der Wienersprache, Tandelmarkt befindet. Hier gibt es eine unzählige Menge Hütten, in welchen, der Nahrungszweige ausgenommen, für alle übrigen Bedürfnisse gesorgt ist. Diese sogenannten Tandler machen unter sich eine eigene Innung aus, welche in ihre innere Verfassung und ägyptischen Geheimnisse keinen Menschen eindringen lassen. (...) Die Menge der verschiedenen Gegenstände, welche auf diesem Trödelmarkte unter einander aufgehäuft sind, ist unbeschreiblich. Ein Kürassierhelm und ein Haarbeutel, ein Damenhut und ein Pferdekumet, Feuergewehre und Zuckerbüchsen, Sommerkleider und Wildschuren, alte Familiengemälde und Haubenstöcke; gestickte Shawls und juchtene Stiefeln, Schmetterlingsfänger und Bandagen, Büchsen zum Gefrornen und Bauchwärmer, kurz alles liegt in der buntesten Reihe durcheinander.*

Von der goldenen Zylinderuhr bis zum verrosteten Nagel gab es hier fast alles zu kaufen, wie auch Gustav Adolph Schimmer 1853–56 zu berichten weiß: *Kleider, sowohl alte als neu gemachte, Gold- und Silber-Arbeit, Galons, Jubelen, Uhren, gold- und silberne Etoffes, seidene und andere Zeuge, Schildereyen, Spiegel, Tapiserien, Leinen-Zeug, Hausrath, Eisenwerk, Schuhe, Strüpffe, Zinn-Geschirre, Gewehre, Pferdte-Zeug etc.* Die Hütten dieses Trödelmarktes bildeten eine richtige kleine Stadt mit überdachten Straßen und Plätzen. Jede Hütte war numeriert, und einige trugen sogar gemalte Hausschilder mit Aufschriften wie „Zum Drachen", „Zur Rose" oder „Zum Jäger". An der Südseite des Marktes befanden sich die Verkaufsstände für Alteisen, wo man von der Kette bis zum alten Römerschwert, das Adalbert Stifter, der den Markt in einer seiner Erzählungen beschreibt, hier erwarb, alles finden und kaufen konnte. An der Nordseite standen vorwiegend Kleiderhütten, und an der Ostfront wurde Bettzeug, vom Strohsack bis zum „Flaumkissen", verkauft.

48 Jahre lang wurde hier ein reger Handel mit jeder Art von Plunder betrieben. Im Jahre 1862 begann die Wiener „Stadterweiterungs-

und Verschönerungs-Commission" mit der Planung des Stadtparks und seiner Umgebung, und der Tandelmarkt wurde neuerlich „cassiert". Etwa 200 Trödler schlossen sich daraufhin zu einer Gesellschaft zusammen und erwarben ein Grundstück am früheren Roßauer Glacis, zwischen der Berggasse und der unteren Türkenstraße. Der Architekt Emil von Förster errichtete hier eine bazarartige Trödlerhalle im Rundbogenstil, die für insgesamt 200 Verkaufsläden konzipiert war. Die Trödlerhalle im 9. Bezirk war eine „urwienerische" Institution, wo jedermann kaufen und auch verkaufen konnte und wo vom billigsten Ramsch bis zum guterhaltenen Gebrauchtmöbel nahezu alles zu finden war. Das Ende der Wiener Trödelmarkthalle kam im Zweiten Weltkrieg. Ein Bombentreffer beschädigte sie 1944 dermaßen, daß sie nach Kriegsende abgerissen werden mußte. 1957 wurde an ihrer Stelle das Verwaltungsgebäude der Pensionsversicherungsanstalt der Arbeiter errichtet.

Die Kirchtagsmärkte

Kirchweihfeste besaßen im katholischen Wien häufig den Charakter von Volksfesten, die mit einem Marktbetrieb verbunden waren. Der berühmteste dieser Kirchtagsmärkte befand sich in der Brigittenau, im 20. Bezirk: der „Brigittatag". Seine Entstehung geht auf eine Episode während des Dreißigjährigen Krieges zurück, als Wien von den Schweden bedroht und der österreichische Heerführer Erzherzog Leopold Wilhelm auf wundersame Weise vor dem sicheren Tod gerettet wurde. Zum Dank für seine Rettung ließ der Erzherzog in der Nähe der hart umkämpften Wolfsschanze die Brigittakapelle errichten, die der früheren Wolfsau den bis heute gebräuchlichen Namen Brigittenau gab. Die kleine Kapelle entwickelte sich bald zu einem beliebten Wallfahrts- und Ausflugsort mit einem großen Kirchweihmarkt am 4. Sonntag nach Pfingsten. Joseph Kurzböck berichtet darüber in seiner „Neuesten Beschreibung aller Merkwürdigkeiten Wiens" (1779): *Am St. Brigithetag findet sich in der Brigitheau, die durch das ganze Jahr gesperrt ist, nicht weit vom Augarten, eine Menge Volkes ein. Nach dem Gottesdienste wird da getanzet, gespielt, geschmauset, und gezecht.*

Der Brigitta-Kirtag erfreute sich bereits im 18. Jahrhundert größter Beliebtheit – seine Glanzzeit erlebte er jedoch im Vormärz. A. Schmidl erzählt 1833, daß Jahr für Jahr 40.000 bis 80.000 Menschen in der Brigittenau zusammenströmten. Und Heinrich Walden schreibt 1834: *(...) ganze Caravanen mit solch ungeheuren Vorräthen von Braten hinauseilen, daß dieser Tag des Kirchweihfestes für die Kälber, Gänse und Enten ein wahrer Sterbetag genannt werden kann.* Aber nicht nur das „gemeine Volk" gab sich in den Auen dem Vergnügen und der Ausschweifung hin:

> *In reichen Equipagen kömmt geflogen*
> *Die feine Welt nun auch herbey,*
> *Belorgnettirt die bunten Menschenwogen*
> *Und weidet sich an dem Geschrey.*
> (F.K.X. Gewey, 1820)

In den Auwäldern der Brigittenau schossen in der Folge auch zahlreiche Vergnügungsetablissements aus dem Boden, wie zum Beispiel das „Colosseum", das im Jahr 1835 gegründet wurde und dessen Ballveranstaltungen in ganz Wien berühmt waren. Seit den vierziger Jahren des vorigen Jahrhunderts führte sogar Wiens erste Pferdeeisenbahn in die Brigittenau.

Peregrinimarkt, 1914

Andere, weniger spektakuläre, aber dennoch überaus populäre Kirtage fanden in nahezu allen Vorstädten Wiens statt. Im heutigen 3. Bezirk wurden am 20. Juli das Fest der hl. Margareta, am 29. Juni Peter und Paul und am 16. August der hl.

Rochus mit Kirtagen gefeiert. In Wieden wurde das Schutzengelfest am ersten Septembersonntag mit einem Kirchtagsmarkt begangen. Im heutigen 5. Bezirk waren der hl. Florian am 4. Mai, die hl. Margareta am 20. Juli und Johannes der Täufer am 24. Juni Anlaß zu Festlichkeiten und Marktrummel. Der hl. Aegidius am 1. September, die hl. Magdalena am 29. Mai und das Fest Maria Himmelfahrt am 15. August wurden im 6. Bezirk mit bunten Kirtagsrummeln gefeiert. Im 7. Bezirk wurden Kirchtagsmärkte aus Anlaß der Feste des hl. Ulrich (4. Juli) und des hl. Laurenzius (10. August) abgehalten. Die Josefstadt feierte die hl. Anna am 26. Juli, Maria Namen am Sonntag nach Maria Geburt (8. September) und den hl. Bartholomäus am 24. August. Gelegenheit zu Kirchtagsmärkten waren im 9. Bezirk das Fest des hl. Johannes am 29. Dezember und des hl. Michael, ein Erntedankfest, das am 29. September stattfand, sowie der neun Tage dauernde Peregrinimarkt vor der Servitenkirche, der bis zum Zweiten Weltkrieg bestand.

Körbe mit Peregrinikipfel und Häuser mit Hakenkreuzfahnen in der Servitengasse, 1938

Die hier aufgezählten Kirchweihmärkte bestanden bis zur zweiten Hälfte des vorigen Jahrhunderts. Am 17. November 1874 beschloß der Wiener Gemeinderat ihre Auflassung. Ab sofort wurden keine neuen Lizenzen mehr erteilt; die alten Genehmigungen sollten mit dem Tode ihres Besitzers erlöschen.

Die privilegierten Wiener Jahrmärkte

Das Leopoldinische Stadtrecht aus dem Jahre 1221, in dem das sogenannte Stapelrecht verankert war, verpflichtete alle fremden Kaufleute, im Zuge ihres Aufenthalts in Wien ihre Waren den hiesigen
Bürgern zum Kauf anzubieten. Gleichzeitig untersagte es ihnen, zu
diesem Zweck länger als zwei Monate in der Stadt zu verweilen. Diese
Bestimmung sicherte den Wiener Patriziern einen recht mühelosen
Maklergewinn und räumte ihnen ein Zwischenhandelsmonopol ein,
das sich als überaus lukrativ erwies und einen beachtlichen Wohlstand
sicherte.

Der Freiheitsbrief König Rudolfs, der am 24. Juni 1278 ausgestellt
wurde, enthielt überdies ein Jahrmarktsprivileg, das zwei Jahrmärkte
vorsah, einen vierzehntägigen Sommermarkt zu Jakobi (25. Juli) und
einen ebenfalls zwei Wochen dauernden Wintermarkt um Mariä
Lichtmeß (2. Februar). Herzog Albrecht III. änderte diese Bestimmungen im Jahr 1382, indem er die Märkte auf einen anderen
Zeitpunkt verlegte und sie zugleich um 14 Tage verlängerte: Der sogenannte „Pfingstmarkt" fand nun 14 Tage vor und 14 Tage nach
Christi Himmelfahrt statt, der „Katharinenmarkt" 14 Tage vor und
14 Tage nach St. Kathrein (25. November). Um auch auswärtige
Kaufleute anzuziehen, mußten diese Jahrmärkte gewisse Vorteile bieten, die außerhalb der normalen Marktzeiten nicht bestanden.
Deshalb wurde für die Dauer der beiden Jahrmärkte das Verbot des
direkten Handels aller fremden Kaufleute aufgehoben. Grundsätzlich
waren alle Waren, mit Ausnahme von Wein, dessen Einfuhr seit jeher
streng geregelt war, zum Marktverkehr zugelassen. Die wichtigsten
Handelsgüter des Mittelalters waren „Gewand" – worunter alle Arten
von Stoffen zu verstehen sind –, Leinwand, Hüte, Pelze und Leder,
Gürtlerwaren, Eisen- und Zinnwaren und natürlich die zahlreichen
Erzeugnisse der Lebzelter.

Der Veranstaltungsort der beiden „privilegierten Jahrmärkte" war
der Platz Am Hof. Die Stadt übernahm das Aufstellen und Abbrechen

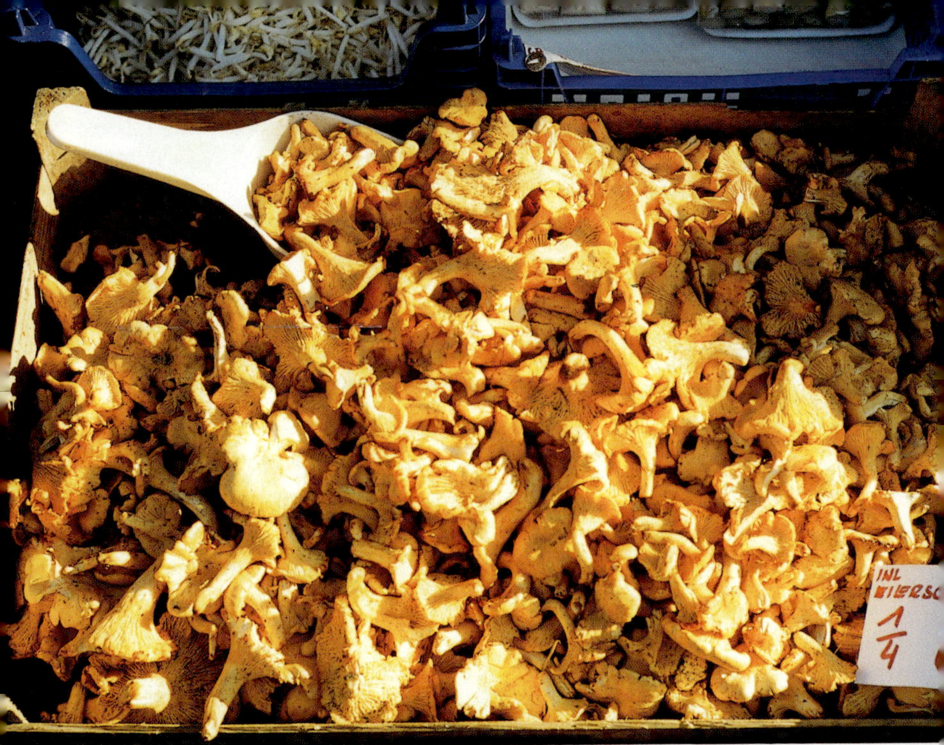
INL
1/4

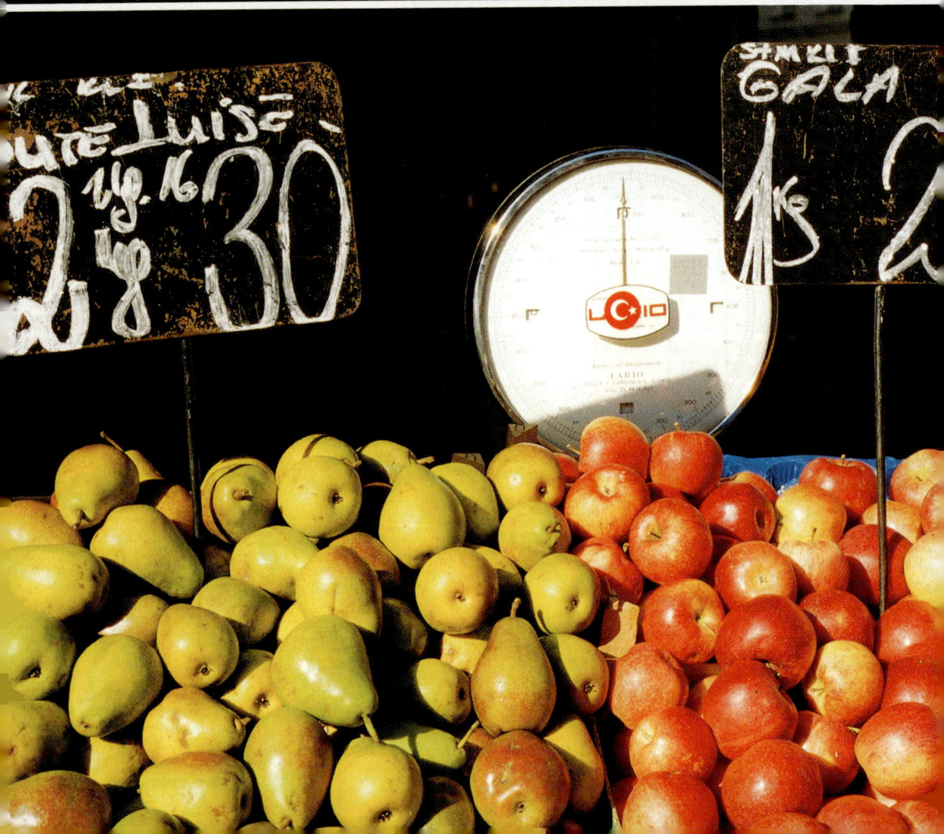
Luise
2,8 30
GALA
1kg

Vorhergehende Seite:
Naschmarkt

Diese Doppelseite:
Naschmarkt (links und oben)
Brunnenmarkt (rechts unten)

Folgende Seite:
Marktzone Naschmarkt

der Markthütten, die sie für die Dauer des Marktes an die Kaufleute vermietete, sowie die Säuberung des Marktgebietes. Die Zahl der vermieteten Hütten schwankte beträchtlich, allerdings war der Winterjahrmarkt stets deutlich besser besucht. Um die Attraktivität der Jahrmärkte zu erhöhen, wurden seit dem ausgehenden 14. Jahrhundert auch „Rahmenprogramme" veranstaltet, Pferderennen etwa, aber auch Wettläufe, an denen sich Männer und Frauen der „niederen Stände" beteiligen konnten. In der ersten Hälfte des 16. Jahrhunderts verloren diese Rennen allerdings deutlich an Zugkraft; der letzte Hinweis auf diesen Brauch stammt aus dem Jahre 1534.

Weitere Jahrmarktsbelustigungen waren seit dem 17. Jahrhundert die sogenannten „Glückshäfen", eine Art von Tombola, die die Marktbesucher unwiderstehlich anzog. Zum gewohnten Bild der Jahrmärkte gehörten aber auch die Tische der Würfel- und Kugelspieler, die Schausteller und Marionettenspieler, die Possenreißer und Komödianten, die Artisten und Wahrsager, alles Spezialisten in der hohen Kunst, den Stadtleuten und Bauern das Geld auf diese oder jene Weise aus der Tasche zu ziehen.

Zu Beginn des 17. Jahrhunderts breiteten sich die Jahrmarkthütten neben dem Platz Am Hof auch über den Judenplatz und die Bognergasse aus. Der Platz Am Hof galt jedoch als der für den Geschäftsgang günstigste Standort. Die Standeln und Buden am Platz waren gruppenweise aufgestellt und durch Gassen voneinander getrennt, die Namen trugen wie Kurze Waarengasse, Tuchlergasse, Kramergasse, Nürnbergergasse, Lebzeltergasse oder Blechgasse. Gegen Ende des 17. Jahrhunderts wurde der Stadt Wien das Privileg zur Abhaltung eines dritten Jahrmarktes verliehen. Nachdem Kaiser Leopold I. die Juden im Jahr 1670 aus ihrem Getto im Unteren Werd vertrieben hatte, kaufte die Stadt die leerstehenden Judenhäuser auf, in der Hoffnung, sie gewinnbringend weiterverkaufen zu können. Diese Hoffnung schlug jedoch fehl, und die Leopoldstadt blühte nach dem Abzug der Juden nicht – wie erwartet – auf, sondern stand kurz vor dem wirtschaftlichen Ruin. Der Kaiser erteilte der Vorstadt deshalb im Jahr 1671 das Privileg zur Abhaltung eines Jahrmarktes am 20. Juli. Die Anfänge dieses „Margarethenmarktes" waren noch sehr bescheiden, doch konnte der Leopoldstädter Jahrmarkt sich im Laufe des 18. Jahrhunderts gut entwickeln.

1751 wurde der Herbstjahrmarkt wegen der Weinlese auf den Samstag vor Michaeli (29. September) verlegt. Über die Wiener Jahrmärkte des 18. Jahrhunderts berichtet Ignaz de Luca 1787: *Dieser wird zweimal im Jahre gehalten, nämlich am 2ten November und am ersten Montag nach Jubilate. Beide dauern vier Wochen. Aus den Provinzen werden diese Märkte vorzüglich von den Oberöstreichern besucht, die mit Leinewand, Zwirn, Eisen und Holzwaaren hieher kommen. Außer den Jahrmärkten hat Wien noch diese Märkte, als: den Margarethenmarkt, er wird in der Leopoldstadt gehalten, fängt am 20ten Julius an, und dauert 3 Wochen. Der Holzmarkt, dieser wird in der Roßau gehalten, und nimmt seinen Anfang den 27sten September. Man verkauft Schäffer, Butten, hölzerne Teller, Löfeln u.d.gl. Endlich der Töpfermarkt. Dieser wird ebenfalls in der Roßau gehalten, und nimmt mit dem Julius seinen Anfang.*

Gegen Ende des 18. Jahrhunderts weitete sich das Jahrmarktspektakel dermaßen aus, daß neben dem Platz Am Hof, dem Judenplatz und der Freyung auch der Platz um den Stephansdom und Teile des Grabens für den Marktbetrieb freigegeben werden mußten. Die Atmosphäre eines solchen Jahrmarkts in der Josephinischen Epoche beschreibt Johann Pezzl: *Während der Jahrmärkte kommen verschiedene fliegende Truppen und spielen in mehreren, auf den Hauptplätzen errichteten hölzernen Hütten, wobei auch immer ein Kasperl oder Lustigmacher die Hauptperson ist. Seht beim Vorbeigehen hinein, aber nehmt bevor eine Prise Tabak, damit euch nicht der Gestank der Beleuchtung, des verschütteten Bieres, der Knoblauchwürste und der Dunstkreis des hochansehnlichen Publikums zu nah auf die Lunge falle. Könnt ihr bis zum Anfange aus-*

dulden, so seht ihr die possierlichsten Auftritte. Auf den Zettel an der Tür müßt ihr nicht achten! laßt immer eines unserer ersten Trauerspiele darauf geschrieben sein. – Daraus wird nichts, denn der Held ist besoffen, die Königin findet ihren Purpur nicht und der Meister Schreiner hat die nöthigsten Theaterverzierungen wieder mit sich fortgenommen.

Joseph Richter schildert das Jahrmarktstreiben im Jahr 1794 in der bewährten Briefform: *Jetzt geht's z'Wien wieder lebendig zu. Alle großen Plätz sind voll mit Hütten angefüllt, daß man weder gehn noch fahrn kann und in den Hütten werden lauter Waaren verkauft, die der Herr Vetter s'ganze Jahr kriegt. Der einzige Unterschied ist, daß in den Hütten alles um ein paar Groschen theurer ist als in Gewölbern; In der Früh ist der Markt wie ausgekehrt, aber wie's gegen 12 Uhr geht, so wimmelt's dort, wie ein Ameishaufen. Da kommt die ganze schöne Welt dort z'samm, und da gucken's einander durch die Augengläser an, und trappeln ein Gassen auf und d'andere ab, und d'Kaufleut steh'n halt noch immer in ihrn Hütten und schaun der schönen Welt zu, wie s'spaziern geht.*

Im komischen Singspiel „Der Marktschreyer" von Franz Xaver Süssmayer (1799) treten die auf allen Märkten verbreiteten Wunderheiler und Scharlatane in Gestalt von Gabel und Knallerballer auf:

Gabel: *Herbey! Was Kopf und Beine hat.*
                 Jung, alt, groß, klein,
                 Dick, stark, grob, fein,
                 Gesund, krank, reich,
                 Arm, mager, bleich,
                 Herbey! Was Kopf und Beine hat.

Knallerballer: *Eine beständige Gesundheit ist selbst schon eine*
                 Krankheit, perpetua sanitas es morborum pessimus, wie
                 der berühmte venezianische Arzt Cicero
                 ausdrücklich sagt.

Einen Eindruck von der Vielfalt der Erzeugnisse, die dem Publikum auf den Wiener Jahrmärkten angeboten wurden, gibt das alphabetische Verzeichnis der Marktstände aus dem Jahr 1837. Da gab es:

Ampermacher, Augengläserhändler, Bilderhändler, Bürstenbinder, Drechsler, Eisenhändler, Falschschmuckhändler, Federkielhändler, Geschirrhändler, Gipsfigurenhändler, Glaswarenhändler, Goldarbeiter, Gustobäcker, Hafner, Handschuhmacher, Holzwarenhändler, Hutmacher, Kappenmacher, Käsehändler, Kitthändler, Kleiderhändler, Korbmacher, Kramhändler, Kürschner, Lebzelter, Leinwarenhändler, Löffelkramer, Messerschmiede, Mundharmonikahändler, Obsthändler, Pfaidlerwarenhändler, Pfeifenhändler, Pfeifenschneider, Putzwarenhändler, Regenschirmhändler, Schnallenmacher, Schnittwarenhändler, Schuhhändler, Schuhwichshändler, Seifensieder, Serpentinsteinhändler, Siebmacher, Spängler, Stahlarbeiter, Strohhuthändler, Strumpfwirker, Süßwarenhändler, Taschner, Tischler, Tüchelhändler, Tuchhändler, Zuckerwarenhändler, Zwirnhändler und Zwirnwarenhändler. (Zit. nach S. Müller 1987.) Eine ausführliche Behandlung der Wiener Jahrmärkte findet sich übrigens auch bei Irmtraut Hering, „Die Privilegierten Wiener Hauptjahrmärkte" (1965).

Ein gewisser Niedergang der Jahrmärkte war allerdings, trotz der anscheinenden Vielfalt und Buntheit, nicht zu übersehen. Da aufgrund der merkantilistischen Handelspolitik die Einfuhr von ausländischen Waren nach Österreich verboten war, ergab sich von selbst, daß die Wiener Jahrmärkte von nicht sehr großer Bedeutung waren. Die Regensburger und Passauer Kaufleute blieben fern, und man fand auf den Jahrmärkten nur noch Waren, die es ohnehin das ganze Jahr lang zu kaufen gab. Carl August Schimmer weiß 1837 zu berichten, daß die Jahrmärkte nun vor allem von böhmischen, mährischen und oberösterreichischen Fabrikanten besucht würden. Jedenfalls, so vermerkt auch A. Schmidl 1833, waren beide Jahrmärkte *ohne sehr große Bedeutung; sie verengen vom Montage nach Jubilate, so wie nach Aller–Seelen durch volle vier Wochen alle Plätze durch eine Anzahl Buden, und selbst die Straßen werden durch die vielen kleinen „Stände" belästigt.*

Durch die fortschreitende Industrialisierung verloren die Jahrmärkte im Laufe des 19. Jahrhunderts immer mehr an Bedeutung. In einem Kammeramtsbericht vom 6. September 1849 heißt es dazu: *Die beiden Wiener Stadtmärkte zu Jubilate und Allerheiligen verdienten bis zu der Zeit den Namen von Messen, als man noch nicht in den Stand gesetzt war, zu jeder Zeit und in jedem Quantum die nöthigen Waaren zu erhalten. Zu dieser Zeit war jeder Platz zur Abhaltung von Messen geeignet und die Verkäufer wurden gesucht, weil die Käufer zur Deckung ihres Bedarfes lediglich nur auf die Märkte angewisen waren. Durch die seit Jahren bestehenden Niederlagen und die in neuester Zeit entstandenen Förderungsmittel haben die hiesigen Märkte den Charakter von Messen ganz verloren und sind weiter nichts als Kramermärkte.* (Zit. nach S. Müller 1987.)

Als lästiges Verkehrshindernis immer weniger gern gesehen, wurden die beiden Hauptjahrmärkte zunächst auf die Glacisgründe vor das Schottentor verlegt. Im Jahr 1872 verfügte der Gemeinderat schließlich die Aufhebung der unzeitgemäßen Jahrmärkte mit Ausnahme des Christkindlmarktes.

Der Christkindlmarkt

Im Jahr 1294 erteilte Herzog Albrecht II. den Wiener Händlern und Gewerbetreibenden das Privilegium zur Abhaltung eines „Dezembermarktes", der allerdings nicht primär mit dem Weihnachtsfest in Verbindung stand, sondern der Versorgung der Wiener Bevölkerung dienen sollte. Will man diesen Winterjahrmarkt als einen Vorläufer des heutigen Christkindlmarktes sehen, so liegt dessen Geburtsstunde tatsächlich im 13. Jahrhundert. Wie dem auch sei – die Veranstalter feierten 1994 den 700. Geburtstag dieses Marktes.

Die älteste urkundliche Erwähnung eines speziellen Weihnachtsmarktes stammt allerdings erst aus dem Jahr 1601. Damals wurde zur Weihnachts- und Neujahrs-zeit ein Wintermarkt am Graben und der Brandstätte abgehalten. Neben den üblichen Waren wurden am „Thomasmarkt", wie dieser erste Christkindlmarkt Wiens offiziell

Der Christkindlmarkt Am Hof, 1875

Der Christkindlmarkt Am Hof, 1917

genannt wurde, auch die stark in Mode gekommenen Lebzelter- und Zuckerbäckerwaren angeboten.

Zu Beginn des 18. Jahrhunderts wurde dieser Markt bereits als „Nikolo- und Weihnachtsmarkt" bezeichnet. Aus verkehrstechnischen Gründen verlegte man ihn vom Graben auf die Freyung, wo er bis zum Jahre 1842 blieb. Seit 1843 wurde er „Krippenmarkt" genannt und vom 5. Dezember bis zum 1. Januar Am Hof abgehalten. Dieser Markt war immer noch ein allgemeiner Markt, auf dem zusätzlich vorweihnachtliche Waren wie Rauschgoldengel, versilberte Nüsse, Kugelschnüre, Lametta, Kerzen, Beuteltaschen, Spiegel usw. angeboten wurden. Das Weihnachtsfest in seiner heutigen Form und die Sitte des Beschenkens kam in Wien erst in der Biedermeierzeit auf, als in den vornehmen Häusern nach norddeutschem Brauch Weihnachtsbäume aufgestellt wurden. Die erste Erwähnung eines Christbaumfestes nach „Berliner Sitte" stammt übrigens aus dem Jahr 1814, als ein Polizeispitzel Metternichs meldete, daß im Haus des jüdischen Bankiers Arnstein ein solches abgehalten worden sei. Seit dem Jahre 1830 wurden Christbäume auf dem Christkindlmarkt, später auch auf anderen Plätzen der Stadt zum Kauf angeboten.

Unserem Jahrhundert war es vorbehalten, den Christkindl-markt ständig hin und her zu bugsieren. Bis 1922 befand er sich Am Hof, 1923 auf der Freyung und nach 1925 für eini-

Christbaum-verkauf auf der Freyung, 1917

ge Jahre am Stephansplatz. Von 1929 bis 1938 mußte er erstmals zum Neubaugürtel in der Höhe des Hesser-denkmals übersiedeln. Während des Krieges war er zeitwei-se Am Hof, danach am Stephansplatz. 1944 und 1945 entfiel der Christkindlmarkt kriegsbedingt ganz. Von 1946 bis 1948 fand er vor bzw. im Messe-palast eine provisorische Heim-stätte, zwischen 1949 und 1974 pendelte er abwechselnd zwi-schen dem Neubaugürtel und dem Messepalast-Vorplatz hin

Mit Christbäumen beladene Frachtkähne

und her, wobei er in den sechziger und siebziger Jahren endgültig zum Kommerz- und Ramschmarkt verkam. Seit dem Jahr 1975 hat der – mittlerweile reformierte – Christkindlmarkt am Rathausplatz einen würdigen Standort ge-funden.

Christkindlmarkt am Neubaugürtel, Anfang der dreißiger Jahre

*Am Neubaugürtel: Kinder vor einem
Stand mit Christbaumschmuck, 1950*

*Der Christkindlmarkt
am Neubaugürtel, 1949*

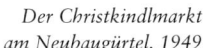

*Am Neubaugürtel: Bub
vor einem Stand, 1952*

*Der Christkindlmarkt
vor dem Messepalast, 1946*

*Christbaumverkauf vor der
Votivkirche, 1956*

*Der Christkindlmarkt vor dem
Messepalast, 1968*

*Der Christkindlmarkt
vor dem Rathaus*

185

*Kalvarienberg-
markt, 1917*

Der Kalvarienbergmarkt

Der Bau des Kalvarienberges in Hernals wurde durch die
Gegenreformation veranlaßt. Man wollte dort, wo einst die Hochburg
des protestantischen Glaubens gestanden hatte, ein bemerkenswertes
Siegeszeichen der katholischen Religion errichten. Zu diesem Zweck
sollte nach dem Vorbild Jerusalems eine Grabeskirche erbaut werden.
Im Jahr 1639 verwirklichte das Wiener Domkapitel dieses Vorhaben
und ließ neben der alten Pfarrkirche an jener Stelle, an der sich das
Schloß des protestantischen Freiherrn Jörger befunden hatte, nach
einem aus Jerusalem mitgebrachten Holzmodell, ein „Heiliges Grab"
erbauen. Gleichzeitig wurde ein Kreuzweg errichtet, der vom Schottentor bis nach Hernals führte. Während der Türkenbelagerung von
1683 wurden die Kirche und der Kalvarienberg zerstört, doch schon
im Jahr 1714 war ein neuer „Kalvariberg" fertiggestellt, der den
Wienern als Ziel ihrer Bußgänge dienen sollte.

Die Hauptprozession zum Kalvarienberg von Hernals fand am Karfreitag statt, doch kamen auch zu anderen Zeiten zahlreiche Pilger hierher, und bald entwickelte sich rund um die Kirche ein Markt mit Buden und Standeln, die nicht nur mit Devotionalien, sondern auch mit Eßwaren und Getränken handelten. Schon zu Beginn des 18. Jahrhunderts bemerkte ein Benediktinermönch rügend, daß der Bußweg bloß eine Wallfahrt zum neuen Wein sei, und ein satirischer Beobachter nannte die Wallfahrt nach Hernals 1784 eine Fastenredoute, *denn hier führt der Mann seine Maitresse unterm Arm, und dort begegnet ihm seine Frau in zwei Offiziere geschlungen, sie gehen einander vorüber, nicken sich zu und lachen. Da lehnt ein süßes Herrchen und kaut Datteln und Feigen, denn wo Wiener sind, muß es was zu fressen geben.*

Auch Joseph Kurzböck merkte etwa zur gleichen Zeit, 1779, kritisch an: *In der Fastenzeit (...) ist hier ein starker Zulauf. Die meisten gehen dahin, um zu sehen, und gesehen zu werden; wir ersuchen also die Fremden, sich keine nachtheiligen Begriffe von der Andacht der Wiener zu schaffen.* Das Kalvarienbergfest

Kalvarienbergmarkt, 1917

glich eher einem fröhlichen Kirchweihmarkt als einer Wallfahrt. Josef Richter, der Autor der Eipeldauer-Briefe, schreibt: *Denn wer nur immer eine Equipage gehabt hat, ist hinausgefahren, aber freilich nicht aus Andacht, sondern der Unterhaltung wegen, und da hat man mitten unter den Standlweibern, die dort Ziweben und Kipfeln verkaufen, unsere eleganten Herrn mit ihre Schönheit am Arm herumwandeln sehn; daher wird Hernals von einigen Spöttern „die kleine Fasten-Redoute" genannt.*

Im 19. Jahrhundert beruhigte sich das allzu tolle Treiben. Der Kalvarienbergmarkt entwickelte sich mehr und mehr zu einem vorösterlichen Fastenmarkt, auf dem es kleine Süßigkeiten, einfache Spielwaren und Souvenirs und natürlich auch die berühmten hölzernen „Bamkraxler" zu kaufen gab. Der Fastenmarkt in der Kalvarienberggasse wird auch heute noch vom Aschermittwoch bis zum Ostermontag abgehalten.

Kinder am Kalvarienbergmarkt, 1952

Wiener Märkte heute

Großmärkte

Detailmärkte

Floh- und Antiquitätenmärkte

Allerheiligenmärkte

Advent- und Weihnachtsmärkte

Christbaummärkte

Neujahrsmärkte

Fasten- und Ostermärkte

Kirchweihmärkte

Märkte und nochmal Märkte

Die Wiener Marktordnung von 1991 legt im Detail die verschiedenen Arten von Märkten, die Marktgebiete und die genauen Marktzeiten fest. Grundsätzlich unterscheidet sie zwischen „Märkten" und „Gelegenheitsmärkten".

Zur Zeit werden in Wien folgende Märkte abgehalten:
1. Großmärkte
2. ständige Detailmärkte
3. temporäre Märkte
4. Flohmarkt
5. Antiquitätenmärkte
6. Allerheiligenmärkte
7. Christkindlmärkte
8. Fastenmärkte

Weiters werden in Wien folgende Gelegenheitsmärkte abgehalten:
1. Kirchweihmärkte
2. Adventmärkte
3. Christbaummärkte
4. Weihnachtsmärkte
5. Neujahrsmärkte
6. Ostermärkte
7. mit Bescheid des Magistrats genehmigte sogenannte „weitere Gelegenheitsmärkte"

Wir wollen diese Einteilung bei unserer Übersicht über die Märkte Wiens weitgehend beibehalten. Dort, wo es uns aus Gründen der Übersichtlichkeit sinnvoll erscheint, werden verschiedene Untergruppen allerdings gemeinsam behandelt, beispielsweise die vorweihnachtlichen Märkte Wiens, die sich nach der Marktordnung in Christkindlmärkte, Adventmärkte, Weihnachtsmärkte und weitere Gelegenheitsmärkte gliedern.

Großmärkte

■ GROSSMARKT WIEN-INZERSDORF ■

23., Laxenburger Straße 365
Verkehrsverbindung: Autobus 67A (Großmarkt)

Der Großmarkt Wien-Inzersdorf befindet sich im 23. Bezirk, in der Laxenburger Straße, und besteht im wesentlichen aus dem Blumengroßmarkt, der eine Blumenhalle und eine freie Fläche für Landparteien beinhaltet, und den Landparteien-plätzen zwischen den Marktstandgruppen C2 und C3, C8 und C9 sowie C14 und C15. Im übrigen Teil des weitläufigen Marktgebiets befinden sich die Verkaufsräume und Lager diverser Großhandelsfirmen. Vor seiner Übersiedlung nach Inzersdorf befand sich der Obst- und Gemüsegroß-markt am Naschmarktgelände, und zwar hinter der Stadt-bahnstation Kettenbrückengasse, auf dem Platz, der heute den Flohmarkt beherbergt. Nach jahrzehntelangen Diskus-sionen wurde dieser ursprünglich als Provisorium angelegte Großmarkt im Jahr 1972 aufgelassen und nach Inzersdorf

Montag–Mittwoch
sowie Freitag
4.30–13 Uhr
Donnerstag
4.30–14 Uhr

2. Mai–15. Sept.:
zusätzlich Samstag
4.30–8.30 Uhr

Landparteienplätze:
Montag–Freitag
4.30–9 Uhr
Samstag wie oben

Blumenhalle:
Montag–Samstag
5–8 Uhr

Brückenwaage:
Montag–Freitag
4–18 Uhr

verlegt. Der Blumengroßmarkt befand sich vor dem Ersten Weltkrieg in der Markthalle Stadiongasse, seit 1916 am Naschmarkt und von 1926 an in den Blumensälen des Gartenbaugeländes. Im Jahr 1952 übersiedelte er in die Phorushalle im 4. Bezirk und 1969 in die neuerrichtete Blumenhalle nach Inzersdorf.

Es gibt eigentlich – es sei denn, man ist selbst Händler – nur zwei Gründe, zu frühmorgendlicher Stunde den Großmarkt im entlegenen Inzersdorf zu besuchen. Wer sich mit Obst und Gemüse, mit Grünpflanzen und Schnittblumen in größeren Mengen eindecken möchte – was sich bei größeren Festen oder eifrigem Marmeladeeinkochen auszahlt –, ist hier an der richtigen Adresse. Wer einfach nur das besondere Großmarktflair kennenlernen will, z.B. die

fröstelnden Händler, die bunten
Obst- und Gemüseberge, die
Trucker aus der fernen Südtürkei
und den verschlafenen Greißler
vom Eck beim morgendlichen Einkauf, ebenfalls.

■ FLEISCHGROSSMARKT ■

3., Viehmarktgasse 5–7
Verkehrsverbindung: Straßenbahnen 18 oder 72 (St. Marx),
Autobus 80A (Sportzentrum Erdberg)

Der Fleischgroßmarkt besteht nach wie vor auf dem – allerdings stark verkleinerten – Gelände des alten Viehmarktes von St. Marx. Die neue Anlage wurde 1972 in Betrieb genommen. Sie setzt sich aus einem „Europafleischgroßmarkt" im Südosten der Großmarkthalle und einem „Inlandsfleischgroßmarkt" auf dem verbleibenden Teil der Großmarkthalle sowie den Kühlanlagen und dem Schlachthof zusammen. Von einem „Viehmarkt" kann heute eigentlich nicht mehr gesprochen werden, da die angelieferten Tiere zur sofortigen Schlachtung vorgesehen sind. Insgesamt werden etwa 600 Rinder und 3.000 Schweine pro Woche geschlachtet.

Montag, Dienstag
und Donnerstag
6–13 Uhr

Mittwoch 6–14 Uhr
Freitag 6–11 Uhr

sowie am letzten
Samstag vor dem
25. Dezember,
wenn dieser auf
einen Montag,
Dienstag oder
Mittwoch fällt,
6–9 Uhr

Die alte denkmalgeschützte Viehmarkthalle existiert noch. Zu besichtigen ist auch das Hauptportal des alten Zentralviehmarktes in der Viehmarktgasse 5–7, welches von zwei Skulpturengruppen flankiert wird: einem Hirten mit einem wilden ungarischen Steppenrind und einem mit einem handzahmen österreichischen Pinzgauer – ein Sittenbild der Monarchie? Auf dem immer noch weitläufigen Areal befinden sich außerdem eine Reihe alter Backsteinbauten aus der Glanzzeit des Viehmarkts, das Amtsgebäude, eine „Restauration", ein Bankhaus usw.

Detailmärkte

In der Marktordnung der Stadt Wien werden sämtliche 24 Detailmärkte in ihrem Umfang genau beschrieben. Es handelt sich dabei um 20 Märkte mit stabilen Ständen, 2 Straßenmärkte mit transportablen Ständen (Brunnenmarkt und Kutschkermarkt) und 2 Markthallen (Landstraßer Markt, Markthalle Nußdorfer Straße). Insgesamt gab es im Jahr 1995 auf den ständigen Wiener Märkten 1.109 Stände, wobei die Tendenz im Vergleich zu den Jahren davor leicht sinkend war. Die größten Märkte der Stadt waren der Naschmarkt mit 172 Ständen, der Brunnenmarkt mit 157, der Hannovermarkt mit 90, der alte Meiselmarkt mit 83 und der Viktor-Adler-Markt mit 81. Die kleinsten Märkte waren der Nußdorfer Markt und der Markt am Zimmermannplatz mit jeweils 8 sowie der Gersthofer Markt und der Sonnbergmarkt mit jeweils 9 Ständen. Die wichtigsten auf den ständigen Wiener Märkten vertretenen Warengruppen sind: Obst und Gemüse (295 Stände), Lebensmittel (253 Stände) und Fleisch (148 Stände). Folgende Waren bekommt man am besten und am billigsten auf diesen Märkten:

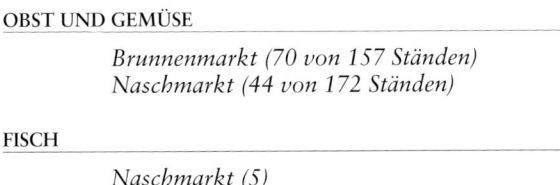

OBST UND GEMÜSE

Brunnenmarkt (70 von 157 Ständen)
Naschmarkt (44 von 172 Ständen)

FISCH

Naschmarkt (5)

FLEISCH

> *Landstraßer Markt (31 von 80)*
> *Viktor-Adler-Markt (16 von 81)*

BROT UND BACKWAREN

> *Brunnenmarkt (5)*
> *Naschmarkt und Hannovermarkt (je 4)*

WILD UND GEFLÜGEL

> *Naschmarkt (12), Brunnenmarkt (9)*

LEBENSMITTEL

> *Naschmarkt (52), Brunnenmarkt (30)*

BLUMEN

> *Naschmarkt (6), Brunnenmarkt (4)*

Der Markt mit den meisten gastronomischen Betrieben ist der Naschmarkt (19). Wegen ihren Bauern-Marktständen sind vor allem der Naschmarkt und der Viktor-Adler-Markt hervorzuheben.

Ebenfalls im Kapitel Detailmärkte werden die temporären Märkte behandelt, von denen es zur Zeit insgesamt acht gibt:

1.,	*Freyung*
6.,	*vor der Kirche Mariahilf*
10.,	*Per-Albin-Hansson-Siedlung,*
	bei der Franz-Koći-Straße
21.,	*Großfeldsiedlung, Ecke Kürschnergasse,*
	verlängerte Gitlbauergasse
22.,	*Quadenstraße, bei der Maschlgasse*
22.,	*Rennbahnweg, bei der Wagramer Straße*
22.,	*Wacquantgasse*
23.,	*Liesing, am Parkplatz gegenüber*
	der Lehmanngasse

Diese temporären Märkte finden jeweils an bestimmten Tagen der Woche statt. Sie wurden in den siebziger und achtziger Jahren eingerichtet, um die Nahversorgung der neuerrichteten Stadtrandsiedlungen zu verbessern. Heute ist man im Magistrat jedoch dazu übergegangen, anstelle eines kostenaufwendigen temporären Markts im Bedarfsfall einzelne Straßenstandsgenehmigungen zu erteilen.

2. Bezirk

■ KARMELITERMARKT ■

Im Werd, Krummbaumgasse, Leopoldsgasse, Haidgasse
Ständiger Markt
Privatstände, Landparteien-(Bauern-)Markt
Verkehrsverbindung: Straßenbahnen 21 und N (Karmeliterplatz),
Autobus 5A (Tandelmarktgasse)

Montag bis Freitag
6–18.30 Uhr
Samstag 6–14 Uhr

1. Samstag des
Monats bis 18 Uhr

Der frühere „Markt Im Werd" ist einer der ältesten noch bestehenden Märkte Wiens. Seine Gründung geht auf das Jahr 1671 zurück, als Kaiser Leopold I. den Bewohnern des Werd das Privileg zur Abhaltung eines Wochenmarktes auf dem Platz vor der Karmeliterkirche in der Taborstraße erteilte. Später dehnte sich der allgemeine Leopoldstädter Markt immer mehr in die angrenzende Karmelitergasse sowie in die Große und die Kleine Sperlgasse aus. Im Jahr 1910 wurde der Markt auf seinen heutigen Platz, auf dem sich bereits seit längerem einige Marktstände befanden, verlegt. Der Karmelitermarkt besaß zum damaligen Zeitpunkt 215 Verkaufsstellen; in den Sommermonaten stellten bis zu 200 Marktfahrer, die allerdings nur zweimal in der Woche in die Leopoldstadt kommen durften, ihre Waren hier aus. Der Marktschluß für die Marktfahrer wurde mit einer Glocke eingeläutet, die ursprünglich zum alten, 1888 abgebrochenen Zuchthaus gehörte.

Nach den schweren Zerstörungen des Zweiten Weltkriegs wurden am Karmelitermarkt neue und ziemlich eintönige Markthütten errich-

tet. Bis vor wenigen Jahren verfügte der Markt über eine Verkaufsfläche von 2.672 Quadratmetern mit insgesamt 47 ständigen Betrieben.
Einige Läden stehen jedoch seit längerem als Folge eines seit Jahren
hin und her geschobenen Tiefgaragenprojekts unter dem Platz leer. Im
Marktamt betont man allerdings, daß niemand zur Aufgabe gezwungen wurde und daß die meisten dieser Läden von ihren früheren Besitzern wegen Ruhestands oder aus mangeldem Interesse – also durch
„natürlichen Abgang" – aufgegeben worden seien. Während des Gara-
genbaus, der kurz vor Redaktionsschluß dieses Buches im Winter

1995/96 endlich in An-
griff genommen wurde,
mußte der Bauernmarkt
in die Krummbaumgasse
verlegt werden. Der übri-
ge Marktbetrieb soll dem
Vernehmen nach „unge-
stört" aufrechterhalten
bleiben. Nach Abschluß
der Arbeiten in etwa

einem Jahr soll der Karmelitermarkt komplett neugestaltet und
insgesamt etwas verkleinert werden.

Der noch in den siebziger Jahren
überaus bunte und belebte Karmelitermarkt bot zuletzt ein
ziemlich desolates Bild. Ein La-
denbesitzer meinte, daß die Märkte im allgemeinen offenbar nicht
mehr sehr zeitgemäß seien. Auch wenn viele Yuppies es schick fänden,
am Samstag mit dem Einkaufskörbchen bummeln zu gehen – als
Standler müsse man auch am Montag und am Dienstag leben. Ein anderer Standler bekennt freimütig: „Ich kauf' mein Obst auch lieber
beim Merkur."

Einig waren sich die Ladenbesitzer in ihrer Kritik am Magistrat: Es
dauere viel zu lange, bis selbst kleine Veränderungen genehmigt würden, wie zum Beispiel die Erlaubnis, einige Tische vor den Imbißstuben aufzustellen oder ein
paar Bäume zu pflanzen. Die
Tatsache, daß der Karmelitermarkt, so wie viele andere
Märkte Wiens auch, von ausländischen – meist türkischen –
Ladenbesitzern dominiert werde, kommentiert ein Markt-

beamter sehr treffend: „Suachen S' amoi an Österreicher, der um drei aufsteht, um vier noch Inzersdurf fohrt, von sechse bis um sechse dosteht, bis sieben eiramt, und des von Montag bis Samstag." Originell: eine „Würstelboutique" mit morgendlichen Biertrinkern; weiters ein Waldviertler Naturkostladen und ein Geschäft mit „Pferde-Gusto-Stückln". Am Landparteienmarkt finden sich Bekleidung, Blumen, Obst und Gemüse, Brot, Naturprodukte, Modeschmuck, Spielzeug etc. Insgesamt wirkt der Karmelitermarkt nur noch wenig belebt. Die Tristesse regiert.

■ VOLKERTMARKT ■

Volkertplatz
Ständiger Markt
Privatstände, Bauern-Markt
Verkehrsverbindung: Straßenbahnen 5 (Nordbahnstraße)
oder 21 (Heinestraße/Rueppgasse)

Inmitten von Gemüsegärten errichteten im Jahr 1878 einige Gärtner einen kleinen Markt, einige illegale Standeln, die nachträglich vom Magistrat bewilligt wurden. Eine Wiener Entstehungsgeschichte ... Während der Zwischenkriegszeit war der Volkertmarkt ein relativ bedeutender Markt. Derzeit gibt es hier noch etwa 40 Marktstände.

> Montag bis Freitag
> 6–18.30 Uhr
> Samstag 6–14 Uhr
>
> 1. Samstag des
> Monats bis 18 Uhr

Insgesamt ist der Volkertmarkt etwas weniger desolat als sein großer Bruder bei der Karmeliterkirche, allerdings stehen auch hier etliche Läden leer – und offensichtlich geben diese Marktstandeln eine billige Lagermöglichkeit für Geschäftsleute ab. Die Belebung des Marktes läßt jedenfalls zu wünschen übrig. Kein Wunder: Der Volkertmarkt liegt abseits der großen öffentlichen Verkehrsströme, und die Strukturprobleme des 2. Bezirks sind hier noch stärker zu spüren. Wirklich ruinös für den Volkertmarkt ist jedoch die unmittelbare Nähe zweier relativ neuer Supermarktfilialen, die eine übermächtige Konkurrenz darstellen. Der Landparteienplatz am Volkertmarkt ist zwar von einigen Bäumen beschattet, allerdings nur sehr wenig belebt. So wie auf einigen anderen Märkten mit hohem Anteil an ausländischen Ladeninhabern und Kunden herrscht auch am Volkertmarkt eine eher gespannte Stimmung zwischen österreichischen und ausländischen Marktleuten und Kunden.

■ VORGARTENMARKT ■

Wohlmutstraße, Ennsgasse
Ständiger Markt
Gemeindeeigene Stände, Bauern-Markt
Verkehrsverbingung: U1 (Vorgartenstraße) oder
Autobusse 10A und 11A (Lassallestraße oder Jungstraße)

Montag bis Freitag
6–18.30 Uhr
Samstag 6–14 Uhr

1. Samstag des
Monats bis 18 Uhr

Der Markt in der Vorgartenstraße wurde im Jahr 1912 entlang des städtischen Reservegartens gegründet. Dieser war im Jahre 1897 hier angelegt worden und umfaßte zunächst Freilandkulturen und Glashäuser, seit dem Jahr 1907 auch ein Palmenhaus zur Versorgung der städtischen Gartenanlagen mit exotischen Pflanzen. In den Jahren 1961 bis 1962 wurde der Vorgartenmarkt von der Gemeinde Wien von Grund auf neu errichtet. Er befindet sich seither etwas abseits der Vorgartenstraße hinter der zur selben Zeit erbauten Wohnanlage der Gemeinde Wien und umfaßt 1.432 Quadratmeter Verkaufsfläche, 36 feste Stände und 26 Verkaufsplätze für Marktfahrer. Die beiden Anfang der sechziger Jahre errichteten Ladenzeilen wirken tatsächlich wie aus „einem Guß". In der Mitte der Anlage gibt es einen kleinen Platz für Landparteien, und zwei Mosaike spiegeln den optimistischen Stil der Sechziger wider: „Der alte Volkert-Markt" und „Das Gewächshaus im alten Reservegarten". Leerstehende oder desolate Läden gibt es hier praktisch keine.

Der Vorgartenmarkt macht einen modernen, freundlichen und ziemlich belebten Eindruck. Das Zahlenverhältnis zwischen österreichischen und ausländischen Händlern und Kunden ist ein wenig ausgeglichener als anderswo. Das Angebot ist gut sortiert, vor allem was Feinkostprodukte, Käse und Wurst anbelangt. Stark frequentiert sind – wie fast überall – die Alko-Hütten.

3. Bezirk

■ ROCHUSMARKT ■

Landstraßer Hauptstraße, Salmgasse
Ständiger Markt
Privatstände, Bauern-Markt
Verkehrsverbindung: U3, Autobusse 74A oder
79A (Rochusgasse)

Der Marktplatz – das frühere „Platzl" – liegt an der historisch und städtebaulich bedeutsamen Gabelung der Landstraßer Hauptstraße, einer alten römischen Heeresstraße, die im Mittelalter ein wichtiger Handelsweg war, der bereits 1192 urkundlich erwähnt wird, und der Erdbergstraße, die

Montag bis Freitag
6–18.30 Uhr
Samstag 6–14 Uhr

1. Samstag des
Monats bis 18 Uhr

lange Zeit den letzten hochwassergeschützten Straßenzug entlang der Donau bildete. Im 18. Jahrhundert befand sich an der Stelle des heutigen Marktes die 1742 geweihte Nikolaikirche mit dem Nikolaifriedhof, der im Jahre 1784, so wie alle Gottesäcker innerhalb des Linienwalles, aufgelassen und nach St. Marx transferiert wurde. Die überflüssig gewordene Kirche wurde demoliert, der Platz eingeebnet und mit Bäumen bepflanzt. Auf diesem „Platzl" entwickelte sich gegen Ende des 18. Jahrhunderts der Rochus- oder Augustinermarkt, wie er nach dem alten Augustinerkloster auf der Landstraße noch heute manchmal genannt wird.

Mehrere Jahre lang fristete der bei der Kundschaft überaus beliebte Augustinermarkt wegen der U-Bahn-Bauarbeiten, die ihn von seinem angestammten Platz vertrieben hatten, ein Schattendasein vor der barocken Rochuskirche. Nach Beendigung der Arbeiten wurde der Markt im September 1988 auf seinen alten Platz inmitten der Landstraßer Hauptstraße zurückversetzt. Die Marktstände wurden damals

nach einem einheitlichen Konzept
gestaltet, wobei anzumerken ist,
daß man sich, verglichen mit der
großartigen Lage des Marktes,
leider keine allzu große Mühe gegeben hat. Insgesamt wirkt der
Rochusmarkt immer noch etwas
„clean" und stimmungslos. Der
Markt umfaßt 1.083 Quadratmeter Verkaufsfläche für 32
Dauerverkaufsstände, deren Warenangebot ein hohes Niveau
aufweist, was allerdings auch in

den Preisen seinen Niederschlag findet. Offensichtlich gehen die
Geschäfte hier gut. Der Rochusmarkt erfüllt die notwendige Doppel-
funktion eines modernen Marktes, er ist ein Ort der Nahversorgung
mit Frischegarantie und zugleich auch ein großer Delikatessenladen.
Fisch und Käse sind hier ebenfalls sehr gut sortiert. Wohl nicht ganz
zufällig zählt der Rochusmarkt zu den immer wieder im „Markt-
standl" von „Wien heute" erwähnten Märkten. Stadteinwärts sind einige Landparteienplätze, auf denen vor allem Textilien vertrieben
werden. „Jeder Regenschirm nur 49,–" verlautete ein Schild an einem
Tag, an dem es um 9 Uhr früh bereits 25 Grad hatte.

■ LANDSTRASSER MARKT ■

Invalidenstraße 2
Markthalle
Gemeindeeigene Stände
Verkehrsverbindung: U3, U4, Straßenbahn 0,
Autobus 74A (Landstraße/Wien Mitte)

Montag bis
Mittwoch
6–14 Uhr
Donnerstag und
Freitag 6–18 Uhr
Samstag 6–13 Uhr
vor Feiertagen
bis 18 Uhr

Der Landstraßer Markt wird von der Stammkundschaft
immer noch als „der Fleischmarkt" bezeichnet, obwohl die

heutige Markthalle – übrigens eine von zwei verbliebenen Hallen in Wien – mit dem früheren Fleischmarkt, der 1972 nach St. Marx abgesiedelt wurde und an dessen Stelle sich heute das Hotel Hilton erhebt, kaum noch etwas gemein hat. Im Jahr 1979 erhielt der Einzelhandelsfleischmarkt in den beiden Untergeschossen des Gebäudes, das im Bereich des früheren Großmarktareals errichtet wurde, eine neue Heimstätte. In zwei Stockwerken sind auf einer Fläche von 2.522 Quadratmetern 80 Stände untergebracht, wobei der Schwerpunkt mit 35 Betrieben ganz eindeutig beim Fleisch- und Wurstverkauf liegt. Im Erdgeschoß finden sich neben einigen Fleisch-, Wurst- und Geflügelläden auch andere Lebensmittelstände mit Obst und Gemüse, Brot, Feinkost, Käse, exotischen Spezialitäten, Eingemachtem, Tee und Kaffee, Textilien und Blumen. Schon am frühen Morgen überaus bevölkert ist auch das Buffet.

Im 1. Stock sind nur noch Fleisch, Fleischwaren und Fisch vertre-

ten: Geselchtes und Geräuchertes vom toten Tier ist zu hohen Türmen aufgeschichtet, ganze Lämmer, halbe Schweine. Ein Stand ist auf Innereien spezialisiert: Ohren (eigentlich „Äußereien"), 3 Stück zu öS 13,–, Gaumen, Schlund, auch Darm und Fleck, was das Herz von Rind und Lamm eben begehrt. Sehr zu empfehlen für Lammliebhaber sind auch die Stände mit nach moslemischer Sitte geschächtetem Fleisch.

4. Bezirk

■ NASCHMARKT ■

Wienzeile
Ständiger Markt
Privat- und gemeindeeigene Stände, Bauernmarkt
Verkehrsverbindung: U4 (Kettenbrückengasse),
U1, U2, U4 (Karlsplatz), Autobus 59A (Bärenmühldurchgang)

Der Wiener Naschmarkt ist zweifellos der bekannteste unter den Detailmärkten der Stadt. In der Größenrangliste macht ihm der Brunnenmarkt langsam aber sicher den ersten Rang streitig.

Montag bis Freitag
6–18.30 Uhr
Samstag 6–17 Uhr
1. Samstag des
Monats bis 18 Uhr

Landparteien:
Samstag 6–17 Uhr

Vorläufer des Naschmarkts war der um 1780 außerhalb des Kärntner Tors zwischen Freihaus und Wienfluß gegründete „Aschenmarkt". Im Jahr 1896 wurde dieser Markt auf einen Teil des heutigen Resselparks ausquartiert. Nach der Überbauung der Wien zu Beginn des 20. Jahrhunderts übersiedelte der Markt an seinen heutigen Standort. Seit 1905 wird er offiziell als Naschmarkt bezeich-

net. Im Jahr 1916 wurde im Anschluß an den Markt ein provisorischer Obst- und Gemüsegroßmarkt eingerichtet, der bis zum Jahr 1972 bestand. Pläne zur Absiedlung des gesamten Marktes scheiterten glücklicher-

weise, sodaß nach der Umsiedlung des Großmarktes nach Inzersdorf zumindest der Detailmarkt bestehenblieb.

Großen Auftrieb erhielt der Naschmarkt nach der Verlegung des Flohmarkts vom Platz Am Hof auf das durch die Großmarktabsiedlung freigewordene Areal.

Der Naschmarkt umfaßt heute 172 ständige Marktstandeln auf 5.650 Quadratmetern Verkaufsfläche. Von der U-Bahn-Station Kettenbrückengasse erreicht man zunächst das Marktamtsgebäude aus dem Jahr 1916. Hier befindet sich eine Muttergottesstatue, flankiert von zwei Tafeln, die folgendes berichten: *Diese Bildnus ware vormals an der Kreuz Saulen welche in Iahr 1414 ein lobliches Handwerk deren Baecken in Wienn zur Ehre Gottes und seiner liebn Mutter auf der Steinernen Brucken hat errichten lassen gestanden und ist in Iahr 1772 auf allerhöchsten Befehl an dieses Orth ubersezet worden.* Die erwähnte Steinerne Brücke verband vor der Überbauung des Wienflusses die Kärntner Straße mit der Wiedner Hauptstraße. Im

Jahr 1860 wurde die Statue von der Innung der bürgerlichen Bäcker renoviert, im Jahr 1900 in das Marktamtsgebäude des alten Naschmarkts und 1916 an den jetzigen Standort verlegt.

Auf dem Weg zum eigentlichen Markt überquert man den Platz der Landparteien, auf dem indische Fetzenstandler ebenso zu finden sind wie Blumenhändler, Obst- und Gemüsebauern, Modeschmuckverkäufer und Standler mit herrlichem Land-

brot, G'selchtem und allen Arten
von bäuerlichen Würsten. Am
eigentlichen Markt überwiegen
seit Jahren die ausländischen
Standler, die die Wiener Küche
mit zahlreichen fremdländischen
Produkten bereichert haben und
durch die Präsentation ihrer Waren auch das Auge erfreuen. Obst
und Gemüse in Hülle und Fülle,
daneben türkische Gemischtwa-
renhändler (Bakkal) mit orienta-
lischem Fladenbrot, honigsüßen
Nachspeisen, strengen Käsen und
verschiedenartgen Oliven, Trok-
ken- und Hülsenfrüchten aller
Art, ja sogar original türkischen

Konserven, weiters islamische und „giaurische" Fleischer, Brot und
Backwaren, Textilien, Imbißstuben – vom Würstelstand bis zum „be-
sten" Döner Kebab der Stadt-, Hühner- und Eierhändler, die berühmte
„Käsehütte", Tees und Gewürze ... Ein wahres Feinschmecker-
Eldorado!

In der Mitte des Marktes steht die Naschmarktkapelle. Die heutige
Marienkapelle wurde 1817 als Johannes-von-Nepomuk-Kapelle gestiftet und diente der Rosalien-Kapelle im Freihaus als Vorbau. Im Jahre

1916 wurde sie an ihren jetzigen
Standort verlegt. Drei Inschrif-
tentafeln berichten von ihrem
wechselvollen Schicksal. An der
Engstelle kurz nach der Kapelle
befinden sich zwei Läden mit sel-
tenen Gewürzen und den unter-

schiedlichsten Reis- und Getreidesorten. Vorbei an einigen mobilen Standln überquert man die Schleifmühlgasse.

Von hier bis zum Verkehrsbüro ändert sich der Charakter des Naschmarkts vollkommen. Was sofort auffällt ist, daß mit einem Mal auch die zweite Marktzeile belebt ist, die in Richtung Kettenbrückengasse fast nur noch der Lagerhaltung dient – obwohl auch hier in letzter Zeit wieder einige Läden entstanden sind, wie zum Beispiel ein türkischer Lahmacun-Bäcker (ist zwar keine Pizza, schmeckt aber genausogut!). Hier jedenfalls reiht sich Sushi-Bar an Gasthaus, In-Beisl

und Tramezzini-Laden, an Pizzabäckerei und Palatschinkenkuchl – eine seltsame Mischung aus urig und schickimicki.

In der Hauptstraße findet der experimentierfreudige Koch alle Arten von Spezialitäten, sprich: einen Indian-Shop, mehrere Orient- und Asia-Shops, den berühmten Gurkerl-Stand, das wohlsortierte „Käseland", viel schönes Fleisch- und Wurstzeug und die ausgefalleneren Obst- und Gemüsesorten wie Yams, Okra, Starfruit, Kiwano, Tamarinde, Rambutan und Kaktusfeige, aber auch Erdbeeren oder Melonen im tiefsten Winter. Nicht verschweigen wollen wir auch den duftenden Stand mit Heil- und sonstigen Kräutern. Ganz am Ende des Marktes aber wartet die Krönung: Fisch, Fisch und nochmal Fisch, alle Freuden der feuchten Gebiete dieser Erde, frisch oder tiefgekühlt, roh oder zum sofortigen Verzehr zubereitet, als Salat oder als Hauptspeise.

Das Schönste an dieser sinnlichen Orgie der Naschmarktdurchquerung aber ist es, das Ganze noch einmal zurückzugehen. Vorsicht nur am Samstag vormittag: Staugefahr!

6. Bezirk

■ TEMPORÄRER MARKT■

Mariahilfer Straße (Vorplatz der Kirche Mariahilf)
Ganzjährig
Verkehrsverbindung: U3 (Neubaugasse), Autobus 13A (Kirchengasse)

Der temporäre Markt in der Mariahilfer Straße besteht aus
einigen wenigen Standeln, an denen Wurst, Brot und Käse,
Blumen, kandierte und getrocknete Früchte, Naturkost,
Vitaminsäfte, Bauernkuchen sowie Obst und Gemüse verkauft werden. Der dreimal in der Woche stattfindende kleine Markt könnte – an
diesem wirklich schönen Platz vor der barocken Kirche – aber noch
viel stimmungsvoller sein.

> Montag,
> Mittwoch und
> Freitag 9–18 Uhr

8. Bezirk

Im 8. Bezirk gibt es zwar keine Märkte, aber zwei mit dem Marktwesen eng verbundene Sehenswürdigkeiten, die hier nicht unerwähnt
bleiben sollen.

In der Florianigasse 13 befindet sich das Haus der Bäckerinnung,
das über ein Archiv von etwa 7.500 Urkunden und Dokumenten
verfügt, deren älteste bis ins 16. Jahrhundert zurückreichen. Eine lük-
kenlose Dokumentation über die Aktivitäten der Innung besteht vom
frühen 17. Jahrhundert an. Das Archiv ist für Studenten, Historiker
und sonstige Interessierte mit einer Sondergenehmigung benützbar.

Das erste Zunfthaus der Bäcker befand sich 1468 in der
Krugerstraße, im 17. Jahrhundert übersiedelte die Innung zum
Salzgries 21. 1893 erwarb sie das aus dem Jahr 1766 stammende Haus
in der Josefstadt, das früher als Meierei diente. Seit 1898 ist die
Innung hier untergebracht. Im Hof befindet sich das „Bäckerkreuz",
eine gotische Steinsäule aus dem 16. Jahrhundert, die ursprünglich vor

dem „Bäckenhäusel", einem Versorgungshaus in der Währinger Straße (heute Chemisches Institut, Währinger Straße, Ecke Boltzmanngasse), aufgestellt war, im 19. Jahrhundert abgetragen und 1933 hier aufgestellt wurde.

Gleich um die Ecke, in der Langen Gasse 34, befindet sich ein schönes Barockhaus aus dem Jahr 1697, das von 1701 bis 1963 ohne Unterbrechung eine Bäckerei beherbergte. Nach der Einstellung des Betriebes konnte der Abbruch des alten Backofens verhindert werden. Die Räume wurden in ein Restaurant nach Altwiener Art umgestaltet, das ein kleines „Museum" (mit einigen Vitrinen und zahlreichen Originalgegenständen) beherbergt (Öffnungszeiten: Dienstag bis Sonntag 10–24 Uhr).

9. Bezirk

■ MARKTHALLE ■

Nußdorfer Straße 22
Ständiger Markt
Gemeindeeigene Stände
Verkehrsverbindung: Straßenbahnen 5, 37 und 38,
Autobus 40A (Nußdorfer Straße)

Montag bis Freitag
6–18 Uhr
Samstag 6–13 Uhr

1. Samstag des
Monats bis 18 Uhr

Die Nußdorfer Halle, die 1882 erbaut wurde, gehört zu den insgesamt 7 Markthallen, die in den siebziger und achtziger Jahren des vorigen Jahrhunderts errichtet wurden. Heute ist sie die einzige erhaltene und auch unverändert gebliebene Markthalle Wiens. Sie hat alle Pläne zu ihrer Auflassung und Verlegung erfolgreich überstanden und ist mittlerweile von denkmalschützerischem Interesse, sodaß vor wenigen Jahren eine erste wirkliche Generalsanierung in Angriff genommen wurde. Dieser Umbau, bei dem auch störende Veränderungen beseitigt und der „historische Urzustand" wiederhergestellt wurden, dauerte ein knappes Jahr und kostete mehr als 30 Millionen gut investierte Schilling. Die

vorbildlich restaurierte Halle wurde am 8. Juni 1995 feierlich wiedereröffnet. Soweit die eine Seite der Medaille. Die andere Seite ist, daß
nur massiver politischer Druck das Überleben der Halle sichern konnte und daß einige Monate nach der Wiedereröffnung die Geschäfte
eher schlecht gehen.

Die Markthalle nahm einst 79 Marktstände auf, vor ihrer Sanierung waren es nur noch 35. Durch eine weitere Reduzierung und
Neuanordnung der Stände ist heute in der Halle wesentlich mehr Platz
als früher. Nur notorische Nörgler werden angesichts der 21 verbliebenen Stände von gähnender Leere sprechen. Der offene Charakter
der Geschäfts- und Imbißbereiche erzeugt eine durchaus angenehme
und einladende Atmosphäre. Die Halle beherbergt nur Lebens-
mittelgeschäfte (Gemüse, Fleisch, Fisch) und einen Blumenhändler.
Alles wirkt sehr nett und sauber, wie in einem großen Delikatessenladen. Auch der wohlwollende Besucher stellt sich allerdings die bange
Frage, ob das alles wieder wirklich leben wird. Bleibend verkehrsbe-
ruhigt wurde übrigens der Nebenast der Alserbachstraße hinter der
Halle, in dem sich während der Umbauarbeiten einige Ausweich-
standeln befanden.

■ MARKT ZIMMERMANNPLATZ ■

Zimmermannplatz
Ständiger Markt
Privatstände
Verkehrsverbindung: U6, Straßenbahn 43 (Alser Straße),
Straßenbahnen 43 oder 44 (Brünnlbadgasse)

Der Stadtbahnbau vor der Hernalser Linie machte in den
neunziger Jahren des vorigen Jahrhunderts die Auflassung
eines dort situierten kleinen Lebensmittelmarktes notwendig. Die Gemeinde beschloß damals, diesen Markt auf den
Zimmermannplatz zu verlegen. Er bildet eine winzige Insel
im rundherum tosenden Verkehr. Das Ganze ist schon jetzt mehr tot

Montag bis Freitag
6–18.30 Uhr
Samstag 6–14 Uhr

1. Samstag des
Monats bis 18 Uhr

als lebendig und wird in einigen Jahren einer Tiefgarage weichen müssen und für immer verschwinden.

10. *Bezirk*

■ VIKTOR-ADLER-MARKT ■

Viktor-Adler-Platz
Privatstände, Bauernmarkt
Ständiger Markt
Verkehrsverbindung: U1 oder Autobus 14A (Keplerplatz)

Montag bis Freitag
6–18.30 Uhr
Samstag 6–14 Uhr

1. Samstag des
Monats bis 18 Uhr

Der Viktor-Adler-Markt wurde im Jahr 1877 auf Wunsch des Bezirksausschusses auf dem damaligen Eugenplatz gegründet. Gleichzeitig wurden die Marktstandelbesitzer des Wielandplatzes hierher übersiedelt. Der Markt wurde im Jahr 1910 durch die Einbeziehung eines Teils der angrenzenden Grünanlage vergrößert. Durch die Fußgängerzone Favoritenstraße und die nahe U-Bahn-Station Keplerplatz gehört der Viktor-Adler-Markt heute zu den meistfrequentierten Märkten Wiens.

Der Markt umfaßt 81 Dauer-
stände auf einer Fläche von 3.245
Quadratmetern. Den ständigen
Markt umgeben Standeln mit
Textilien und diversen Haus-
haltsartikeln, wo es allerdings
relativ ruhig zugeht.

Der Viktor-Adler-Markt entspricht dem Idealbild eines Marktes:
Ein Sammelsurium von (mitunter auch strengen!) Düften und opti-
schen Reizen. Auf schicken Delikatessen-Firlefanz wird hier verzich-
tet. Alle Stände sind individuell gestaltet, die dazwischenliegenden
Gäßchen leicht verwinkelt, mit unterschiedlichen Fluchtlinien und
netten Durchblicken. Das Publikum ist gemischt: Alteingesessene
Favoritner Bevölkerung und Ausländer halten sich in etwa die Waage.
Die Atmosphäre ist belebt und beinahe heiter. In der angrenzenden
Leibnizgasse befindet sich ein Obst- und Gemüse-Bauernmarkt von
exzeptioneller Güte. Von allen Seiten tönen die Rufe der Standler und
Standlerinnen auf den überraschten Kunden ein. Ein typisch wiener-

isches (und im weiteren Sinn ostösterreichisches) Panoptikum ...

Man stelle sich für wenige Minuten in die Mitte der engen Gasse und schließe die Augen: Fünf Gurken um zwanz'g Schülling! Des Nußbrot, des herrliche! Zwa Bund um 10 Schilling! Drei Pelargonien fuffzehn Schülling! Vier Solot um fuffzehn Schülling! Frische Eierrrr! Saubere Heirige! Schöne steirische Erdbeer'n! Junge zorte Gärtner-

radi, drei um fuffzehn! Inlandserdbeer'n, meine Damen! Drei Dillen an
Zehna! A Kilo Butterbohnen vierz'g Schilling, geht's her! Die letzten
poar Ananas! Grüß Gott, schöne Rosen gibt's, junger Herr! Dreiß'g
Schilling ein Kilo Spargel! Paradeiser so groß wie Heiser! Schluß-
verkauf!!

Alles in allem gehört der Viktor-Adler-Markt zu den buntesten und
schönsten Märkten der Bundeshauptstadt. Dem Vernehmen nach ist
das Angebot frischer und günstiger als anderswo. Deshalb verirren sich
auch „feinere Damen" mit der U1
hierher.

■ TEMPORÄRER MARKT ■

Per-Albin-Hansson-Siedlung Ost, Favoritenstraße
Ganzjährig
Verkehrsverbindung: Straßenbahn 67 oder Autobus 17A (Stockholmer Platz)

**Dienstag
und Freitag
14–18.30 Uhr**

Der temporäre Markt bei der Per-Albin-Hansson-Siedlung befindet sich an der Favoritenstraße, in Höhe der Franz-Kocí-Straße. Der Marktplatz, der seit etwa 20 Jahren existiert, war bei allen unseren Besuchen fast leer: Neben zwei Obst- und Gemüsestandeln gab es einen, manchmal auch zwei Inder mit Textilwaren. An Samstagen erhalten die Standler Verstärkung durch einen Stand mit Wurst- und einen zweiten mit Backwaren. Ein Händler meinte, daß früher ganz allgemein mehr Leben auf den Märkten gewesen sei. Heutzutage gingen die Menschen häufiger zum Supermarkt, außerdem werde zu Hause wesentlich weniger gekocht als noch vor einem Jahrzehnt.

11. Bezirk

■ SIMMERINGER MARKT ■

Geiselbergstraße, Lorystraße
Privatstände, Bauernmarkt, Brückenwaage
Ständiger Markt
Verkehrsverbindung: Straßenbahn 6 (Simmeringer Markt)

**Montag bis Freitag
6–18.30 Uhr
Samstag 6–14 Uhr
1. Samstag des
Monats bis 18 Uhr**

**Privatstände
Bauernmarkt
Brückenwaage:
Montag bis
Donnerstag
7–16 Uhr
Freitag 7–14 Uhr**

Im Jahr 1873 beschloß der Gemeinderat die Errichtung eines Marktes beim Enkplatz, der bereits 1874 eröffnet werden konnte. Durch den Bau der neuen Kirche am Enkplatz im Jahr 1909 mußte auch der hier abgehaltene Markt verlegt werden. Für die Errichtung eines neuen Marktes wurde ein Grundstück in der Geiselbergstraße angekauft, allerdings konnte der neue Markt auf seinem heutigen Standort erst im Jahr 1924 eröffnet werden. Bis dahin bestand ein langjähriges Provisorium in der Sedlitzkygasse.

Das Schönste am Simmeringer Markt ist zweifellos die alte Toiletteanlage im Stile der Wiener Gemeindebauarchitektur der zwanziger Jahre. Etliche leere Stände mit Aufschriften wie „Wir übersiedeln ins Ekazent" weisen darauf hin, daß traditionelle Märkte gegen moderne Einkaufszentren kaum noch reüssieren können. Der Simmeringer Markt wirkt ziemlich ausgestorben und leblos. Die Hälfte der Läden wird von orientalischen Besitzern – zumeist Türken – geführt, und im Inneren der Marktanlage gibt es noch einige schöne Obststände. Am Rand warten ein paar traurige Standeln mit Fetzen, Obst und Gemüse auf die immer seltenere Kundschaft. Die meisten der für Landparteien reservierten Plätze bleiben leer.

12. Bezirk

■ MEIDLINGER MARKT ■

Niederhofstraße, Reschgasse, Rosaliagasse
Privatstände, Bauernmarkt
Ständiger Markt
Verkehrsverbindung: Autobusse 15A oder
63A (Niederhofstraße)

Der Meidlinger Markt in der Niederhofstraße umfaßt 55 Stände und 2.415 Quadratmeter Verkaufsfläche. Der Markt ist bereits ziemlich fest in türkischer Hand. Die ganze Anlage wirkt zwar adrett, offensichtlich hält sich ihre Beliebtheit aber in Grenzen. Das Angebot ist ein wenig dürftig, nicht so deftig-bunt wie anderswo, und auch die Frische der Waren läßt hier und da zu wünschen übrig. Auf der Seite der Reschgasse befindet sich ein kleiner Bauernmarkt, bunte Standeln mit Obst und Gemüse, Blumen und ein paar Fetzentandler. Die Atmosphäre ist gespenstisch ruhig, niemand preist die Frische oder den sensationell günstigen Preis seiner Ware an. Weitere Landparteien gibt es auf der gegenüberliegenden Seite des Marktes in Richtung Leopoldi-Park.

Montag bis Freitag
6–18.30 Uhr
Samstag 6–14 Uhr

1. Samstag des
Monats bis 18 Uhr

15. Bezirk

■ MEISELMARKT ■

Privatstände, Bauernmarkt
Ständiger Markt
*Verkehrsverbindung: U3, Autobusse 10A oder 15A,
Straßenbahn 49 (Johnstraße)*

Montag bis Freitag
6–18.30 Uhr
Samstag 6–14 Uhr

1. Samstag des
Monats bis 18 Uhr

Im Jahre 1913 wurde der Lebensmittelmarkt an der Meiselstraße, der 1905 lediglich provisorisch errichtet worden war, aufs Doppelte erweitert und asphaltiert. Der damit amtlich sanktionierte Meiselmarkt war eng mit dem früheren Rudolfsheimer Zentralmarkt für Holz, Hafer und Stroh zwischen der Avedikstraße und der Zollernsperggasse verknüpft. Als dieser kurz vor Ausbruch des Ersten Weltkriegs wegen der Errichtung des Technischen Museums abgesiedelt werden mußte, verlegte man ihn zum Lebensmittelmarkt in der Meiselstraße.

Der alte Meiselmarkt war bis zuletzt einer der belebtesten Einkaufsorte der Stadt und umfaßte 86 feste Stände und 4.312 Quadratmeter Verkaufsfläche. Weitere 65 Stände waren für Landparteien und Marktfieranten mit anderen Waren als Lebensmitteln reserviert. Nach dem Beschluß zur Absiedlung des alten Meiselmarktes und zu seiner Verlegung in den ehemaligen Wasserspeicher in der Hütteldorfer Straße konnte der neue Markt im adaptierten Wasserdepot mit 65 Ständen und einer Verkaufsfläche von 3300 Quadratmetern im April 1995 provisorisch wiedereröffnet werden. Provisorisch deshalb, weil das über dem Speicher errichtete Bezirkszentrum mit Büros, Wohnungen und verschiedenen Lokalen erst im November desselben Jahres eröffnet und bis dahin noch fieberhaft gearbeitet wurde. Mit der Fertigstellung der gesamten Anlage wird sich dieses lobenswerte Projekt hoffentlich bald zu einer über die Bezirksgrenzen hinaus wirkenden Attraktion entwickeln.

Der relativ große alte Meiselmarkt bei der neuen U3-Station Johnstraße bestand noch im Sommer 1995 als malerische – leider jedoch verbretterte – Kulisse. Nach zwei Brandstiftungen im Sommer wurde im September 1995 mit der Abtragung der alten Stände begonnen. Auf dem Gelände soll ein Wohnbauprojekt verwirklicht werden.

Der alte Meiselmarkt, 1955

Der neue Meiselmarkt im ehemaligen Wasserspeicher stellt ein wahrhaft originelles Projekt inmitten einer von Zögerlichkeit und Phantasielosigkeit geprägten Architekturszene dar – obwohl die innere Gestaltung des mächtigen, von Arkaden dominierten Raumes, der wie ein großes Einkaufszentrum wirkt, mit den in die Bögen eingebauten rechteckigen Ladenboxen als nicht ganz befriedigend bezeichnet werden muß.

Obwohl nicht wenige dieser Kobel noch lange Zeit leerstanden, besticht der neue Meiselmarkt durch sein teilweise sehr schönes Warenangebot – zum Beispiel die überaus appetitlichen, zumeist von Türken geführten Obst- und Gemüseläden. In einigen Bereichen könnte das Warenangebot angesichts der außerordentlichen Lage durchaus etwas exquisiter werden. Vertreten sind hier auch größere Ladenketten (Anker, Trünkel, Nordsee) und der berühmte Trześniewski. Insgesamt viel Wurst, Fleisch und Käse, appetitliche Brot- und Backwaren, saubere Imbißläden und eine edle Pferdefleischerei – schon einmal „Cheval mager" probiert oder ein Semmerl mit Fohlenpariser?

■ SCHWENDERMARKT ■

Schwendergasse, Dadlergasse
Privatstände, Bauernmarkt
Ständiger Markt
Verkehrsverbindung: Straßenbahnen 52 oder 58 (Rustengasse)

Montag bis Freitag
6–18.30 Uhr
Samstag 6–14 Uhr

1. Samstag des
Monats bis 18 Uhr

Langgezogener Markt direkt an bzw. unter der Mariahilfer Straße, der aus nur einer Ladenzeile zur Schwendergasse hin besteht. Das gewohnte Bild: Türken mit Obst und Gemüse, Fleischhauer und eine Dönerhütte, eine Imbißstube und – was hat eine „Trattoria" auf einem Markt verloren? Einige marktfahrende Fetzenhändler runden das wenig belebte Bild ab. Nach Auskunft des Marktamtes wird auch dieser kleine Markt aus dem vorigen Jahrhundert einer Wohnhausanlage weichen.

16. Bezirk

■ BRUNNENMARKT ■

Brunnengasse
Privatstände, Bauernmarkt
Ständiger Markt
Verkehrsverbindung: Straßenbahnen 46 oder J (Brunnengasse)

Die immer wieder geäußerte Ansicht, daß der Brunnenmarkt sich nach der Errichtung des Yppenmarkts in den siebziger Jahren des 19. Jahrhunderts von diesem her entwickelt habe, entspricht nicht den Tatsachen. Schon um 1830 gab es nämlich einen kleinen Markt in der Thalia-

Montag bis Freitag
6–18.30 Uhr
Samstag 6–14 Uhr

1. Samstag des
Monats bis 18 Uhr

straße, der mit der Zeit in die Brunnengasse hineinwuchs und um die Jahrhundertwende bereits ein relativ bedeutender Markt war. Im Laufe der Zeit wuchsen der Brunnenmarkt und der später gegründete

221

Yppenmarkt mehr und mehr zusammen. Vor dem 2. Weltkrieg reichte
der Brunnenmarkt noch von der Ottakringer Straße bis zur Menzel-
gasse, nach Kriegsende wurde er etwas verkürzt und endete bei der
Thaliastraße. 1973 wurde er auf der anderen Seite etwas beschnitten
und endet nun beim Yppenplatz.

Der Brunnenmarkt ist – und darin
liegt bereits eine seiner Beson-
derheiten – einer von den zwei
reinen Straßenmärkten Wiens.
Das bedeutet, daß sämtliche
Marktstände nach Marktschluß
abtransportiert und die Ware sowie die Verkaufsutensilien in ver-
schiedenen im Viertel verstreuten Magazinen und Kellern gelagert
werden müssen. Der Brunnenmarkt ist damit ein Relikt einer älteren,
fast schon verschwundenen Marktform. Sein Charme liegt unter anderem darin, daß er improvisiert wirkt, bunt und irgendwie süd-
ländisch, wobei letzteres den vielen ausländischen Standbesitzern – in
erster Linie wieder Türken, aber auch Griechen – zu verdanken ist.
Außerdem gilt der Brunnenmarkt, der mit über 157 Ständen sogar
dem Naschmarkt Konkurrenz macht, als besonders günstiger
Einkaufsort.

Johann Kaltenegger, der seine Diplomarbeit über den Brunnenmarkt verfaßt hat, unterscheidet zwischen drei verschiedenen Arten
von Ständen: Erstens den auf Schragen montierten normalen Holz-
ständen, die bei Bedarf mit Planen geschützt werden können; zweitens
den modernen Leichtmetallständen und drittens den Verkaufswagen,
die vor allem für die Lagerung leicht verderblicher Waren verwendet
werden. Bei den Marktfahrern am Brunnenmarkt gibt es erstens
solche – und sie stellen die Mehrheit dar –, die auf gemieteten Standplätzen stehen und dafür oft horrende „Ablösen" bezahlt haben; zweitens solche ohne feste Standplätze – sogenannte „fliegende"

Marktfahrer, meist Fetzenstandler mit tourlicher Zuweisung, die alle zwei Monate, nach einem relativ komplizierten Verfahren neu erteilt wird, wodurch eine gewisse ausgleichende Gerechtigkeit gewährleistet werden soll; drit-

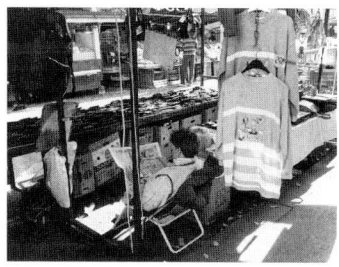

tens die Marktfahrer auf Landparteienplätzen, die nur inländische und vom Produzenten selbst erworbene Waren verkaufen dürfen; und viertens die landwirtschaftlichen Produzenten (Bauern) selbst. Die unbestrittenen Stars des Brunnenmarkts aber sind die sogenannten Aktionisten, die nur wenige Tage auf einem Markt bleiben und ausschließlich „Schlager" führen – das beste Allzweckmesser („meine Damen, aber auch meine Herren Hobbybastler"), den idealen Mehrzweckzerkleinerer („da Frodl hot leida kan g'hobt"), das stärkste und gewebeschonendste Fleckputzmittel („do schauns her, wie des geht")!

Trotz solchen eigentlich schützenswerten, weil vom Aussterben bedrohten österreichischen Originalen ist und bleibt der Brunnenmarkt aber einer jener Orte Wiens, die dem Orient am nächsten sind. Herrliches frisches und wegen des großen Umsatzes und der erbarmungslosen Konkurrenz auch besonders wohlfeiles Obst und Gemüse wohin man blickt, ferner Backwaren, Fleisch und Wurst, Wein vom

Bauern, Geflügel und Eier, Käse, Blumen, türkische Greißler, daneben aber auch Billigsdorfer Haushaltswaren, Klumpert aller Art, Textilien und Stoffe aus der untersten Schublade, Modeschmuck und Kosmetika. Mit zum Erscheinungsbild des Brunnenmarktviertels gehören aber auch die dahinter liegenden Geschäfte: Türkische Fleischhauer (Kasap), Fetzentandler und die berüchtigten Geschäfte mit „Waren aller Art", das „Brunnen Beisl" und mehrere original türkische Restaurants („Echt türkische Hausmannskost"), ein „Istanbul Kuyumcusu" (Juwelier), Fernost-Spezialitätenläden, deftiges Sauerkraut, Fisch, Schuhmärkte mit unschlagbar billiger Fußbekleidung, ein „Istanbul Supermarkt" und die „Bey Tours", wo man einen unvergeßlichen Transport ins ferne Anatolien buchen kann.

■ YPPENMARKT ■

Yppenplatz
Privatstände
Ständiger Markt
Verkehrsverbindung: Straßenbahn 44 (Bergsteiggasse)

Montag bis Freitag
6–18.30 Uhr
Samstag 6–14 Uhr

1. Samstag des
Monats bis 18 Uhr

Als im Jahre 1872 der Exerzierplatz beim Yppenheim aufgelassen wurde, entstand der Yppenplatz. 1895 wurde der Neulerchenfelder Markt verkehrsbedingt auf diesen weiträumigen Platz verlegt. Yppenmarkt und Brunnenmarkt wuchsen in der Folge immer mehr zusammen und bildeten gemeinsam bald den größten Detailmarkt der Stadt. Am Yppenplatz etablierte sich überdies ein Großmarkt, der werktags ab 4 Uhr früh geöffnet hatte. Heute besteht der Yppenmarkt fast nur noch aus Lagerräumen und Großhandelsniederlassungen, die den Westen Wiens versorgen. Am Rand des Marktes finden sich noch einige Detailisten (Innereien, Döner Kebab, Eingemachtes) und etliche mobile Stände. Der Yppenmarkt wirkt wie der abgestorbene Wurmfortsatz des nahen Brunnenmarktes – eine etwas trostlose Kulisse, sie sich samstags etwas belebt, wenn einige der geschlossenen Läden öffnen.

17. Bezirk

■ DORNERMARKT ■

Dornerplatz
Privatstände, Bauernmarkt
Ständiger Markt
Verkehrsverbindung: Straßenbahn 9 (Blumengasse)

Der Dornermarkt hat beide Weltkriege überlebt, nun aber scheint sein Ende nahe zu sein. Eigentlich ist er ja bereits tot – denn ein noch so bemühter Fleischhauer, ein Döner-Laden und ein „Buffet" ergeben noch lange keinen Markt. Die restlichen Läden auf dem langgezogenen Platz in der Kalvarienberggasse sind verlassen, ruiniert durch ein Tiefgaragenprojekt, das vor einigen Jahren voreilig lanciert und bis heute nicht verwirklicht wurde. Auch die wenigen Bauern, die früher hierher kamen, fahren schon längst auf andere Märkte. Von der jahrelangen Affäre gibt es, wie uns einer der verbliebenen Gewerbetreibenden erzählt, „nix Positives" zu berichten. Falls es jemals

> Montag bis Freitag
> 6–18.30 Uhr
> Samstag 6–14 Uhr
>
> 1. Samstag des
> Monats bis 18 Uhr

zu einem Garagenbau kommen sollte, wird auf dem Platz wohl über kurz oder lang ein Einkaufszentrum oder eine kleine Grünfläche entstehen – angesichts

der „Begehrlichkeit" der Bauträger, von der ein Beamter des Marktamtes im Interview spricht, wohl eher ersteres.

225

18. Bezirk

■ KUTSCHKERMARKT ■

Kutschkergasse
Privatstände, Bauernmarkt
Ständiger Markt
Verkehrsverbindung: Straßenbahnen 40 oder
41 (Kutschkergasse)

Montag bis Freitag
6–18.30 Uhr
Samstag 6–14 Uhr

1. Samstag des
Monats bis 18 Uhr

Der Kutschkermarkt ist der zweite Straßenmarkt Wiens, wesentlich kleiner als der Brunnenmarkt zwar, aber auch ziemlich bunt. Der Markt beginnt etwas zögerlich an der Ecke zur Schopenhauerstraße mit einigen Freiständen (Obst, türkische Spezialitäten). Nach der Schulgasse wird die Kutschkergasse zur Fußgängerzone; hier finden sich einige mobile Stände mit Obst und Wurst und eine „Käsethek". Das Hauptgeschehen des Kutschkermarktes konzentriert sich um die Kirche St. Gertrud. Ein farbenfroher und netter Straßenmarkt mit qualitativ gehobenem Angebot.

■ GERSTHOFER MARKT ■

Gersthofer Platzl
Privatstände
Ständiger Markt
Verkehrsverbindung: S 45, Straßenbahnen 9, 40 oder 41,
Autobus 10A (Gersthof)

Der Gersthofer Markt wurde im späten 19. Jahrhundert eingerichtet. Um 1900 entstanden längs des Bahnkörpers der Vorortelinie stabile Fleischverkaufsstände. Heute präsentiert sich der kleine Markt an der Station Gersthof völlig verändert. Zur Straße hin lassen eine Fast-food-Pizzeria,

Montag bis Freitag
6–18.30 Uhr
Samstag 6–14 Uhr

1. Samstag des
Monats bis 18 Uhr

eine Eisdiele und eine Aida-Filiale – alle neu und ganz modern – keine rechte Marktstimmung aufkommen. Der dahinter gelegene alte Marktkern ist ziemlich desolat. Ein Teil der Läden steht leer, überlebt haben ein Fischhändler, ein Fleischhauer, ein Blumengeschäft und eine Anker-Filiale. Ein wenig traurig wirkt das Ganze, aber wer möchte sich schon auf der winzig kleinen Insel im Verkehrsgetümmel drängen, wenn es gegenüber zwei Supermärkte gibt?

■ JOHANN-NEPOMUK-VOGL-MARKT ■

Johann-Nepomuk-Vogl-Platz
Privatstände
Ständiger Markt
Verkehrsverbindung: Straßenbahn 42 (Hildebrandgasse)

Montag bis Freitag
6–18.30 Uhr
Samstag 6–14 Uhr

1. Samstag des
Monats bis 18 Uhr

Der kleine Beserlpark hinter dem Markt läßt darauf schließen, daß auch hier in den letzten Jahrzehnten ein Schrumpfungsprozeß stattgefunden hat. Die verbliebenen Stände liegen durchwegs an der belebten Kreuzgasse. Hier gibt es den unvermeidlichen Döner-Imbiß, die obligate Alko-Hütte, einige durchaus moderne Läden (Delikateßgurken, Obst, Fleisch) und insgesamt 4 Imbißstuben, that's it. Eigentlich kein Markt, sondern eher ein Platz mit einigen disparaten Geschäften.

19. Bezirk

■ NUSSDORFER MARKT ■

Heiligenstädter Straße, Sickenberggasse
Privatstände
Ständiger Markt
Verkehrsverbindung: Straßenbahn D (Sickenberggasse)

Montag bis Freitag
6–18.30 Uhr
Samstag 6–14 Uhr

1. Samstag des
Monats bis 18 Uhr

Der Nußdorfer Markt liegt direkt an der Heiligenstädter Straße, kurz vor der Schnellbahnstation Nußdorf. Auch hier existiert nur mehr eine der Hauptstraße zugewandte Vorderfront, die auf die Grundbedürfnisse der Anrainer abgestimmt ist: Obst und Gemüse, Fleisch und Wurst, ein Feinkostladen, Blumen und ein Imbiß.

■ SONNBERGMARKT ■

Sonnbergplatz
Privatstände
Ständiger Markt
Verkehrsverbindung: S 45 oder Straßenbahn 38 (Oberdöbling)

Der kleine Sonnbergmarkt liegt hinter der großen Gemeindebauanlage Obkirchergasse versteckt. Er beherbergt einen
wohlsortierten Obst- und Gemüse-Türken, eine ganz moderne Backstube und ein Fischgeschäft. Das Plätzchen dahinter
ist bereits weniger belebt: Noch ein Obststand und ein nett
altmodischer Laden mit Eingemachtem. Leerstehende Läden und freie
Flächen weisen darauf hin, daß auch dieser Markt schon bessere Zeiten
erlebt hat.

Montag bis Freitag
6–18.30 Uhr
Samstag 6–14 Uhr

1. Samstag des
Monats bis 18 Uhr

20. Bezirk

■ HANNOVERMARKT ■

Hannovergasse, Othmargasse
Gemeindeeigene Stände, Bauernmarkt
Ständiger Markt
Verkehrsverbindung: Straßenbahn 31 (Brigittaplatz)

Der alte Brigittamarkt wurde im Jahr 1905 vom Platz vor
der Kirche auf die Fläche zwischen Kluckygasse, Hannovergasse und Webergasse verlegt. Acht Jahre später mußte
eine neuerliche Standortveränderung vorgenommen werden.
Die Gemeinde Wien hatte vom Augustiner-Chorherren-Stift

Montag bis Freitag
6–18.30 Uhr
Samstag 6–14 Uhr

1. Samstag des
Monats bis 18 Uhr

Klosterneuburg ein Grund-
stück zwischen Othmargasse,
Hannovergasse und Gerhar-
dusgasse gepachtet. Hier wurde nun am 1. Dezember 1913
der neue Hannovermarkt eröffnet. Benannt wurde der frühere Brigittamarkt nach der Kö-
nigsfamilie von Hannover, die
im Jahr 1866 bei ihren Verbündeten in Wien Zuflucht
suchen mußte. Nach fünfzig-
jährigem Bestehen wurde der
Markt in den Jahren 1963–65
an der gleichen Stelle neu er-
richtet. Der heutige Markt weist deshalb, ähnlich wie der Vorgartenmarkt, eine vollkommen einheitliche Konzeption im Stil der
sechziger Jahre auf.

Einige türkische Ladenbesitzer bilden auf dem mit 90 Ständen
großen Hannovermarkt bereits kleine „Handelsketten" mit mehreren
Standbeinen (türkische Greißlerei, Fleischhauer, Obst und Gemüse,
Kebabladen); ein netter „Imbiß" mit typischem „Sulu yemek", einer
Auswahl diverser „saftiger" Fertigspeisen in großen Warmhaltetassen,
lädt zum Kennenlernen echter türkischer Kost abseits vom Döner-
Einerlei ein. Vorwiegend in österreichischer Hand sind die Bäckereien,
Bierhütten und solche Läden, die Eingemachtes oder Pferdefleisch-
spezialitäten verkaufen. Der ein-
same Fischhändler erklärt uns,
daß das Geschäft wegen der Konkurrenz der Supermärkte immer
schlechter gehe, obwohl (oder
vielleicht gerade weil) die meisten

Wiener immer noch die Tradition des freitäglichen Fischessens beachteten – ebenso wie die alte Fischregel, daß man in den Monaten ohne „r" keinen Fisch essen sollte. Kein gutes Sommergeschäft also. Am belebtesten präsentiert sich noch die mittlere Marktzeile, abseits davon wirkt vieles ärmlich und heruntergekommen.

21. Bezirk

■ FLORIDSDORFER MARKT ■

Floridsdorfer Platz
Privatstände, Bauermarkt
Ständiger Markt
Verkehrsverbindung: Straßenbahn 31 (Schlingermarkt)

Floridsdorf besaß seit 1887 einen Markt am Floridsdorfer Spitz zwischen dem späteren Amtshaus und dem heutigen „Forum"-Kaufhaus. 1926 wurde der Florisdorfer Markt, der Am Spitz aus verkehrstechnischen Gründen unhaltbar geworden war, in den neuerrichteten Schlingerhof inte-

| Montag bis Freitag 6–18.30 Uhr Samstag 6–14 Uhr |
| 1. Samstag des Monats bis 18 Uhr |

griert. Von der lokalen Bevölkerung wird der Markt deshalb auch als „Schlingermarkt" bezeichnet. Im 2. Weltkrieg weitgehend zerstört, wurde der Markt schon 1946 wiederaufgebaut.

Der Floridsdorfer Markt ist ein typischer lebhafter Vorstadtmarkt mit 40 Dauerständen auf 3.265 Quadratmetern Verkaufsfläche und einem Bauernmarkt – ein gutes Beispiel für die Nahversorgungsfunktion eines offenen Marktes. Der Markt vor dem re-

231

staurierten Gemeindebau-Juwel wirkt trotz seiner Größe sehr intim und geschlossen. Die Stände stehen so nahe beinander, daß sie fast überdachte „Bazargassen" bilden. Das Angebot an Obst und Fleisch ist als sehr appetitlich zu bezeichnen. Ein auf Innereien spezialisierter Stand bietet gebleichte Schädel- und andere Knochen an, die auf Wunsch mit Sprüchen wie „Du süßer Knochen!" verziert werden. Ein behornter Tierschädel kostet öS 650,–. Am Rand des Marktes befindet sich ein kleiner Bauernmarkt. Der Floridsdorfer Markt hat, soviel läßt sich sagen, den Übergang vom Schmuddelig-Bunten zum Sauberen, Modernen und Appetitanregenden geschafft und trotzdem sein Marktflair erhalten. Chapeau!

■ TEMPORÄRER MARKT ■

Großfeldsiedlung, Kürschnergasse, Gitlbauergasse
Ganzjährig
Verkehrsverbindung: Straßenbahn 25 (Leopoldau),
Autobus 29A (Gitlbauergasse)

Nicht weit vom Dorf Leopoldau, direkt beim Einkaufs-

| Freitag |
| 14–18.30 Uhr |
| Samstag 7–12 Uhr |

zentrum der Großfeldsiedlung, findet zweimal in der Woche ein kleiner Markt statt. Etwa ein Dutzend Standeln bieten Obst und Gemüse, Bauernfleisch und G'selchtes und viele, viele Fetzen zum Kauf an.

22. Bezirk

■ GENOCHMARKT ■

Genochplatz
Privatstände
Ständiger Markt
Verkehrsverbindung: Straßenbahn 25,
Autobusse 26A, 83A, 94A, 95B (Erzherzog-Karl-Straße)

Im Vorort Stadlau entwässerte die Gemeinde Wien im Jahr

| Montag bis Freitag |
| 6–18.30 Uhr |
| Samstag 6–14 Uhr |
| |
| 1. Samstag des |
| Monats bis 18 Uhr |

1913 den heutigen Genochplatz, um ihn für Marktzwecke zu adaptieren. Der neue Markt wurde am 1. Dezember 1913 eröffnet. Vor dem ehemaligen Tröpferlbad findet der Marktverkehr noch heute statt. Der Genochmarkt ist ein Minimarkt mit gleich zwei Blumenhandlungen, zwei Imbißläden, einem Fischhändler, einem Bäcker, einem Obststand und dem „Über-all"-Döner. Einige Läden sind noch zu haben. Mitunter verirren sich auch ein paar mobile Fetzenhändler hierher. Verweilt man, so zeigt sich, daß der Genochmarkt gar nicht so tot ist, wie er von außen wirkt. Allerdings sind auch hier überall Klagen über die übermächtige Konkurrenz der Supermärkte zu hören.

■ TEMPORÄRER MARKT ■

Quadenstraße, Maschlgasse
Ganzjährig
Verkehrsverbindung: Autobusse 23A, 95B oder 96B (Gladiolenweg)

**Mittwoch
14–18.30 Uhr
Samstag 7–12 Uhr**

Dieser nette kleine Markt beim Ort Hirschstetten, zwischen Dorfresten, Kleingärten, älteren und auch neueren Gemeindebauten findet zweimal in der Woche statt. Auf einem schattigen Plätzchen neben der Straße versammeln sich indische Fetzenverkäufer, Bauern mit viel fettem Fleisch und geräucherten Würsten, andere mit frischen Eiern und Hendln oder mit Gemüse. Großer Beliebtheit erfreut sich die Würstel- und Bier-Hütte.

■ TEMPORÄRER MARKT ■

Rennbahnweg, Wagramer Straße
Ganzjährig
Verkehrsverbindung: Straßenbahn 25 (Rennbahnweg)

**Dienstag und
Freitag
14–18.30 Uhr**

Der temporäre Markt der Rennbahnweg-Siedlung findet eigentlich in der parallel zur Wagramer Straße gelegenen Austerlitzgasse statt. Bei unserem Besuch bestand er aus auffällig vielen Fetzenständen. Ein Stand bot Obst und Gemüse zum Kauf an, freitags kommt zusätzlich noch ein Fleischhändler. Ein findiger Marktfahrer hatte sein Sortiment soweit diversifiziert, daß von Eis und Bonbons über Kuchen und Brot bis zu Bekleidung fast alles zu finden war. „Die Leit", so meinte er resigniert, „wer'n immer bequemer. Die kumman gar nimma obe."

■ TEMPORÄRER MARKT ■

Wacquantgasse, Siegesplatz
Ganzjährig
Verkehrsverbindung: Autobusse 22A und 84A (Aspern)

Eine Handvoll Standeln, davon zwei mit fettem Fleisch, | Freitag 13–19 Uhr
einer mit Obst, einer mit Wein – nicht irgendeiner, sondern
Helmut Weinwurm, mit den bemalten Flaschen! –, weiters noch
Landbrot und Honig direkt vom Imker. Manchmal werden hier
angeblich auch Fisch und Käse verkauft.

23. *Bezirk*

■ TEMPORÄRER MARKT ■

Liesing, Parkplatz gegenüber Lehmanngasse
Ganzjährig
Verkehrsverbindung: Schnellbahn,
Autobusse 60A, 62A, 64A oder 66A (Liesing)

Der temporäre Markt des marktlosen Bezirks Liesing befindet sich gegenüber dem Bahnhof in der Lehmanngasse. Die
relativ starke Belebung dieses temporären Markts beweist,
daß hier ein erhöhter Bedarf besteht. Angeboten werden
bäuerliche Backwaren, Obst und Gemüse vom Bauern bzw. vom türkischen Marktfahrer, G'selchtes aus dem Waldviertel, Kartoffeln, Eier,
Wein, Honig und natürlich indische Textilien. Die freundlichen

Dienstag
und Freitag
12–18.30 Uhr
Samstag 7–12 Uhr

Händler (zwei Pakistani) erzählen, daß es in Wien und Umgebung etwa 50 pakistanische und mehr als 600 indische Marktfahrer gebe, vor allem aber, daß die Menschen außerhalb Wiens netter seien. In Wien gebe es oft Probleme mit den Berufskollegen, die sagen: „Geht's ham nach Indien!"

Floh- und Antiquitätenmärkte

■ I., ANTIQUITÄTENMARKT AM HOF ■

Rund um die Mariensäule
Anfang März bis letzter Samstag vor dem 24. Dezember
Verkehrsverbindung: Autobus 1A (Am Hof)

Freitag und Samstag 10–20 Uhr

Etwa 30 Stände, deren Besitzer teilweise mit den Standlern vom Donaukanal ident sind. Am Hof finden sich fast ausschließlich Altwarenhändler, die ihre gutsortierten Gustostückeln ansprechend und übersichtlich zu präsentieren wissen. Nichts für „Wühlmäuse", auch nichts für Schnäppchenjäger, da die Preise

wegen der guten Lage und der vielen Touristen ziemlich überzogen sind. Die nach der Entstehung dieses Marktes im Jahr 1993 bei vielen Besuchen konstatierte angenehme Atmosphäre ist mittlerweile einem Insiderklima gewichen, und viele Händler zeichnen

sich vor allem durch Arroganz und Unfreundlichkeit aus. Im Vergleich zum Flohmarkt, der vor vielen Jahren hier seinen Ausgang nahm, ist der Antiquitätenmarkt ziemlich steril. Schade um die schöne Lage!

■ I., MARKT AM DONAUKANAL ■

Zwischen Augartenbrücke und Aspernbrücke
Mai bis September
*Verkehrsverbindung: U1 und U4 (Schwedenplatz),
Straßenbahnen 1 und 2 (Salztorbrücke)*

Der Markt am Donaukanal findet während der Frühlings- und Sommermonate am stadtseitigen Donaukanalufer statt. Entgegen offiziellen Verlautbarungen beginnt er erst bei der Marienbrücke, nach der „Johann Strauss", tritt in geballter

> Samstag
> 14–20 Uhr
> Sonntag
> 10–20 Uhr

Form unter der Salztorbrücke auf, die Händlern und Kunden Schutz vor Wind und Regen bzw. auch Schatten spendet, geht dann in die „Lokale am Kanale" über und verläuft sich in Höhe des Ringturms.

Neben etwas überteuerten Altwaren aller Art findet sich viel – manche meinen auch: zuviel – Kunsthandwerk und allerlei gehobener

Krimskrams, selbstgezogene Kerzen, selbstgemalte Bilder, selbstgebatikte Tücher, selbstgedrehter Schmuck und weitere Entbehrlichkeiten, aber auch trendige Blechbilder, ältere und neuere Bücher und CDs, günstige Holzrahmen nach Maß, gesundes Holzspielzeug, seltene Mineralien und kitschige Jadearbeiten, alter Schmuck und Modeschmuck, Korbwaren und Bekleidung. Das Preisniveau ist, wie gesagt, eher hoch. An schönen Frühsommerwochenenden ist am Donaukanal allerhand los, meistens wirkt der Markt jedoch eher unbelebt, und man kommt wieder einmal ins Räsonieren, warum der gesamte Donaukanalbereich so ungenützt und uncharmant ist. Wäre man doch an der Seine!

■ 6., FLOHMARKT ■

Linke Wienzeile
Ganzjährig
Verkehrsverbindung: U4 (Kettenbrückengasse)

**Samstag
6.30–18 Uhr**

Vorläufer des heutigen Flohmarkts war der Tandelmarkt, der nach verschiedenen Verlegungen im Jahr 1864 in eine Markthalle neben der Rossauer Kaserne einzog. Durch die Zerstörung der Halle im Zweiten Weltkrieg gab es mehrere Jahrzehnte lang keinen Altwarenmarkt. Seit 1973 wurde, nach dem Vorbild des Pariser Marché aux Puces, an allen Samstagen ein Trödelmarkt auf dem Platz Am Hof abgehalten. Aus Platzgründen wurde dieser Markt 1977 auf das durch die Absiedlung des Gemüsegroßmarkts freigewordene Areal beim Naschmarkt verlegt. Heute stehen hier etwa 200 Plätze für gewerbliche Händler und 300 für Amateure zur Verfügung. Am 1. Juni 1995 beschlossen die Bezirksvertreter von Mariahilf auf Initiative der SPÖ ein neues Konzept für den Flohmarkt. Bezirksvorsteher-Stellvertreterin Renate Kaufmann ist nicht wenig stolz darauf. Schon 1994 habe die SPÖ eine „Renaissance des Flohmarktes" gefordert. Das Konzept sehe nun vor, den Flohmarkt zu einer „Kulturmeile" zu adeln, auf der hochwertige Antiquitäten, ausgesuchte Kleinkunst und eine

breite kulinarische Palette angeboten werden sollen. Dies bedeute
eine Bereicherung für den Bezirk
und schaffe darüber hinaus Ein-
kommensquellen und Arbeits-
plätze. – Auch eine Methode, den
immer wieder kritisierten Flohmarkt mit seiner anarchischen
Buntheit zu Tode zu behübschen.

Gibt es irgend etwas, das man
hier nicht finden kann – und sei
es gesprächshalber, über Vermittlung? Der Flohmarkt ist jedenfalls vollgestopft mit Nippes aller

Art und Epochen, Möbeln, Militaria, Bildern, Stichen, Postkarten,
Fotos und Bekleidung. Und darüber hinaus eben mit Menschen, die
originelle Ideen ebenso verkaufen wie Häuser, Autos, Grundstückc, ihre
Großmutter oder sogar ihren Vierbeiner. Wichtigstes Prinzip ist
Handeln, Handeln und Weiterhandeln, wobei der Autor sich der

Unsinnigkeit dieses Ratschlags durchaus bewußt ist, denn wenn man sich einmal unsterblich verliebt hat, das Objekt seiner Wünsche, Sehnsüchte und Begierden endlich in Händen hält und weiß, daß man nicht einfach damit davonlaufen kann, dann bezahlt man zähneknirschend und mit zahlreichen Flüchen auf den Lippen den verlangten Wucherpreis, schluckt tapfer und schwört tausend heilige Eide, bei diesem Händler nie wieder ... Und geht dann beim nächsten Mal doch wieder hin, weil man nun schon als alter Stammkunde behandelt wird und unter der Budel schon das nächste Traumobjekt hervorgeholt und – „Da hätt' ich was für Sie" – einem unter die Nase gehalten wird. Der Flohmarkt ist eine Sucht, so wie das Rauchen. Trotzdem: Handeln. Denn das gleiche Objekt wurde am selben Tag an verschiedenen Ständen um 450, 500, 1200 und 1800 Schilling gesehen! Echt wahr!!

Den Wiener Flohmarkt kann man nicht wirklich beschreiben, deshalb soll hier eine möglichst nüchterne Darstellung der verschiedenen Flohmarktbereiche erfolgen. Also: In der äußersten Reihe, an der Linken Wienzeile (6. Bezirk), findet sich im etwas heterogenen

Durcheinander der Waren mitunter noch so manche Mezie. Der danebenliegende erste Hauptgang ist beidseitig mit „Antiques" gepflastert. Qualität und Preise sind starken Schwankungen unterworfen. Im zweiten Hauptgang finden sich auf der dem 6. Bezirk zugewandten Seite immer noch die gleichen „Antiques", auf der dem 5. Bezirk zugewandten Seite bereits der erste Ramsch. Der U-Bahn-seitig gelegene dritte Gang hält Altwaren und Fetzen gemischt bereit. Immerhin liegt die Ware hier noch auf Verkaufstischen. Im vierten und fünften Gang schließlich, am U-Bahn-Abgrund, überwiegt der richtige Trödel, sehr viele Fetzen, aber es gibt auch so manches interessante Stück. Die Preisbildung unterliegt hier anderen Gesetzen und findet auch in einem anderen Ausmaß statt: „Naja, fünfzig is mir zuviel." „Na gut, vierzig." Teilweise muß der interessierte Kunde sich hier durch riesige und amorphe Haufen unterschiedlichen Zeugs wühlen, in denen die meisten Dinge 20 Schilling kosten.

Der Flohmarkt lebt vor allem durch seine Atmosphäre – aber das ist eigentlich zu banal, um eigens erwähnt zu werden. Es ist jedoch zu befürchten, daß das fortwährende Herumdoktern an diesem zur Institution gewordenen Markt gerade der unverwechselbaren Atmosphäre großen Schaden zufügen wird. Freilich ist der Flohmarkt auch Schwarzmarkt und Drogenumschlagplatz. Man sollte sich jedoch vor der Gefahr hüten, das Kind mit dem Bade auszuschütten. Im September 1995 hat der Bezirksvorsteher des 6. Bezirks dem Flohmarkt ein Ultimatum gestellt: Entweder ein radikaler Schnitt mit Neubeginn oder das Ende. Angeblich hat Kurt Pint (VP), zwei Private gefunden, die bereit wären, den Flohmarkt in Eigenregie zu führen. Deren Pläne enthalten eine Reduzierung der Stände, eine Verbreiterung der Gänge, eine Woche Voranmeldung, ja sogar eine Absiedlung an einen anderen Standort. Damit wäre Herr Pint seine Sorgen und wir den Flohmarkt los!

Zuletzt noch ein Wort zur Infrastruktur: Am Markt und auch in der Umgebung gibt es mehrere einschlägige Cafés und Imbißstuben, natürlich auch Toiletten und für Verzweifelte – einen Bankomaten.

Allerheiligenmärkte

Vor den meisten Friedhöfen in den Bezirken 10 bis 23 finden vom 25. Oktober bis zum 2. November täglich zwischen 7 und 18 Uhr kleine Märkte statt, auf denen die Friedhofsbesucher Kränze und Bouquets, Kerzen und Grablichter, aber auch kleine Stärkungen kaufen können. Insgesamt gibt es auf sämtlichen Allerheiligenmärkten Wiens etwa 600 Standeln, die einen großen Beitrag zur feierlichen Stimmung an diesem „Lieblingsfeiertag" der Wiener leisten.

Allerheiligenmärkte finden vor folgenden Friedhöfen statt:

10., Evangelischer Friedhof, Oberlaaer Friedhof

11., Zentralfriedhof und Krematorium,

Kaiser-Ebersdorfer-Friedhof, Simmeringer Friedhof

12., Meidlinger Friedhof, Südwest-Friedhof,

Altmannsdorfer Friedhof

13., Lainzer Friedhof, Hietzinger Friedhof, Friedhof Ober St. Veit

14., Baumgartner Friedhof, Penzinger Friedhof,

Hütteldorfer Friedhof, Hadersdorfer Friedhof

16., Ottakringer Friedhof

17., Hernalser Friedhof, Dornbacher Friedhof

18., Pötzleinsdorfer Friedhof, Neustifter Friedhof,

Gersthofer Friedhof

19., Döblinger Friedhof, Sieveringer Friedhof, Grinzinger

Friedhof, Heiligenstädter Friedhof, Nußdorfer Friedhof

21., Stammersdorfer Zentralfriedhof, Jedleseer Friedhof,

Groß-Jedlersdorfer Friedhof

22., Stadlauer Friedhof, Kagraner Friedhof, Asperner Friedhof,

Breitenleer Friedhof, Eßlinger Friedhof, Hirschstettener Friedhof,

Süßenbrunner Friedhof

23., Inzersdorfer Friedhof, Friedhof Mauer, Liesinger Friedhof,

Atzgersdorfer Friedhof, Erlaaer Friedhof, Rodauner Friedhof

Advent- und Weihnachtsmärkte

Das Marktamt unterscheidet zwischen Christkindlmärkten, Advent-
märkten, Weihnachtsmärkten und anderen Gelegenheitsmärkten.

Christkindlmärkte:

Christkindlmärkte dürfen vom 1. November bis zum 12. Jänner abgehalten werden.

 1., Christkindlmarkt, am Rathausplatz

12., Meidlinger Christkindlmarkt

21., Floridsdorfer Christkindlmarkt

Adventmärkte:

Diese finden an verschiedenen Stellen der Stadt, vom 1. Montag nach dem 5. Sonntag vor dem 24. Dezember bis zum 10. Jänner täglich zwischen 8 und 20 Uhr statt.

 1., Freyung

 3., Sünnhof, Landstraßer Hauptstraße 28

 4., Karlsplatz, im Resselpark und vor der Karlskirche

 6., Vorplatz Kirche Mariahilf, Mariahilfer Straße

 7., Stiftgasse, zwischen Mariahilfer Straße und Siebensterngasse

 9., Vorplatz der Servitenkirche, Servitengasse, Grünentorgasse

 9., Julius-Tandler-Platz, vor dem Franz-Josefs-Bahnhof

10., beim Viktor-Adler-Markt

10., Keplerplatz, Favoritenstraße

17., Elterleinplatz

18., Höhnegasse, zwischen Gersthofer Straße und Alseggerstraße

22., Genochplatz

22., Asperner Siegesplatz

Weihnachtsmärkte:

Auch diese finden an verschiedenen Stellen der Stadt in praktisch allen Bezirken statt, und zwar vom 1. bis zum 24. Dezember täglich zwischen 8 und 20 Uhr, bestehen allerdings nur aus einem oder einigen wenigen Standeln.

Als „**weitere Gelegenheitsmärkte**" in der Vorweihnachtszeit gelten zum Beispiel:

 1., Kunsthandwerk im Heiligenkreuzerhof

 1., Am Hof, Weihnacht wie anno dazumal

2., Weihnachten im Volkertgrätzel, Volkertplatz

7., Weihnachten am Spittelberg

Die wichtigsten dieser zahlreichen Märkte werden im folgenden unter dem Oberbegriff „Advent- und Weihnachtsmärkte" behandelt. Eine komplette Aufstellung über sämtliche Märkte und marktähnlichen Veranstaltungen zur Weihnachtszeit stellt das Marktamt gerne zur Verfügung. Aktuelle Listen finden sich auch in den meisten Tageszeitungen. Vorsicht: Nichts ändert sich so rasch wie ein jahreszeitlicher Markt! Alle Angaben sind deshalb ohne Gewähr.

■ 1., CHRISTKINDLMARKT ■

Rathausplatz
6. Samstag vor Weihnachten bis 26. Dezember
Täglich 8–20 Uhr
Verkehrsverbindung: U2 (Rathaus),
Straßenbahnen 1, 2 oder D (Rathausplatz)

Die Geschichte der vorweihnachtlichen Märkte in Wien reicht bis ins 13. Jahrhundert zurück – genauer gesagt bis ins Jahr 1294, als Albrecht II. den Wiener Händlern und Gewerbetreibenden das Privilegium zur Abhaltung eines „Dezembermarktes" zur Versorgung der Bevölkerung erteilte. Der Wiener Christkindlmarkt feierte deshalb im Jahr 1994 seinen 700. „Geburtstag".

Der Markt wechselte im Laufe der Jahrhunderte häufig seinen Standort und seinen Namen: Der erste wirkliche Weihnachtsmarkt wurde seit Anfang des 17. Jahrhunderts am Graben unter dem Namen Thomasmarkt abgehalten. Anfang des 18. Jahrhunderts übersiedelte dieser Markt auf die Freyung und hieß fortan Nikolo- und Weihnachtsmarkt. Mitte des 19. Jahrhunderts kam der Markt auf den Platz Am Hof und wurde nun Krippenmarkt genannt.

Dieser Markt Am Hof war noch ein allgemeiner Wintermarkt, auf dem außerdem noch vorweihnachtliche Waren wie Rauschgoldengel, versilberte Nüsse, Kugelschnüre, Lametta, Kerzen, Beuteltaschen,

Spiegel etc. verkauft wurden. Das Weihnachtsfest in seiner heutigen Form war zum damaligen Zeitpunkt noch relativ jung. Christbäume und Weihnachtsgeschenke tauchten erst zur Zeit des Wiener Kongresses in Wien auf, und die allererste Erwähnung eines Christbaums in Wien stammt – wie weiter oben schon ausgeführt wurde – vom 24. Dezember 1814, als ein Polizeispitzel Metternichs meldete, daß im Haus des jüdischen Bankiers Arnstein ein Christbaumfest nach „Berliner Sitte" abgehalten worden sei.

Der Christkindlmarkt befand sich bis zum Jahr 1922 Am Hof, dann auf der Freyung, am Stephansplatz, und von 1929 bis 1938 am Neubaugürtel. Während des Krieges war er zeitweise Am Hof, zeitweise am Stephansplatz, von 1946 bis 1948 vor bzw. im Messepalast und zwischen 1949 und 1975 alternierend am Neubaugürtel und am Messepalast-Vorplatz. Seit 1975 ist er – hoffentlich definitiv – am Rathausplatz, wo etwa 140 Hütten mit einer Verkaufsfläche von 1.800 Quadratmetern auf die vielen hunderttausend Besucher warten.

Sowohl von Seiten traditionsbewußter als auch alternativer Kreise kam immer wieder herbe Kritik am „unweihnachtlichen" Ramsch des Christkindlmarktes. Jedes Jahr aufs neue verkünden die Veranstalter nun eine Reduzierung des Warensortiments auf das „eigentlich Weihnachtliche". Mit unterschiedlichem Erfolg. So wurde, wie es auch in den offiziellen Aussendungen heißt, bei den Würstelständen das Warenangebot auf den „typischen Charakter eines Wiener Würstelstandes" eingeengt, der Verkauf von Haus- und Küchengeräten „gänzlich reduziert", und selbstverständlich wird kein Kriegsspielzeug angeboten. Vermehrt werden nun sogar umweltfreundliche Verpackungen verwendet. Und natürlich finden sich am Christkindlmarkt Nußspezialitäten, Holzspielzeug, Glaswaren, Porzellan- und Tonwaren, Kunstdrucke, Blechspielzeug, Gewürze und Kräuter, Brände, Schnitzereien, sakrale Figuren und Bilder, Bücher, diverses Kunsthandwerk, Christbaumschmuck, ätherische Öle und Aromata, Spezialbrote, Lebkuchen, Honig und Met, gebratene Äpfel und gebrannte

Mandeln, Adventkalender und was es sonst noch an weihnachtlichen Utensilien gibt. Allerdings finden sich Jahr für Jahr auch Unsäglichkeiten wie Wimpel und Fußballdressen, Langos, Plastikspielzeug, Zier- und Zimmerbrunnen, Parfums und Kosmetika, Hemden, CDs, „Airport Art" aus aller Welt, Mützen und Pelzschuhe, Bergkristallwaren, chinesische Nippes und Elektrokerzen – um nur die schlimmsten zu nennen.

Beinahe ein Politikum ist der Christbaum vor dem Rathaus, der der Bundeshauptstadt jedes Jahr von einem anderen Bundesland zum Präsent gemacht wird und ein klein wenig die Wertschätzung Wiens in diesem Teil Österreichs zum Ausdruck bringt. Der letzte Baum aus Vorarlberg war – auf gut Wienerisch – „a Staud'n". Nach Weihnachten gibt es übrigens auf demselben Gelände einen großen Silvestermarkt.

■ I., ALTWIENER CHRISTKINDLMARKT ■

Freyung, vor der Schottenkirche
Letzter Samstag im November bis 23. Dezember
Täglich 9.30–19.30 Uhr
Gilt als Adventmarkt
Verkehrsverbindung: U2 (Schottentor), Autobus 1A (Teinfaltstraße)

Hier finden all jene, die über den Christkindlmarkt am Rathaus schon immer die Nase gerümpft haben, ihre Weihnachtsstimmung wieder: Gehobener Kitsch – Kerzen, Holzspielzeug, Nippes, Dekor, Christbaumschmuck der ländlich traditionellen Art, aber auch alternative Weihnachtsdekoration wird hier auf stilvolle Art angeboten. Kleine deftige Stärkungen – Brot, Käse und

Speck, Schnaps, Punch und Dufttees – dürfen natürlich ebensowenig fehlen wie Bäckereien und Lebkuchen, Imkerprodukte, Keramik, Marionetten, Kräuter, Liednoten, Seidenmalerei, Krippen (Grödner Holzschnitzer), Schmuck, Steine, Mineralien, Wollschals und -socken, Drechslereiarbeiten usw.

– *„10 Schülling a Maroniherz, nur 10 Schülling!"*

– *„Welches is denn besser?"*

– *„Des is a Gschmacksache! Drum hob i a drei Gschmacksrichtungen. Wer bei mir nix find', is selber schuld!"*

Auf einer kleinen Bühne wird Puppentheater für Kinder gegeben, aber auch Wiener Volks- und Weihnachtslieder der gehobenen Art.

■ I., WEIHNACHTSMARKT AM HOF ■

Rund um die Mariensäule
Bis letzten Samstag vor dem 24. Dezember
Freitag und Samstag 10–20 Uhr
Gilt als Gelegenheitsmarkt
Verkehrsverbindung: Autobus 1A (Am Hof)

Der Weihnachtsmarkt Am Hof ist eigentlich nur die Fortführung des hier stattfindenden Antiquitätenmarktes. Er besteht aus etwa 30 Standeln, die gehobenen und „sortierten" Jahrhundertwenderamsch verkaufen. Und: einem Würstelstand. Und in der Mitte: einem Christbaum. Gleich dahinter gibt es einen der zahlreichen „Christbaummärkte" der Stadt. Der originelle Verkäufer, der sich selbst hin und wieder mit Trompetenspiel einheizte und dadurch auch einige Aufmerksamkeit zu erregen vermochte, erzählte uns, daß seine Familie in Wien insgesamt vier Christbaumstände betreibe, unter anderem auch einen am Graben. Begonnen habe das Christbaumgeschäft schon der Urgroßvater. Die Familie besitzt eine Baumkultur mit etwa 10.000 Bäumen, davon kommen jährlich 1.500 bis 2.000 Bäume zum Verkauf. So ein Baum braucht, man glaubt es kaum, etwa 10 Jahre, bis er einen Meter hoch ist. Besonders fürchtet der Mann aus der Steiermark den

Rüsselkäfer, der innerhalb von nur drei Tagen eine ganze Plantage vernichten kann. Das Angebot an Christbäumen besteht aus Edeltannen (öS 90,– bis 990,–), Wipfelfichten (öS 40,– bis 730,–), Blaufichten (öS 100,– bis 1.200,–) und dänischen Tannen (öS 180,– bis 1.250,–). Besonders zufrieden wirkte unser Christbaumbauer nicht. Viele ältere Leute, so meinte er, würden nur noch kleine Bäume kaufen, und viele junge wollten sich das Ganze gar nicht mehr antun.

■ 1., KUNSTMARKT IM HEILIGENKREUZERHOF ■

Letzter Samstag im November bis 4. Advent
Samstag und Sonntag 10–19 bzw. 18 Uhr
Gilt als Gelegenheitsmarkt
Verkehrsverbindung: U1 oder U4
(Schwedenplatz)

Der Kunstmarkt im schönen Heiligenkreuzerhof besteht aus etwa 40 Standeln. Weihnachten ist hier etwas im Hintergrund, es dominiert das Kunstgewerbe der schick-alternativen Art: Textiles, Kerzen, Schmuck, Keramik, Holz, Glas, kurz, das Überflüssige und Unnütze, allerdings sehr nett präsentiert.

■ 2., ALTWIENER WEIHNACHTSTRAUM ■

Straße des 1. Mai, hinter dem Riesenrad bis zum Calafati
1. bis 24. Dezember
Täglich 12–21 Uhr
Verkehrsverbindung: U1 (Praterstern), Straßenbahn 5, 21 und O (Praterstern)

1995 zum ersten Mal veranstaltet – wohl um den um diese Jahreszeit ziemlich toten Prater etwas zu beleben. Weihnachts- oder Adventstimmung kommt hier, wo die Spielhallenautomaten den Ton angeben und die Monster von der Geisterbahn röhren, natürlich keine auf; trotzdem ist es ein guter Platz: Der verschneite Prater gibt eine nette Kulisse ab. Das Warenangebot der etwa 50 Standeln ist in keiner Weise bemerkenswert – es dominieren die leiblichen Genüsse.

■ 3., ADVENT IM SÜNNHOF ■

Landstraßer Hauptstraße 28
Gilt als Adventmarkt
Verkehrsverbindung: U3 (Rochusgasse)

Besteht aus etwa 20 Ständen, die „gehobenes" Kunstgewerbe aus den Bereichen alternativ, ethnisch und esoterisch anzubieten haben. Der Markt wird vom „Hotel Biedermeier" mit der Auflage organisiert, ein niveauvolles und reichhaltiges Angebot zu bieten. Gelegenheit jedenfalls, den Sünnhof zu besichtigen, ein Altwiener Durchhaus von großem Reiz, das 1983 restauriert wurde.

■ 4., WERK & KUNST: WIEN ■

Karlsplatz, vor der Karlskirche
Verkehrsverbindung: U1, U2, U4 (Karlsplatz)

Gilt als „Adventmarkt", und findet vor der Karlskirche und im angrenzenden Resselpark statt. Das Angebot auf diesem „Newcomer" unter den Wiener Weihnachtsmärkten ist teilweise sehr originell und phantasievoll, teilweise auch durchaus herkömmlich, fast immer jedoch sind es Weihnachtspräsente der alternativen Art. Kunstgewerbe aus Holz, Keramik, Wachs, ferner Textiles, Duftstoffe und Schmuck finden sich auf den etwa 50 Standeln. Das Gesamterscheinungsbild war im ersten Jahr noch etwas disparat und stimmungslos, die verschiedenen Stände bildeten kein zusammenhängendes Ensemble, und auf eine Gestaltung wurde offenbar vergessen. 1995 war es bereits ein wenig besser. Insgesamt ist Werk & Kunst der Weihnachtsmarkt mit den wahrscheinlich originellsten Geschenkideen. Zwei Beispiele: Klangkörper und die Kieselsteinvasen des Bildhauers Walter Franzke.

■ 6., ADVENTMARKT MARIAHILF ■

Vor der Kirche Mariahilf in der Mariahilfer Straße
Letzter Samstag im November bis 24. Dezember
Täglich 8–18 Uhr
Gilt als Adventmarkt
Verkehrsverbindung: U3 (Neubaugasse),
Autobus 13A (Kirchengasse)

Besteht aus etwa einem Dutzend Standeln und führt vor Nasen, was Weihnachten heute in erster Linie ist: Fraß und Völlerei. Der Austragungsort ist, wie bereits im Zusammenhang mit dem hier stattfindenden temporären Markt festgehalten wurde, überaus malerisch.

■ 7., STIFTGASSE ■

Gilt als Adventmarkt
Verkehrsverbindung: Straßenbahn 49 (Stiftgasse)

Erstreckt sich entlang der Kirchen- und Kasernenfront und besteht aus etwa 40 Standeln, die eher konventionelle Ware mit leichtem Alternativ- und Ethnotouch anbieten. Stimmungslos!

■ 7., WEIHNACHTSMARKT AM SPITTELBERG ■

Letzter Samstag im November bis 23. Dezember
Montag bis Freitag 14–18.30 Uhr, Samstag und Sonntag 10–18.30 Uhr
Gilt als Gelegenheitsmarkt
Verkehrsverbindung: Straßenbahn 49 (Stiftgasse)

Der Weihnachtsmarkt am Spittelberg umfaßt mittlerweile das gesamte Viertel, mit etwa einem Dutzend Standeln in der Siebensterngasse, knapp 30 Ständen in der Gutenberggasse (inklusive „Märchenland"), etwa 50 Ständen in der Spittelberggasse und noch einmal 25 Ständen in der Schrankgasse plus einem Biobauernmarkt („Glütschis Himbeer-

honig"!). Der Markt am Spittelberg ist zweifelsohne der originellste, stimmungsvollste und qualitativ beste der Wiener Weihnachtsmärkte, wozu natürlich auch die Stimmung des Viertels mit den barocken Pawlatschenhäusern und kleinen Innenhöfen beiträgt, das vor zwei Jahrzehnten noch völlig heruntergekommen war, aber inzwischen vorbildlich saniert wurde. Die vielen netten Lokale, Galerien, alternativen Läden, der weihnachtliche Fassaden- und Baumdekor tragen ebenso mit dazu bei wie das allgemeine Bemühen, Wohlgerüche vor Langos- und Pommes-Frites-Gestank zu stellen. Wenn einem dann noch Gaukler und Straßenkünstler das Herz wärmen, dann könnte man mit einigem guten Willen sogar wieder an Weihnachten glauben ...

■ 9., FRANZ-JOSEFS-BAHNHOF ■

Julius-Tandler-Platz, vor dem Franz-Josefs-Bahnhof
Verkehrsverbindung: Straßenbahnen 5 oder D (Franz-Josefs-Bahnhof)

Gilt als „Adventmarkt" und besteht aus etwa 20 Standeln direkt vor dem Eingang zum Bahnhof. Das Angebot reduziert sich auf das Übliche, doch halt! Bücher wurden gesichtet! Die Freude wurde allerdings umgehend durch einen Spielwarenhändler getrübt, der für den hoffnungsvollen Polizeinachwuchs Spielzeughandschellen in seinem Angebot führt.

■ 10., KEPLERPLATZ ■

Fußgängerzone Favoriten, bei der Keplerkirche
Letzter Samstag im November bis 24. Dezember
Täglich 8–18 Uhr
Gilt als Adventmarkt
Verkehrsverbindung: U1 (Keplerplatz)

Besteht aus etwa 20 Standeln, bei deren Warensortiment ganz eindeutig die Geschmacksverwirrung und der Ramsch dominieren. Das Schönste: Porzellantiere in dramatischen Posen, fürs Regal oder Kastl.

■ 10., VIKTOR-ADLER-MARKT ■

Victor-Adler-Platz
Gilt als Adventmarkt
Verkehrsverbindung: U1 (Keplerplatz)

Neben dem ständigen Markt, auf den Plätzen der Landparteien, finden sich etwa 10 „vorweihnachtliche" Standeln. Was soll man dazu sagen? Ramsch?! Für die Favoritner Jugend werden hier jede Menge Spielzeugwaffen und für avanciertere Semester auch Ledergilets mit Nieten und Aufdrucken feilgeboten. Armer Weihnachtsmann!

■ 12., MEIDLINGER CHRISTKINDLMARKT ■

Meidlinger Hauptstraße (Fußgängerzone), Ecke Niederhofstraße
6. Samstag vor Weihnachten bis 24. Dezember
Täglich 9–20 Uhr
Gilt als Christkindlmarkt
Verkehrsverbindung: U4 (Meidling Hauptstraße)

Der hochtrabend „Meidlinger Christkindlmarkt" genannte kleine Markt am Ende der Fußgängerzone besteht aus etwa 14 Standeln, die ein relativ hohes Niveau aufweisen. Zumindest ist das Bemühen erkennbar, sich dem Trend unserer Zeit anzupassen und vermehrt auch biologische und umweltverträgliche Produkte anzubieten.

■ 13., KULTUR- UND WEIHNACHTSMARKT SCHLOSS SCHÖNBRUNN ■

Schloßvorplatz
Montag bis Freitag 14–20 Uhr
Samstag und Sonntag 10–20 Uhr
Gilt als Gelegenheitsmarkt
Verkehrsverbindung: Straßenbahnen 10 oder 58,
Autobus 15A (Schloß Schönbrunn)

Der 1994 von der Betriebsgesellschaft des Schlosses erstmals organisierte Weihnachtsmarkt findet am Schloßvorplatz („Ehrenhof") statt. Etwa 45 Standeln bieten überwiegend ländlich-rustikale Waren der gehoben Kategorie an (Stichwort: „Lodenschick"), aber auch allerlei Krimskrams, mit einem leichten Übergewicht an Fressalien – was leider auch mit einigen unangenehmen und unedlen Düften einhergeht. Mit ein bißchen Liebe und Phantasie könnte ein Markt an diesem Standort sehr viel netter sein. Es gibt auch eine Bühne und ein musikalisches Rahmenprogramm im Schloß.

■ 16., OTTAKRINGER STRASSE ■

Am Ende der Ottakringer Straße, bei der Pfarrkirche Alt Ottakring
und der Endstelle der Linie J
Gilt als Gelegenheitsmarkt

Die etwa 20 Standeln um den Brunnen, direkt beim Heurigen „10er Marie" – um die Jahrhundertwende beliebtester Heurigenschank mit täglich urwienerischer Volksmusik –, bilden ein nettes und lobenswertes Ensemble. Ganz im Gegensatz zum „Gelegenheitsmarkt" am Richard-Wagner-Platz.

■ 16., RICHARD-WAGNER-PLATZ ■

Einige disparate Standeln verdienen den Namen Weihnachts- oder Adventmarkt wirklich nicht!

■ 17., ELTERLEINPLATZ ■

Rund um das Schrammeldenkmal
Gilt als Adventmarkt

Etwa 10 Holzhütten mit Reisig und pseudoweihnachtlichem Tand; daran angeschlossen ein Christbaummarkt.

■ 21., FLORIDSDORFER CHRISTKINDLMARKT ■

Pius-Parsch-Platz, Franz-Jonas-Platz
Täglich 8–20 Uhr
Gilt als Christkindlmarkt
Verkehrsverbindung: Schnellbahn, Straßenbahnen 26, 31 oder 32,
diverse Autobusse (Floridsdorf / Am Spitz)

Auf dem netten Plätzchen zwischen der Kirche und der Angerer Straße finden sich etwa 25 Stände voller Ramsch und Schund. Es dominieren allerlei unweihnachtliche Düfte (Langos, Pizza etc.) und sehr viel „Praktisches". „Weihnachtsfirlefanz" und Kunstgewerbliches wie in den „nobleren" Bezirken sucht man hier vergebens.

Christbaummärkte

Christbaummärkte finden an verschiedenen Stellen der Stadt – meist auf dazu geeigneten kleinen Plätzen, an Straßenkreuzungen oder in Verbindung mit anderen Märkten – in den letzten zwei Wochen vor Weihnachten täglich von 8 bis 20 Uhr statt.

Neujahrsmärkte

Neujahrsmärkte finden an verschiedenen Stellen der Stadt, vom 28. bis 31. Dezember, täglich von 6 bis 22 Uhr statt, und bestehen meist aus einem einzelnen, manchmal auch aus mehreren Standeln. Insgesamt gibt es jährlich etwa 400 solcher „Märkte". Im Jahr 1995 waren es:

36 im 1. Bezirk,	10 im 9. Bezirk,	14 im 17. Bezirk,
32 im 2. Bezirk,	38 im 10. Bezirk,	11 im 18. Bezirk,
34 im 3. Bezirk,	19 im 11. Bezirk,	7 im 19. Bezirk,
5 im 4. Bezirk,	20 im 12. Bezirk,	20 im 20. Bezirk,
7 im 5. Bezirk,	12 im 13. Bezirk,	29 im 21. Bezirk,
10 im 6. Bezirk,	11 im 14. Bezirk,	28 im 22. Bezirk,
18 im 7. Bezirk,	15 im 15. Bezirk,	9 im 23 Bezirk.
7 im 8. Bezirk,	19 im 16. Bezirk,	

Hervorzuheben sind die Neujahrsmärkte am Rathausplatz und am Stock-im-Eisen-Platz, beide im 1. Bezirk.

Vorhergehende Seite: Naschmarkt
Diese Doppelseite: Christkindlmarkt vor dem Rathaus (links),
Temporärer Markt in der Wacquantgasse (oben), Bauernmarkt Am Hof (unten)
Folgende Seite: Allerheiligenstand

Fasten- und Ostermärkte

Kalvarienberggasse
2. Montag vor dem Aschermittwoch bis Montag nach dem Ostermontag
Täglich 8–20 Uhr
Verkehrsverbindung: Straßenbahn 43 (Elterleinplatz)

Während der Gegenreformation wurde in Hernals, einer früheren Hochburg des protestantischen Glaubens, zum Zeichen des siegreichen Katholizismus eine Grabeskirche nach dem Vorbild Jerusalems errichtet, zu der von der Innenstadt weg ein Kreuzweg mit sieben Stationen führte. Der 1639 geweihte Kalvarienberg wurde während der Türkenbelagerung von 1683 zerstört und Anfang des 18. Jahrhunderts wiederaufgebaut. Für die bußfertigen Wallfahrer wurden bald Marktstände mit Kerzen und Votivgaben, Gebäck, Zuckerwaren, Honig, Obst und diversen Andenken errichtet, aber auch für die Unterhaltung der frommen Pilger war gesorgt: Bänkelsänger, Wahrsager und Gaukler trieben hier ihr Unwesen. Die Osterprozessionen wurden nach 1759 verboten. Sein heutiges Aussehen erhielt der Kalvarienberg nach mehreren Umbauten im 18. und 19. Jahrhundert. Unter den Passionsreliefs des Kalvarienbergs befindet sich übrigens auch der berüchtigte klerikal-antisemitische „Körberljud". Im Jahr 1815 kam am Fastenmarkt ein besonderes Spielzeug in Mode: Männchen mit Schiebestecken, die Vorläufer der berühmten „Bamkraxler". Eine weitere Spezialität ist das „Kafaribergkipferl", das nach dem Ende der Türkenbelagerung angeblich von einem Bäcker namens Stingl „erfunden" wurde und dem islamischen Halbmond nachempfunden ist.

Der bekannte Kalvarienbergmarkt kann auf eine mehr als dreihundertjährige Tradition zurückblicken. Zwischen Aschermittwoch und Ostermontag zieht er Tausende von Menschen an, obwohl der Fastenmarkt seine große Attraktion in einer Zeit, in der religiöse Bräuche nicht mehr allgemeinverbindlich sind, natürlich längst eingebüßt hat. Auch mit dem Lokalkolorit ist es nicht mehr weit her. Ein ganz gewöhnlicher Markt eben mit etwas mehr als 40 Standeln, die sich die Kalvarienberggasse von der Hernalser Hauptstraße bis zur Geblergasse hinaufziehen, mit Praterrummel vor der Kirche, viel neumodischem Spielzeug und wenig Österlichem.

■ 1., OSTERMARKT FREYUNG ■

Vom 5. Montag vor dem Ostersonntag bis zum Freitag nach Ostern
Täglich 8–20 Uhr
Verkehrsverbindung: U2 (Schottentor), Autobus 1A (Teinfaltstraße)

Viel Österliches hat der Ostermarkt auf der Freyung zu bieten, der teilweise von denselben Händlern wie der Weihnachtsmarkt bestritten wird. Hier gibt es Eier und Hasen jeder Art und Provenienz, natürlich auch echte bemalte und zu einem Berg aufgetürmte Eier, kunstvoll dekorierte, solche mit Namen, solche „mit kleinen Fehlern" und solche, die der Kunde selbst bemalen kann. Weiters jede Menge ländlich-alternative Erzeugnisse, Blumengestecke, Kunsthandwerk, österliche Lebkuchen und Backwaren. Und statt weihnachtlichem Punsch gibt es jetzt – Glühmost!

■ 6., OSTERMARKT MARIAHILF ■

Vor der Kirche Mariahilf
Verkehrsverbindung: U3 (Neubaugasse), Autobus 13A (Kirchengasse)

Die österliche Variante des temporären Marktes: Ein halbes Dutzend Stände wartet mit durchaus appetitlichen Fressalien auf.

■ 9., OSTERMARKT BEIM FRANZ-JOSEFS-BAHNHOF ■

Julius-Tandler-Platz
Verkehrsverbindung: Straßenbahnen 5 oder D (Franz-Josefs-Bahnhof)

Etwa ein Dutzend Stände bemühen sich hier vergeblich, vorösterliche Stimmung zu verbreiten. Das Ganze ist eher trostlos und, abgesehen von einem gutsortierten Kinderbücherstand, alles andere als österlich. Die matte Attraktion einer Kinderbahn kostete bei unserem Besuch öS 15,– pro Kind.

■ 21., OSTERMARKT FLORIDSDORF ■

Pius-Parsch-Platz
Verkehrsverbindung: Schnellbahn, Straßenbahnen 26, 31 oder 32,
diverse Autobusse (Floridsdorf / Am Spitz)

Etwa 25 Stände bieten Brot und Käse, Stofftiere, Bekleidung, Musikkasetten, Modeschmuck und Klimbim, (Kinder-)Bücher, Süßigkeiten, Spielzeug, heiße Würstel und Langos, Glas und Porzellan, Salzkristalllampen, Fußballfanzubehör, Kosmetika, Kristalle und Mineralien an und – man glaubt es kaum –: Osterhasen und Ostereier.

Kirchweihmärkte

Die Kirchweihmärkte finden an den Tagen des Kirchweihfestes – oder des Namensfestes des Kirchenpatrons – im Umkreis der betreffenden Pfarren von 8 bis 21 Uhr statt. Andere Kirtage laufen unter „weitere Gelegenheitsmärkte".

■ 9., ROSSAUER KIRCHWEIHMARKT ■

(„Peregrini-Kirchweihmarkt")
Vor der Servitenkirche (Pfarrkirche Mariä Verkündigung) und
der Peregrinikapelle
Während der Novene (26. April bis 4. Mai)
Verkehrsverbindung: U4 (Roßauer Lände) oder
Straßenbahn D (Schlickgasse)

Der Peregrini-Markt zu Ehren des hl. Peregrinus, des Patrons der Krebs- und Fußleiden, blickt auf eine lange Tradition zurück. Anläßlich seiner Heiligsprechung im Jahr 1727 wurde die Kapelle des Heiligen an die Mitte des 17. Jahrhunderts errichtete Kirche angebaut.

Die sogenannten Peregrini-Andachten im Frühjahr erfreuten sich bald regen Zulaufs. Damals entstanden auch die berühmten Peregrinikipfel, die zum Gedenken an die wohltätigen Brotspenden des Heiligen von den Bäckern des Viertels hergestellt und am Markt verkauft wurden. Früher gab es für die fußlahmen Pilger, die sich hier eine Linderung ihrer Leiden erhofften, auch kleine Wachsfüße als Votivgaben zu kaufen. Im Peregrinischrein sind solche Wachsgebilde noch heute zu sehen. Mit dem Zweiten Weltkrieg endete die Tradition des Peregrinimarktes vorerst. Vor einigen Jahren wurde der Markt auf Initiative der lokalen Kaufmannschaft wiederbelebt, und sogar die Kipferl werden von der Bäckerei Ludwig Plank in der Servitengasse 6 wieder hergestellt. Der Markt selbst ist heute ein ganz normaler kleiner Markt, auf dem Marktfahrer bäuerliche Naturkost und Kunstgewerbeprodukte anbieten.

Die folgenden vier Kirchweihmärkte zeichnen sich durch besondere Unbelebtheit aus und sind mit ihren fünf bis maximal zehn Ständen, ihren Kinderkarussells und ihrer Luftburg eigentlich nicht der Rede wert. Nachdem der Wiener scheinbar immer hungrig ist, gibt's dort natürlich auch immer was, um diesen Hunger zu stillen.

■ 9., LICHTENTALER KIRCHWEIHMARKT ■

Marktgasse, Pfarrkirche zu den vierzehn Nothelfern
Verkehrsverbindung: Straßenbahn D oder
Autobus 37A (Althanstraße)

Der Kirtag existiert seit der Fertigstellung der Kirche zu Anfang des 18. Jahrhunderts und wird jeweils am Sonntag nach dem 20. September, dem Fest des Hauptpatrons, des hl. Eustachius, abgehalten. Nach 1945 hat sich der Kirtag eher verselbständigt und wird nun von der Bezirksvorstehung als reine Volksbelustigung organisiert und nach Aussagen der Pfarrei für parteipolitische Zwecke benützt. In den letzten Jahren hat das Engagement der Veranstalter und das Interesse des Publikums deutlich nachgelassen.

■ 10., UNTERLAAER KIRCHWEIHMARKT ■

Klederinger Straße 159–161
Verkehrsverbindung: Autobus 17A (Unterlaa)

An diesem Platz stand einst die älteste Kirche Wiens. Die heutige Kirche ist dem hl. Johannes dem Täufer geweiht (24. Juni) und stammt aus dem 12. Jahrhundert. Früher gab es am Unterlaar Platz einige Standeln. Da das Namensfest in die Sommerferien fiel, entfiel der Kirchweihmarkt in den letzten Jahren.

■ 10., OBERLAAER KIRCHWEIHMARKT ■

Oberlaaer Straße 33, Bischofgasse, Oberlaaer Platz und
Leopoldsdorfer Straße
Verkehrsverbindung: Autobus 17A (Oberlaaer Platz)

Die über 250 Jahre alte Kirche ist dem hl. Aegidius geweiht (Fest des Patrons und Kirchweihfest: 1. September). Bis vor etwa 10 Jahren gab es noch einige Standeln. Heute existiert auch dieser Kirchweihmarkt nur noch auf dem Papier.

■ 14., MARIABRUNNER KIRCHWEIHMARKT ■

Hadersdorf-Weidlingau, Bahnstraße
Verkehrsverbindung: Schnellbahn

Der Kirtag fand ursprünglich am ersten Sonntag im September vor der 1655 geweihten Pfarr- und Wallfahrtskirche von Mariabrunn statt und besaß noch zu Beginn der siebziger Jahre einen großen Markt in der Mauerbachstraße. Nach dem Straßenumbau kam der Kirchweihmarkt fast völlig zum Erliegen. Jetzt wird er vom örtlichen Verschönerungsverein organisiert und findet aus Platzgründen in der Bahnstraße und wegen der Schulferien erst am zweiten Sonntag im September statt.

■ 19., KIRCHWEIHMARKT NEUSTIFT AM WALDE ■

Rathstraße, Hauerweg
Verkehrsverbindung: Autobus 35A (Neustift am Walde)

Während des Markts verlagern sich die Buschenschanken auf die Straße, der ganze Ort ist ein einziger großer Heuriger – statt echter Heurigenmusik erklingen jedoch bestenfalls deutsche Schlagerweisen. Das Angebot wird auch hier von Langos, kandierten Früchten, Speck und Würsten, von Süßwaren in Zellophan, indischen Fetzen, Spielzeug und dem üblichen unsäglichen Kunsthandwerk dominiert. Ein Marionettenhändler sticht mit originellen kleinen Zilks, Lenins, Einsteins, Elvissen und Mozarts heraus. Diverse Kinderattraktionen locken die Kleinen (1 x „Jö schau" = öS 20,–).

Am Nachmittag zieht die örtliche Blasmusik mit Weinproben und einer Blumenkrone durch den Ort. Diese Krone existiert angeblich bereits seit 1753, als die Bürger von Neustift sie der Kaiserin anläßlich einer Mißernte mit der Bitte um einen außerordentlichen Steuernachlaß überbringen ließen. Seither findet der Kirtag zu Ehren der Kaiserin, zu Ehren Mariens (15. August) und des hl. Rochus (16. August), dem die Pfarrkirche geweiht ist, stets um die Mitte des August statt. Beim Umzug werden auch die hervorragenden Persönlichkeiten des Orts „angetrunken". Spektakelplus!

■ 21., JEDLESEER KIRCHWEIHMARKT ■

Anton-Bosch-Gasse, Pfarrkirche Maria Loreto
Verkehrsverbindung: Autobus 33B (Anton-Bosch-Gasse),
Straßenbahn 32 (Hopfengasse)

Der Kirtag von Jedlesee findet stets am Sonntag nach dem Loretotag (7. September) statt. 1996 wird er angeblich bereits zum 124. Mal abgehalten. Da der Kirtag in den letzten Jahrzehnten zum großen Besäufnis mit anschließenden Raufereien degeneriert war, hat sich der Verband der lokalen Wirtschaftstreibenden vor wenigen Jahren der

Sache angenommen. Man wolle, so sagt man, auch stärker den Bezug von Kirtag und Kirchweihfest wiederherstellen. Nun ja. Durch die große Anzahl der Standeln, die Musik und den entsprechenden Publikumsandrang gibt es hier immerhin so etwas wie ein Volksfest.

■ 22., BREITENLEER KIRCHWEIHMARKT ■

Breitenleer Straße / Kriegerdenkmal
Verkehrsverbindung: Autobus 24A (Breitenlee)

Die hiesige Pfarrkirche ist der hl. Anna geweiht (Namensfest: 26. Juli, Kirchweihe: 12. August). Der Kirtag findet am 1. Samstag im August statt. Früher wurde noch am Sonntag und sogar am Montag (Nachkirtag!) ausgiebig gefeiert, und der Kirtag erfreute sich großer Beliebtheit, mit Musik, die von Haus zu Haus zog, gegenseitigen Einladungen und abendlichem Tanz im Wirtshaus. Der jetzige Kirtag wird von der freiwilligen Feuerwehr organisiert. Allerdings haben die Verstädterung und die Auflösung der landwirtschaftlichen Lebensweise große Veränderungen gebracht, und der Kirtag wird die nächsten Jahre wohl nicht überleben.

■ 22., KAISERMÜHLNER KIRCHWEIHMARKT ■

Schüttaupark, Basilika zum Heiligsten Herzen Jesu
Verkehrsverbindung: Autobusse 90A, 91A, 92A (Schüttauplatz)

Der Kaisermühlner Kirtag existiert seit 107 Jahren. Das Herz-Jesu-Fest, welches den äußeren Anlaß liefert, findet jeweils 10 Tage nach Fronleichnam statt. Früher soll der Kirchweihmarkt ziemlich belebt gewesen sein, heute ist davon nichts mehr zu bemerken. Übriggeblieben sind bloß ein knappes Dutzend Standeln mit Spielwaren, Bekleidung, Bioprodukten usw.

■ 23., KIRTAG AUF DER MAUER ■

Maurer Hauptplatz
Verkehrsverbindung: Straßenbahn 60,
Autobus 60A (Maurer Hauptplatz)

Die etwa 300 Jahre alte Pfarrkirche St. Erhard feiert ihre Kirchweihe am 14. November und das Namensfest ihres Patrons am 8. Jänner – beides nicht wirklich günstige Daten zur Abhaltung eines Kirtags. Früher fand dieser um Johannes (24. Juni) statt, jetzt ist man auf Fronleichnam ausgewichen, weil die Umleitung der Buslinien an Feiertagen billiger kommt.

Nachdem der Maurer Kirtag schon sanft entschlafen war, wurde er vor etwa 15 Jahren vom Lions Club wiederbelebt. Die Veranstaltung samt Markt erstreckt sich vom Maurer Hauptplatz bis zum Ölzeltpark und bietet allerhand Praterrummel für alle Altersgruppen: T-Shirts und Hosen vom Inder, kitschig-süße Lebkuchenherzen und zum Bersten pralle Schaumrollen, Ö2-CDs, Spielzeug, brutzelnde Burenwürste, Bierzelt- und Schanigärtenatmosphäre, ausgelassenes Ponyreiten usw.

Märkte und nochmal Märkte

Sogenannte weitere Gelegenheitsmärkte können an verschiedenen Stellen der Stadt abgehalten werden. Veranstalter sind Privatpersonen, Vereine oder Firmen, Markttage und -zeiten werden vom Marktamt einzeln bewilligt. Erforderlich ist ein gebührenpflichtiges Ansuchen (öS 120,–) um Bewilligung mit genauer Angabe des Anlasses, der Markttage und -zeiten, der Anzahl der Marktstände und der Marktgegenstände. Nach eingehender Prüfung und einem Lokalaugenschein (pro Beamten und halbe Stunde öS 105,–) erläßt die MA 59 einen Bescheid und kassiert eine Verwaltungsabgabe von öS 55,– und zusätzlich für einen Tag öS 300,–, für zwei Tage öS 500,– und für drei oder mehr Tage öS 700,–.

Der Veranstalter des Marktes ist berechtigt, vom Standler ein Entgelt in der Höhe von öS 120,– pro Tag zu verlangen; außerdem ist er verpflichtet, dessen Gewerbeberechtigung zu prüfen. Produzenten dürfen ausschließlich eigene Waren verkaufen, Private nur Waren aus dem eigenen Besitz, die nicht zum Zweck des Wiederverkaufs erworben wurden. Diese Einschränkung gilt allerdings nicht für karitative Vereinigungen. Entgeltlicher Ausschank ist verboten.

Als weitere Gelegenheitsmärkte in der Vorweihnachtszeit gelten zum Beispiel:

1., Kunsthandwerk im Heiligenkreuzerhof

1., Am Hof, Weihnacht wie anno dazumal

2., Weihnachten im Volkertgrätzel, Volkertplatz

7., Weihnachten am Spittelberg

Weiters gibt es Jahr für Jahr unzählige kleine Märkte in oder vor Einkaufszentren, Adventbazare diverser Firmen und Vereine, Kunstbazare und Straßenfeste usw.

Hier eine sehr subjektive Auswahl von Gelegenheitsmärkten aus den Jahren 1994–96: „Waldviertler Bauern" in Favoriten; Kunstbazar im Messepalast; diverse Frühlingsmärkte und -feste, auf der Freyung und in verschiedenen Vorstadtstraßen; weitere Ostermärkte, zum Beispiel im Türkenschanzpark, im Heiligenkreuzerhof, im Sünnhof oder am Spittelberg; Straßenflohmärkte, Platzfeste und Grätzelfeste, wie etwa jene auf der Wiedner Hauptstraße, in Simmering oder in der Döblinger Hauptstraße; Maifeste, zum Beispiel jenes im Böhmischen Prater; Kunsthandwerksmärkte, zum Beispiel im Mai am Spittelberg; Buchtage; Kinderfeste, ebenfalls am Spittelberg; Pfingstfeste; Sommerfeste, zum Beispiel im Böhmischen Prater oder in der Schönbrunner Straße; Herbstfeste im Böhmischen Prater, in der Reinprechtsdorfer Straße, am Spittelberg oder in der Schönbrunner Straße.

In den letzten Jahren war eine Renaissance von Straßenveranstaltungen mit Marktcharakter zu registrieren. Über das ganze Jahr verteilt, finden unzählige marktähnliche Veranstaltungen statt, die von Vereinen, politischen und wirtschaftlichen Vereinigungen, Berufsverbänden, Bürgerinitiativen und auch von privaten Personen abgehalten werden.

Es war deshalb vollkommen unmöglich, alle diese „Märkte" – selbst in ein auf Vollständigkeit bedachtes Nachschlagewerk – aufzunehmen, zumal die meisten nur „Eintagsfliegen" sind oder mit einem Markt im herkömmlichen Sinn nur noch den Namen gemein haben. Berücksichtigt wurden deshalb nur solche Märkte, die mit einer gewissen Regelmäßigkeit und nicht nur aus reinen Publicitygründen – Wahlwerbung einer politischen Gruppierung oder Neueröffnung eines Shoppingcenters – abgehalten werden. Da die meisten dieser Märkte keine festen Termine haben, werden im folgenden die Daten des Jahres 1995 als Anhaltspunkte angegeben. Weitere Auskünfte sowie eine genaue Liste sind beim Marktamt jederzeit erhältlich.

■ I., BIO-BAUERNMARKT

Freyung
Ab dem ersten Maiwochenende vierzehntägig, Freitag und Samstag 9–18 Uhr

Etwa 30 Stände mit viel hellem Holz und weißen Leinenschirmen bieten frisches Gemüse, Kräuter und Blumen, ein reichhaltiges Angebot an Imbissen und viele Köstlichkeiten aus biologischer Landwirtschaft, Eingemachtes, Bioessig, Käse, Brot, Wein und Most, Fleisch und „Würscht", Mehlspeisen und Honig.

■ I., TEMPORÄRER MARKT

Freyung
Anfang Mai bis zum Donnerstag vor dem 5. Sonntag vor dem 24. Dezember
Dienstag und Donnerstag 10–18.30 Uhr

Ein knappes Dutzend Standeln, darunter bäuerliche Backwaren, der

unvermeidliche Wurst-Brot-Käse-Stand, Blumen und etwas Kunstgewerbe (Leder, Körbe) plus üblem Ramsch. Enttäuschend!!

■ 2., FRÜHLING IM STUWERVIERTEL

Molkereistraße, Ecke Stuwerstraße
(1995 am 10. Juni)

Zum Sound von Willy's Music stellen die ansässigen Geschäftsleute
ihre Ladenhüter ins Freie. Altwaren kann man hier ebenfalls finden.
An einer Straßenecke steht ein improvisierter Döner-Kebab. Einge-
funden haben sich auch einige Vertreter (Staubsauger) und ein rares
Kuriosum: Ein „Geschirrbus" aus Niederösterreich in der Größe eines
Reisebusses, innen mit Regalen voller Teller, Töpfe und Pfannen.
Sehenswert! Ein totes Ringelspiel und eine Luftburg harrten der kom-
menden Ereignisse. Wahrscheinlich schliefen die Kinder noch.

■ 4., FROHMARKT IN DER WIEDNER HAUPTSTRASSE

(1995 vom 2. bis 4. Mai)

Schwerpunkt des Geschehens ist der Abschnitt der Wiedner Hauptstraße zwischen der Ziegelofengasse und der Waaggasse. Auf beiden
Straßenseiten finden sich Ramschkisten der ansässigen Geschäfts-
inhaber, „alternatives" Kunstgewerbe und ländliche (vor allem Eß-)
Spezialitäten. Zahlreiche Altwarenstandler mit Flohmarktniveau und
entsprechenden Preisen lassen ein wenig Stimmung aufkommen. Für
die Kleinen gibt's den üblichen Kinderzauber.

Die vier folgenden Veranstaltungen besitzen bereits eine mehrjährige
„Tradition". Schönes Wetter vorausgesetzt, finden sich vor allem in
der „Altwarenhändlermeile" der Schönbrunner Straße manch interessante „Gabentische".

■ 5., MAIFEST IN DER REINPRECHTSDORFER STRASSE

(1995 vom 22. bis 24. Mai)

■ 5., SOMMERFEST IN DER SCHÖNBRUNNER STRASSE

(1995 vom 27. bis 29. Juni)

■ 5., OKTOBERFEST IN DER REINPRECHTSDORFER STRASSE

(1995 vom 14. bis 15. September)

■ 5., HERBSTFEST IN DER SCHÖNBRUNNER STRASSE

(1995 vom 26. bis 28. September)

■ 7., BIOBAUERN AM SPITTELBERG

Blumen, Kunsthandwerk, Kerzen, Tücher etc.
Wie immer hier: Sehr nett.

■ 7., FRÜHLINGSFEST IN DER NEUBAUGASSE

(1995 vom 19. bis 20. Mai)

„Rausverkaufsfestival" der örtlichen Kaufmannschaft.

■ 7., HERBSTFEST AM SPITTELBERG

(1995 vom 15. bis 17. September)

Etwa 25 Stände, hauptsächlich mit Kunstgewerbe, wie Keramik und Schmuck. Angenehm fällt auf, daß mit Fressalien und billigem Spielzeug gegeizt wird. Hauptsächlich jüngeres Publikum.

■ 8., FRÜHLING IN DER ALSER STRASSE

(1995 vom 11. bis 12. Mai)

Wie gehabt: Bekleidung, einige Altwarenhändler, Süßigkeiten, Fleisch und Brot, Imbißstuben (mit Schanigärten), Spielwaren, Modeschmuck und Lederartikel, Duftöle und allerlei Krimskrams.

■ 10., MÄRCHENHAFTES EINKAUFEN IN FAVORITEN

(1995 vom 2. bis 3. Juni)

Wie der Name schon sagt ...

■ 10., PFINGSTFEST IM BÖHMISCHEN PRATER

(1995 am 11. Juni)

Der Böhmische Prater ist in seiner unprätentiösen Urigkeit immer einen Besuch wert. Die Anlage entstand zwischen den Jahren 1880 und 1890. Stammpublikum waren die in den Ziegelwerken beschäftigten damaligen „Gastarbeiter" aus Böhmen und Mähren, denen der Laaer Berg ein beliebter Ausflugsort war. Hinfahren und anschauen!

■ 10., FAVORITNER BEZIRKSFEST

Fußgängerzone Favoriten

Eines von mehreren Festen in der Fußgängerzone Favoriten. Viel gemischtes Publikum, Österreicher und Ausländer, Pensionisten und Kinder, viel Essen und Trinken , viel laute Musik, gute Stimmung.

■ 10., FRÜHLINGSFEST IM BÖHMISCHEN PRATER

(1995 am 2. Juli)

■ 10., SOMMERFEST IM BÖHMISCHEN PRATER

(1995 am 6. August)

■ 10., HERBSTFEST IM BÖHMISCHEN PRATER

(1995 am 3. September)

Uriges Orgelspielertreffen, Flohmarkt und deftige Spezialitäten („Gebackener Quargel mit Salami gefüllt").

■ 11., SIMMERINGER STRASSENFEST

(1995 am 6. Mai)

Beginnt kurz nach der „Tangente" und reicht bis zur Eisenbahnbrücke. Nachdem die ganze Straße gesperrt bleibt, ist viel Platz und dementsprechende Animation. Alle paar Meter locken urige Grillhütten, von überall her ertönt Musik fürs Herzerl, und in den Schanigärten fließt der Alkohol in Strömen. Neben den üblichen Marktfahrern mit Entbehrlichem und Unentbehrlichem wartet das Simmeringer Straßenfest mit dem vielleicht urigsten Tandel- und Fetzenmarkt der Stadt auf. Für Kinder gibt es jede Menge Attraktionen, wie Ponys, Kleinbahn und „Fahrschule".

■ 19., DÖBLINGER HAUPTSTRASSENFEST

(1995 am 10. Juni)

Auch hier ist die ganze Straße gesperrt, was die Animation deutlich beflügelt. Flohmarktstandeln im ursprünglichen Sinn – also mit wertlosem

Tand – konkurrieren mit den üblichen Marktfahrerstandeln und den Wühlkisten der lokalen Geschäftsleute. Sekt (wir sind in Döbling!) und Erdbeerbowle sind ebenso zu haben wie Grillwürstl und Backhendl. Für die Kleinen gibt's Luftburg und Popmusik, für die anderen Blasmusik. Ein deutliches Manko ist das Fehlen qualitätsvoller Altwaren und der völlige Mangel an originellen Produkten. Oder doch nicht? Ein Vertreter preist seinen „wundaboren Pomfritz-Apparat" an: „Schaun S' – die Augerln bei die Erdäpfel, die wer'n so ausseg'nommen. (Demonstriert es flink.) Sie wer'n begeistert sein: Die dünnste Klinge der Welt." Und als schlagendstes Argument: „Solang' Sie bei mir steh'n, schmiert Sie ka andarer an ..."

■ 20., MAIFEST IN DER WALLENSTEINSTRASSE

(1995 am 12. Mai)

271

Das Marktamt

Geschichte des Marktamts

Die ersten Bestimmungen für den Wiener Markt gehen auf die Regierungszeit Leopold VI. zurück und sind im Stadtrecht von 1221 verankert. Wichtige Bestimmungen betrafen den Verkehr mit Lebensmitteln, die Preise sowie die Strafgesetzgebung für marktrechtliche Vergehen. Die Marktaufsicht wurde 24 Geschworenen übertragen, deren Verfügungen in Marktangelegenheiten bindende Kraft zukam. Die älteste städtische Marktordnung stammt aus dem Jahre 1250 und wurde für den Verkauf von Lebensmitteln erlassen. Sie setzte verschiedene Preise fest und enthielt Strafbestimmungen für Preisüberschreitungen, aber auch für Maß- und Gewichtsverletzungen.

Marktaufseher, die mit unseren Aufsichtsorganen vergleichbar sind, werden im Stadtrecht von 1278 erstmals erwähnt. Für jede Lebensmittelgattung gab es einen eigenen Aufseher, der als Entlohnung die Hälfte der von ihm verhängten Strafgelder erhielt. Es wird von Fleisch-, Fisch- und Brotbeschauern und von Krebsenrichtern berichtet. Neben diesen städtischen Marktorganen gab es auch eigene Beamte für das Beschauwesen; ihnen beigeordnet waren von den Zünften bestellte und vom Stadtrat beeidete Beschaumeister. Sie hatten über die Qualität der Ware zu wachen und gegebenenfalls Beschlagnahmungen durchzuführen. Oberste Instanz in Marktangelegenheiten war der Stadtrichter, dessen Sitz sich in der Schranne am Hohen Markt befand. Er hatte den „Fürkauf" und andere marktrechtliche Verfehlungen zu ahnden und durfte ebenfalls als Entlohnung einen Teil der Strafgelder einbehalten.

Die Aufsicht über Maße und Gewichte unterstand dem Zimentierungsamt. Der Zimentierer war ein landesfürstlicher Beamter. Im Zimentierungsamt befanden sich die Originalmustermaße oder

Zimente, an denen die im Umlauf befindlichen Maße und Gewichte regelmäßig geeicht wurden. Diese Rechte gingen erst im Jahr 1787 auf die städtische Verwaltung über. Das Amt des Metzenleihers ist seit dem 14. Jahrhundert nachweisbar. Der Metzenleiher amtierte in der Mehlgrube am Neuen Markt und hatte die Kontrolle über die Richtigkeit der Hohlmaße für Getreide, Mehl und Hülsenfrüchte über. Gegen Gebühr stellte er diese amtlichen Maße zur Verfügung.

Im 15. Jahrhundert begann die Stadt offizielle Preiskalkulationen – die sogenannten „Teichungen" – durchzuführen. Der Stadtrat veranstaltete seit dem Jahr 1427 regelmäßige Probebackungen und setzte gemeinsam mit den Bäckern das Gewicht des Brotes fest. Daß der Preis immer konstant blieb, führte zu einer Verschleierung der steigenden Getreidepreise. 1435 wurde zur Kontrolle des Brotes sogar ein eigenes Amt geschaffen. Die Männer, die mit dieser Aufgabe betraut waren, erhielten nicht nur den üblichen Teil des Strafgeldes, sondern auch einen jährlichen Sold. Auch beim Fleisch wurden seit 1451 Teichungen durchgeführt. Dazu wurden Ochsen geschlachtet, das Fleisch geprüft, gewertet und danach ein amtlicher Preis festgesetzt. Im Jahr 1459 erließ die Stadt Wien eine Fleischordnung, die den Fleischverkauf nach Gewicht festsetzte, was bis zu diesem Zeitpunkt nicht üblich gewesen war.

Seit dem Jahr 1504 läßt sich die Institution des Marktrichters nachweisen. Der von der Stadt gewählte Marktrichter war dem Stadtrichter unterstellt und wurde von ihm entlohnt. Er hatte für die Einhaltung der Marktordnung und die Lebensmittelbeschau auf den Märkten zu sorgen und war unter anderem auch für die Gasthäuser der Stadt verantwortlich. Ihm waren sechs Fleisch-, Fisch- und Brotbeschauer beigegeben. Konfiszierte Waren oder Strafgelder waren an den Stadtrichter abzuführen. Die Zahl der Marktrichter stieg gegen Ende des 17. Jahrhunderts auf drei; weitere hundert Jahre später waren es bereits sieben Beamte.

Im 16. Jahrhundert begann für Wien eine neue politische Epoche.

Die absolutistische Stadtordnung Ferdinand I. machte der eigenständigen Wirtschafts- und Marktpolitik Wiens auf Jahrhunderte hinaus ein Ende. Ab nun lag die gesamte Stadtverwaltung in den Händen der Regierung, deren Vertreter der Stadtanwalt war. Bürgermeister und Stadtrat wurden damit zu macht- und kompetenzlosen Vollzugsorganen degradiert. Der Stadtrat behielt zwar weiterhin die Aufsicht über das Marktwesen, durfte aber keine Maßnahmen ohne Zustimmung der Regierungsstellen treffen, ja selbst Stellenbesetzungen oder Gehaltserhöhungen bedurften der vorherigen obrigkeitlichen Genehmigung. Aus der Mehlgrube und dem Getreidekasten des Mittelalters wurde in der Neuzeit das Kasten- und Proviantamt. Der Kastner hatte die Getreideeinkäufe der Gemeinde zu besorgen, die Mühlen der Vorstädte zu visitieren und dem Magistrat monatlich die Mehlsatzungen bekanntzugeben. Weitere magistratische Marktbeamte waren die Mehlmesser und Mehlbeschauer, die dem Metzenleiher unterstellt waren. Ihre Aufgabe bestand darin, an allen gewöhnlichen Wochentagen auf der Mehlgrube zu erscheinen, das Mehl zu beschauen und mit einem Amtszeichen zu versehen. Außerdem hatten sie die am Wochenmarkt vertretenen Griesler und Müller zu kontrollieren.

Das Fischtrogleramt auf dem Hohen Markt bestand bis zur Markttransferierung von 1753. Der Fischtrogler sammelte die Gebühren in einer eisernen Büchse und sorgte für die Erhaltung der Fischtröge, Wannen, Hackstöcke, Verkaufstische, Waagen und für frisches Wasser im Brunnenhaus. Ihm waren zwei Brunnenknechte unterstellt, die er selbst zu besolden hatte. Auf den städtischen Holzlagerplätzen in der Roßau und auf der Weißgerberlände sorgten Holzsetzer als amtliche Aufsichtsorgane für den geregelten Marktverkehr. Die Holzkohle wurde von magistratischen Kohlmessern überprüft.

Auf den Wiener Märkten sollten nach wie vor nur die Erzeuger selbst ihre Waren an die Konsumenten verkaufen. Jeder Verkauf aus zweiter Hand war strikt verboten und durfte, wenn überhaupt, dann nur nach Ablauf der festgesetzten Marktzeiten stattfinden. Seit den siebziger Jahren des 18. Jahrhunderts gewährte die Hofkanzlei immer weitergehende Befugnisse, um die Fesseln des Lebensmittelhandels zu lockern. So wurden Händler, die mit gedruckten „Poletten" ausgestattet waren, ab dem Jahr 1777 schon in der Früh zum Markt zugelassen. Ein Jahr darauf stellte die Hofkanzlei erstaunt fest, daß alle Waren günstiger zu erwerben waren als in den vergangenen zwanzig Jahren. Nach dem Tode Kaiser Joseph II. konnte sich das Freihandelsprinzip allerdings nicht länger durchsetzen. Die Reaktion bekam freies Feld, und die Vertreter des prohibitiven Zwangssystems traten erneut in den Vordergrund.

Am 24. April 1792 wurde die „Allgemeine Marktordnung für die Haupt- und Residenzstadt Wien und ihre Vorstädte" erlassen, welche die Verhältnisse bis ins einzelne regelte. Wieder ging es vor allem darum, den Zwischenhandel mit möglichst wirksamen Mitteln zu bekämpfen. Eine direkte Folge dieser Marktordnung war, daß zu Beginn der neunziger Jahre des 18. Jahrhunderts die Lebensmittelpreise derart gestiegen waren, daß eine „Wohlfeilheitskommission" ins Leben gerufen werden mußte, um diese unerträgliche Verteuerung zu bekämpfen. Die marktpolizeiliche Aufsicht war auch weiterhin auf mehrere magistratische Organe verteilt, wie den Marktrichter, die Fleisch-, Fisch-, Mehl- und Brotbeschauer. Allerdings war die Zahl dieser Marktbeamten seit dem späten Mittelalter nahezu konstant geblieben und reichte längst nicht mehr aus.

Zu Beginn des 19. Jahrhunderts gelang es, mit den „Dienstinstruktionen für die magistratischen Marktrichter" (1804) brauchbare Anweisungen für die Marktbeamten zu schaffen. Allerdings dauerte es noch bis zum Amtsdekret vom 7. Juni 1838, um zu erreichen, daß die Marktrichter und die Brot- und Fleischbeschauer sich auch einer Prüfung in den Fächern Botanik und Viehbeschau zu unterziehen hatten. Der Marktrichter amtierte nun im Rathaus, wo die Konsumenten zwischen 8 und 12 und zwischen 15 und 18 Uhr die von ihnen erworbenen Waren überprüfen lassen konnten.

Die Stadt Wien drängte jahrelang darauf, die überfällig gewordenen Reformen des Marktwesens endlich durchzuführen. Nach langen und zähen Verhandlungen erwirkte der energische Bürgermeister Ignaz Czapka schließlich ein Hofdekret, durch welches sämtliche bisherigen Marktaufsichtsbehörden zu einer einheitlichen Körperschaft vereinigt wurden. Gleichzeitig wurden dem Magistrat der Stadt Wien die uneingeschränkte Marktaufsicht und das gesamte Approvisionierungswesen der Stadt übergeben. Dieses Dokument aus dem Jahr 1838 stellt die eigentliche „Geburtsstunde des Marktamtes" dar. Wien zählte zu dieser Zeit bereits ungefähr 350.000 Einwohner, daher mußte die Zahl der Marktbeamten erhöht werden. Im Jahr 1839 wurde auch ein „Allgemeiner Dienstunterricht für die vereinigte Marktpolizey-Aufsichtsanstalt der Stadt Wien" veröffentlicht, der genaue Instruktionen für das Marktpersonal enthielt. 1845 gelang es dem Bürgermeister, auch die Vororte Wiens in die Kompetenz des Marktamtes einzubeziehen. Damit war der Grundstein zu einer wesentlichen Einrichtung für die Versorgung der rasch wachsenden Stadt gelegt. Nach der blutigen Niederwerfung der Wiener Revolution vom Oktober 1848 blieb die Wiener Gemeindeverfassung als dauerhafte Errungenschaft erhalten, obwohl die neugewonnene städtische Autonomie unter der neoabsolutistischen Regierung starken Einschränkungen unterworfen war.

Mit der Industrialisierung und dem enormen Bevölkerungsanstieg wuchs der Aufgabenkreis des Wiener Marktamtes sowohl in quantitativer als auch in qualitativer Hinsicht. Vor allem die Fleischversorgung der Bevölkerung Wiens gestaltete sich immer schwieriger. Bis zum Jahr 1850 hatte die Regierung die Fleischpreise festgesetzt. Am 26. Juni 1850 wurden die Fleischsatzungen aufgehoben und dem Magistrat übertragen. Die Gemeinde gab den Fleischhandel frei und vermehrte das Fleischergewerbe um 180 Gewerbebefugnisse. Im gleichen Jahr wurde auch eine „Fleischcassa" errichtet, die den Fleischhauern durch die Gewährung großzügiger Darlehen den Vieheinkauf erleichtern sollte. Das Gemeindegesetz von 1862 brachte eine innere Belebung der Autonomie und des politischen Lebens in Wien. Im darauffolgenden Jahr wurde eine neue „Marktordnung für die k.k. Reichshaupt- und Residenzstadt Wien" erlassen, die auf den Empfehlungen der vom Gemeinderat eingesetzten „Marktordnungskommission" fußte. Oberste Wiener Marktbehörde war der Magistrat, die unmittelbare Marktaufsicht hatte das Marktkommissariat inne. Im Jahr 1851 betrug der Personalstand des Marktamtes 45 Beamte: ein Marktdirektor, acht Oberkommissäre für jeden der damaligen Gemeindebezirke und 36 Kommissäre, die nach Bedarf zugeteilt wurden. 1870 hatte sich der Personalstand auf 55 Beamte, 1875 auf 70 und 1893 bereits auf 100 erhöht.

Der allgemein gehaltenen Marktordnung aus dem Jahr 1863 folgten mehrere weitere Marktordnungen, die vor allem das Marktgeschehen in den neuen Markthallen und im Großviehmarkt von St. Marx regelten. Die Marktordnung vom 12. September 1884 nannte in einem „pro memoria" für Marktkommissare folgende Agenden:

1. Marktpolizei: Handhabung der Marktordnung auf den offenen Viktualienmärkten, in den Markthallen und Viehmärkten; Überwachung der Winkelmärkte und Ausladeplätze; Evidenzhaltung aller Marktstände und Hilfsarbeiter; Schlichtung von Streitigkeiten; Reinhaltung der Plätze und Stände.

2. Marktgebühren: Überwachung der Einhaltung des Marktgebührentarifs und Einhebung der Marktgebühren; Erhebung und Überwachung der Marktpreise; Überwachung von Maß und Gewicht; Schutz gegen Übervorteilung in Qualität und Quantität.

3. Sanitäts- und Veterinärpolizei: Handhabung der Viehbeschau- und Seuchenvorschriften; Revision der Schlachthäuser; Überwachung der Schlachtungen und Fleischbeschau.

4. Lebensmittelpolizei: Beschau und Überprüfung aller Nahrungs- und Genußmittel; tägliche Revision bei den Approvisionierungsgewerben und bei den Verzehrungssteuerlinien; zweimal jährlich

Geschirrevision in Gasthäusern; Überwachung von Heilmitteln und Giftstoffen; Überwachung des Rauchverbots und des Verbots des Mitnehmens von Hunden.

5. **Gewerbepolizei:** Überwachung der Vorschriften der Gewerbeordnung, der unbefugten Gewerbe und der Hausierer.

6. **Straßenpolizei:** Kontrolle der Beladung von Fuhrwerken; Anzeige von Verkehrsbehinderungen durch das vorschriftswidrige Aufstellen und Lagern von Waren.

7. **Feuerpolizei:** Überwachung der feuersicheren Aufbewahrung von Brennmaterialien und Brennstoffen, der Feuerlöschapparate und des Rauchverbots.

8. **Strompolizei:** Überwachung der Ladung von Holz- und Viktualienschiffen und der Fischgeschirre.

Im „Normalien-Handbuch" des k.k. Markt-Kommissärs Adolf Bauer finden sich einige überaus aufschlußreiche Passagen, zum Beispiel über die Vornahme von Revisionen in Gastbetrieben zur Abstellung der sogenannten „Flöhtrücherl", Schlafbänken für Kellner, die bei Tag geschlossen wurden und den Gästen als Sitzgelegenheiten dienten. Berichtet wird auch von einer *Eingabe, mittels welcher gegen die Händler mit Goldfischen wegen Tierquälerei aus dem Grunde Beschwerde geführt wird, weil es vorkommt, daß dieselben bei Frostwetter die Behälter mit Goldfischen im Freien stehen lassen, wodurch diese Tiere durch Einfrieren umkommen, wird das Markt-Kommissariat nach gepflogenem Einvernehmen mit dem Wiener Magistrate beauftragt, die unterstehenden Organe anzuweisen, vorkommenden Falles die betreffenden Händler zur Abstellung dieses, eine Tierquälerei bildenden Übelstandes aufzufordern.* Die Liebe zum Tier war in Wien schon damals mitunter größer als die Liebe zum Mitmenschen. So forderte der Tierschutzverein im Jahr 1898 in einer Note *an die sämtlichen Fischhändler Wiens eine Kundmachung zu erlassen, daß die Tötung der Fische volllständig durchgeführt werde, noch bevor eine Abschuppung oder Zerstückelung der Tiere vor sich geht, damit den Zuschauern das unangenehm berührende Zucken bei der Zerteiluung verwehrt werde.* Im Jahr 1893 kam es im Zuge der Reorganisation des Marktamtes zur Ausgliederung der amtstierärztlichen Agenden und zur Schaffung eines eigenständigen Veterinäramtes.

Das Marktamt hatte auch die Überwachung der Nichtinverkehrsetzung verbotener Waren und Gegenstände zu beachten: Da galt es den „Leon'schen Apparat zur Beseitigung von Mannesschwäche" ebenso zu verhindern wie die Apparatur seines Kollegen „Dr. Borsodi", das Frauen-Präservativmittel „Tutelol" („das Occlusivpessar ist ein Empfängnis verhindernder Apparat und wird [...] aus sanitären Gründen verboten") ebenso wie den Apparat „Scheidenpulverbläser" oder Lustigkeiten wie den „Griffröhrenknaller" genannten Spazierstock mit mechanischer Knallvorrichtung sowie Gemeingefährliches wie das „elektromotorische Zahnhalsband", das den Zahnungsprozeß bei Kindern unterstützen sollte. In einem Erlaß aus dem Jahr 1897 heißt es: *Anläßlich oft wiederholt vorgekommener Klagen über Ausstellung obszöner Figuren und Bilder in Kaufläden, ist Veranlassung zu treffen, daß jede derartige, auf die sittliche Entwicklung der Schuljugend den nachteiligen Einfluß nehmende obszöne Darstellung der öffentlichen Besichtigung entzogen und auch verhindert werde, daß auf Schulutensilien, Löschblättern etc. solche Bilder als Aufdruck erscheine.* Periodisch inspiziert wurden auch alle Lebensmittelerzeuger und -verschleißer, Molkereien, Fleischer und Selcher, Bäcker und Brotfabriken – und natürlich die Gasthäuser.

Es wurde jedoch nicht nur verboten und bestraft. 1894 etwa erhielt ein Herr Hentschel, Wien 3, Apostelgasse 14, eine Konzession zum Betrieb einer Fußbekleidungs- und Kleiderreinigungsunternehmung auf öffentlichen Standplätzen. Die zur Verrichtung der Dienstleistung zu verwendenden Personen durften, wie es heißt, „nicht verkrüppelt oder mit ansteckenden oder ekelerregenden Krankheiten behaftet" sein und hatten darüber hinaus auch unbescholten zu sein. Wer diese Bedingungen erfüllte, durfte eine Uniform und eine Kappe mit den Buchstaben FKU tragen.

Nach der Eingemeindung der Bezirke 11 bis 19 wurden neue Exposituren des Marktamtes gegründet. Neben der Verwaltungstätigkeit und der Marktaufsicht stellte die Lebensmittelkontrolle eine der wesentlichsten Aufgaben des Marktamtes dar. Ihr Umfang wurde im Lebensmittelgesetz vom 16. Jänner 1896 und im „Codex Alimentarius Austriacus" von 1911 festgeschrieben. Durch die Eingemeindung weiterer Vororte im Jahr 1890 hatte sich die Einwohnerzahl Wiens auf 1.340.000 Menschen erhöht. Zehn Jahre später waren es bereits 1.648.000, und kurz vor Ausbruch des Ersten Weltkriegs erreichte Wien die Zwei-Millionen-Grenze. Das Marktamt hatte zu diesem Zeitpunkt 156 Marktbeamte im Dienst, eine Zahl, die bei dem Menschenreichtum der Stadt und den daraus resultierenden umfangreichen Aufgaben eher gering anmutet.

Im Jahr 1920 wurde das Marktamt in zwei Magistratsabteilung (MA) 42 umgewandelt. 1946 erfolgte die Umbenennung in „Magistratsabteilung 59 – Marktamt" und 1994 die neuerliche Zusammenlegung von „MA 59 – Marktamt" und „MA 60 – Veterinäramt" zur „MA 59 – Markt- und Veterinäramt".

Die MA 59 ist eine von insgesamt 70 Abteilungen des Magistrats. Sie besteht aus der Marktamtsdirektion und 19 Außenstellen in fast allen Wiener Bezirken sowie auf dem Großmarkt Inzersdorf. Die Bezirke 4 bis 7, 8 und 9, 13 und 14 verfügen jeweils über eine gemeinsame Außenstelle. Das Marktamt zählt heute etwa 200 Bedienstete.

Aufgaben der MA 59

Marktamtsdirektion:

3., Am Modenapark 1–2

Marktamtsabteilungen:

1. BEZIRK:	1., Gonzagagasse 11
2. BEZIRK:	2., Karmelitermarkt, Amtsgebäude
	Marktaufsicht Vorgartenmarkt: 2., Ennsgasse 8
3. BEZIRK:	3., Karl-Borromäus-Platz 3
	Marktaufsicht Rochusmarkt
	Landstraßer Markt: 3., Invalidenstraße 2
4.–7. BEZ.:	4., verlängerte Kettenbrückengasse,
	Amtsgebäude Naschmarkt
8./9. BEZ.:	9., Nußdorfer Straße 22
10. BEZIRK:	10., Viktor-Adler-Markt, Amtsgebäude
11. BEZIRK:	11., Lorystraße, Simmeringer Markt, Amtsgebäude
12. BEZIRK:	12., Hufelandgasse 2
	Marktaufsicht Meidlinger Markt: 12., Niederhofstraße
13./14. BEZ.:	13., Hietzinger Kai 1–3
15. BEZIRK:	15., Gasgasse 8–10
	Marktaufsicht Meiselmarkt: 15., Meiselmarkt
16. BEZIRK:	16., Yppenplatz 4, Amtsgebäude
17. BEZIRK:	17., Elterleinplatz 14
18. BEZIRK:	18., Martinstraße 100
19. BEZIRK:	19., Gatterburggasse 14
20. BEZIRK:	20., Brigittaplatz 10
	Marktaufsicht Hannovermarkt: 20., Hannovermarkt
21. BEZIRK:	21., Schlingerhof, Floridsdorfer Markt
22. BEZIRK:	22., Kagran, Schrödingerplatz 1
23. BEZIRK:	23., Liesing, Lehmanngasse 3
	Großmarkt Wien-Inzersdorf: 23., Inzersdorf,
	Laxenburger Straße 365

a) Hauptaufgaben

Lebensmittelpolizeiliche Aufgaben:

1. Kontrolle von rund 20.000 Betrieben, d.h. bis zu 30.000 Betriebsrevisionen jährlich, denn Eissalons werden zum Beispiel häufiger kontrolliert.

2. Entnahme von Proben: ca. 15.000 amtliche Proben verdächtiger Waren, dazu einige Tausend freiwillige Proben „auf Parteienersuchen". Am häufigsten geprobt werden Fleischwaren, Gemüse und Obst, Milchprodukte sowie fertige Speisen aus Großküchen. Fast 35 Prozent der amtlichen Proben werden beanstandet. Die Tendenz ist steigend, allerdings werden die Proben ja gezielt – das heißt „auf Verdacht hin" – genommen. Häufigste Ursachen: Verderb der Ware, gesundheitsschädliche Beschaffenheit, Falschbezeichnung.

3. Erstattung von Anzeigen: Aufgrund von Gutachten kommt es jährlich zu rund 2.800 gerichtlichen Anzeigen und zu rund 1.200 Anzeigen an Verwaltungsbehörden; aufgrund alleiniger Wahrnehmung von Marktamtsbeamten gibt es etwa 900 Anzeigen.

4. Ausstellung von Organstrafmandaten.

5. Betriebsschließungen in Fällen krasser Gesundheitsgefährdung: etwa 3 jährlich.

6. Anträge auf Erteilung von Auflagen zur Sanierung von Hygienemängeln.

7. Beschlagnahme und Vernichtung von gesundheitsschädlichen oder verdorbenen Lebensmitteln: Größere öffentliche Aufmerksamkeit haben zum Beispiel die Entdeckung von Perchloräthylen und Trichloräthylen in Olivenöl und von gefährlichen Listerien in manchen Weichkäsesorten erregt.

8. Schwerpunktaktionen: ausländische Restaurants, SB-Märkte etc.

9. Vorbegutachtung von Lebensmittelproben: Dem „Wurstparlament" werden jährlich etwa 300 Proben vorgelegt, zur Trinkbranntwein-Voruntersuchung gelangen bis zu 50 Produkte.

10. Kostenlose Pilzberatung: Jährlich 800 bis 3.700 kostenlose

Pilzbeschauen und -beratungen in allen Dienststellen. Im Jahr 1993 waren es 792 Begutachtungen und ca. 58.000 Kilogramm Pilze.

11. *Kontrollen nach dem Bazillenausscheidergesetz:* Zwischen 600 und 1.200 Anzeigen jährlich.

12. *Kontrollen nach dem Qualitätsklassengesetz:* Rund 300 Anzeigen und 600 Organstrafverfügungen jährlich.

Unter das Lebensmittelgesetz von 1975 fallen nicht nur Nahrungs- und Genußmittel, sondern auch Verzehrprodukte wie Schlankheitskost, Zusatzstoffe zu Lebensmitteln, Kosmetika und verschiedene andere Produkte, von Kochgeschirr bis zu Kinderspielzeug, Scherzartikeln, Tapeten, Vorhängen, Bekleidungsgegenständen, Schmuck etc.

Das scherzhaft „Wurstparlament" genannte Gremium setzt sich paritätisch aus Fachleuten der Lebensmittelaufsicht und -untersuchung und der Fleischwarenerzeugung zusammen, wobei die Regel gilt, daß Beschlüsse einvernehmlich getroffen werden sollen. Die „Wustparlamentarier" tagen zweimal im Monat, wobei pro Sitzung etwa 30 Würste beurteilt werden. „Grobsinnlich" beanstandete Würste werden eingehender untersucht. Im Jahr 1974 wurden noch mehr als 60 Prozent der Wurstproben beanstandet, 1984 waren es weniger als 10 Prozent.

Im Zuge des sogenannten Weinskandals von 1985, als mit Diäthylenglykol verfälschter Wein auftauchte, wurden vom Marktamt 215.000 Liter Wein beschlagnahmt.

Marktangelegenheiten:

Zu den Aufgaben des Marktamtes gehört die Abhaltung von Märkten und die damit verbundene Marktverwaltung und -aufsicht. Das Marktamt verwaltet 24 ständige Detailmärkte mit rund 1.100 Ständen, davon 20 offene Märkte mit fixen Ständen im Freien, zwei Straßenmärkte mit transportablen Ständen – wobei auch die meisten der offenen Märkte über sogenannte Bauernmärkte verfügen – und zwei Markthallen. Weiters sind acht temporäre Märkte, ein Flohmarkt mit rund 600 Verkaufsplätzen, diverse jahreszeitlich gebundene Märkte, unzählige Gelegenheitsmärkte und ein Großmarkt, auf dem rund 80 Prozent der in Wien vermarkteten Viktualien in Verkehr gebracht werden, unter der Verwaltung und Kontrolle des Marktamtes, dem darüber hinaus auch die Planung neuer bzw. der Umbau bereits existierender Märkte obliegen.

Preisangelegenheiten:

1. *Preisauszeichnungsüberwachung:* Kontrolle der vollständigen und ordnungsgemäßen Preisausschreibung; zieht jährlich mehrere hundert Anzeigen und Strafmandate nach sich.

2. *Preisbeobachtungen und -erhebungen für statistische Zwecke:* Monatlich werden mehr als 4.000 Preiserhebungen durchgeführt.

Konsumentenschutzangelegenheiten:

Überwachung von Vorschriften gegen den unlauteren Wettbewerb, Überwachung der Warenbezeichnungsverordnungen, der Preisauszeichnungsverordnung, des Konsumentenschutzgesetzes und des Produktsicherheitsgesetzes.

Gewerbeangelegenheiten:

Anmeldungen, Erlöschen der Gewerbeberechtigung, unbefugte Gewerbeausübung (rund 39.000 Geschäftsfälle).

Straßenstandangelegenheiten:

Verwaltung und Kontrolle der nicht baubewilligungspflichtigen, transportablen Verkaufsstände (rund 690, davon 200 Würstelstände).

Angelegenheiten des Weingesetzes:

Vollziehung des Großteils der Bestimmungen des Weingesetzes (für rund 600 Wiener Weinbau- und Weinhandelsbetriebe).

Angelegenheiten des Maß- und Eichgesetzes:

Dies war immer schon eine der vordringlichsten Aufgaben des Marktamts. Alle Meßgeräte sind amtlich zu eichen und alle zwei Jahre nachzueichen. Jährlich kommt es zu 140 bis 230 Strafanzeigen und mehreren hundert Organstrafen wegen Übertretungen.

Erhebungen und Kontrollen aller Art:

Darunter fallen zum Beispiel die Kontrolle der Einhaltung der Sonn-

und Feiertagsruhebestimmungen, der Ladenschlußvorschriften, der Bestimmungen des Glücksspielgesetzes oder des Veranstaltungsgesetzes.

b) Veterinäramtliche Aufgaben

Durchführung der Fleischuntersuchung:

Im Jahr 1993 wurden in Wien 27.000 Rinder, 63.000 Schweine und 1.200 Kälber untersucht. Ferner wurden alle geschlachteten Schweine auf Trichinen untersucht. Insgesamt wurden von 122 Millionen Kilogramm untersuchten Fleisches 104.000 Kilogramm Tierkörperteile konfisziert.

Kontrollen im Sinne der Fleischhygiene-Verordnung:

Rund 1.000 Revisionen in rund 450 Fleischverarbeitungsbetrieben.

Tierschutz:

Rund 300 Revisionen in Tierhandlungen und weitere 300 in Tierpensionen. Überwachung von Ausstellungen, Zirkussen usw. Interventionen bei privater Haltung von Wildtieren.

Schutz vor Tierseuchen:

Tierseuchenbekämfung und Ausstellung von Begleitpapieren bei Verbringung von Tieren ins Ausland (rund 800 Zeugnisse, v.a. für Auslandsreisen).

Aufgaben der Lebensmitteluntersuchungsanstalt der Stadt Wien:

1993 wurden rund 3.350 veterinäramtliche Untersuchungen und 14.400 Lebensmitteluntersuchungen durchgeführt.

Aufgaben des „Markt- und Schlachtbetriebes St. Marx":

1. *Viehmarkt:* rund 6.000 vermarktete Rinder und 630 Schweine sowie 21.000 angelieferte Rinder und etwa 62.000 Schweine.

2. *Schlachthof:* bei einem Schlachtvolumen von 27.000 Rindern und 63.000 Schweinen.

3. *Fleischgroßmarkt:* rund 44 Millionen Kilo Fleischumsatz.

In der Marktordnung von 1991 (aktualisiert bis 1994) sind auch die Marktgegenstände genau definiert. Sie werden entweder als „Hauptgegenstände" ausgewiesen, wie zum Beispiel Lebensmittel aller Art auf den ständigen Detailmärkten oder, spezifischer, Geflügel, Kaninchen und Wild sowie Süßwasserfische auf den Landparteienplätzen; oder aber als „Nebengegenstände" wie Naturblumen, Barbarazweige, Mistelzweige, aber auch als genußfertige Lebensmittel auf den Allerheiligenmärkten. Am Christkindmarkt sind die Art und Darbietung der Nebengegenstände dem durch die Hauptgegenstände vorgegebenen weihnachtlichen Erscheinungsbild anzupassen. Der gleiche Passus gilt auch für den österlichen Fastenmarkt. Der Betrieb von Spielapparaten und das Feilhalten und der Verkauf von Kriegsspielzeug, Gegenständen militärischer Kampfausrüstung, Waffen, pyrotechnichen Artikeln, lebenden Tieren, ausgenommen Fische, Krusten- und Schalentiere, ist auf allen Märkten verboten.

Unter dem Absatz „Marktparteien" heißt es: „Landwirtschaftliche Produzenten dürfen ausschließlich ihre eigenen Erzeugnisse feilbieten und verkaufen." Weiters, daß Personen ohne Gewerbeberechtigung am Flohmarkt ihre Waren höchstens dreimal pro Kalenderjahr feilbieten und verkaufen dürfen. Das Feilbieten im Umherziehen ist auf allen Märkten verboten. Marktplätze und sonstige Marktflächen dürfen nicht mehr als unvermeidbar verunreinigt werden. Plachen dürfen nur als Sonnenschutz und bei Schlechtwetter angebracht werden. Außerdem ist das Halten von Tieren ist Märkten verboten.

Literatur

Adler, Heinrich: Der Centralviehmarkt zu St. Marx. Ein Wort an die Regierung, die Landwirthe und die Commune Wien, Wien 1884

Amtlicher Marktbericht,
hg. von der Niederösterreichischen Landes-Landwirtschaftskammer; von 1924–25 Teil der „Österreichischen Landwirtschaftlichen Marktzeitung"; 1925–27: „Wiener Marktbericht"; 1928–32; 1942 bis Februar 1945; Oktober 1945–1955

Amtsblatt der Stadt Wien

Blümel, Jakob: Die Geschichte der Entwicklung der Wiener Vorstädte, 3 Bände, Wien 1884–86

Braun von Braunthal, J.C.: siehe Jean Charles

Brunnthaler, Alois: Lagerraum einer Großstadt, Wien 1976

Bürbaumer, Alois: Hundert Jahre Wiener Großmarkthalle. Der Weg allen Fleisches, in: Amtsblatt der Stadt Wien Nr. 83, 1965

Charles, Jean (Pseudonym für J.C. Braun von Braunthal): Wien und die Wiener, Stuttgart 1840

Chiavacci, Vinzenz: G'schichten aus Alt-Wien, Wien 1973

Csendes, Peter: Geschichte Wiens, Wien 1981

Czeike, Felix (Hg.): Wiener Bezirkskulturführer, 23 Bände, Wien 1979–85
(Band I, Innere Stadt (1983), F. Czeike; Band II, Leopoldstadt (1980), F. Czeike; Band III, Landstraße (1984), F. Czeike; Band IV, Wieden (1979), F. Czeike; Band V, Margareten (1982), Wolfgang Mayer; Band VI, Mariahilf (1981), F. Czeike; Band VII, Neubau (1983), Wolfgang Mayer; Band VIII, Josefstadt (1980), F. Czeike; Band IX, Alsergrund (1979), F. Czeike; Band X, Favoriten (1985), Herbert Tschulk; Band XI, Simmering (1980), F. Czeike; Band XII, Meidling (1984), Wolfgang Mayer; Band XIII, Hietzing (1982), F. Czeike; Band XIV, Penzing (1979), F. Czeike; Band XV, Rudolfsheim-Fünfhaus (1980), F. Czeike; Band XVI, Ottakring (1981), F. Czeike; Band XVII, Hernals (1983), H. Kretschmer; Band XVIII, Währing (1982), H. Kretschmer; Band XIX, Döbling (1982), H. Kretschmer; Band XX, Brigittenau (1981), F. Czeike; Band XXI, Floridsdorf (1979), F. Czeike; Band XXII, Donaustadt (1985), E. Müllbauer; Band XXIII, Liesing (1980) F. Oppl)

Der Entwurf der neuen Marktordnung für den Central-Viehmarkt in St. Marx,
Wien 1882

Der Marktschreyer. Ein komisches Singspiel in einem Aufzuge. In Musik gesetzt von Franz Xaver Süssmayer, Wien 1799

Die Leopoldstadt. Ein Heimatbuch, verfaßt und herausgegeben von der Lehrer-Arbeitsgemeinschaft des II. Bezirkes, Wien 1937

Dorn, Klemens: Favoriten. Der 10. Wiener Gemeindebezirk, Wien 1931

Drexler, Paul: Die Wiener Märkte im Spiegel der Zeiten. Festschrift zur 125-Jahresfeier des Marktamtes der Stadt Wien, Wien 1963

Drexler, Paul: Vom Ochsengries zur Großmarkthalle, in: Amtsblatt der Stadt Wien Nr. 83, 1965

Dützele von Coeckelberghe, Gerhard: Curiositäten und Memorabilien-Lexikon von Wien, 2 Bände, Wien 1846

Fachblatt der Genossenschaft der Marktfahrer für Wien und Niederösterreich,
1. Jahrgang, Nr. 1 (März 1933), bis 2. Jahrgang, Nr. 3 (März 1934)

Gall, Franz: Vom Schottentor zum Drachengassl. Was Straßennamen der Wiener

Innenstadt erzählen, Wien 1970

Gartler, Ignaz: Wienerisches bewährtes Kochbuch, Wien 1787

Gartler, Ignaz: Allgemein bewährtes Wiener Kochbuch, bearbeitet von F.G. Zenker, Wien 1844

Gewey, Franz Karl Xaver, und Meisl, Carl: Wien mit seinen Vorstädten humoristisch geschildert, Wien 1820

Gigl, Alexander: Geschichte der Wiener Marktordnungen. Vom sechzehnten Jahrhundert an bis zu Ende des achtzehnten, Wien 1865

Gleich, J.A.: siehe Heinrich Walden

Gorski, Anton von, und Lichtenstadt, Johann: Das Marktwesen, I. Allgemeiner Theil, II. Die Approvisionierungs-Verhältnisse von 1848–1898, Wien 1899

Gräffer, Franz: Kleine Wiener Memoiren und Wiener Dosenstücke, München 1918–22

Gugitz, Gustav: Vom Vogelmarkt im alten Wien, in: Jahrbuch für Landeskunde von Niederösterreich, Folge 32, 1955/56

Havelka, Hans: Simmering, Wien 1983

Hering, Irmtraut: Die Privilegierten Wiener Hauptjahrmärkte, Dissertation, Wien 1965

Heyderich, Gustav-Alfred: Broschüre über freie Plätze und Marktwesen der inneren Stadt Wien, Wien 1893

Hinkel, Raimund, und Sykora, Bruno: Heimat Floridsdorf, Wien 1977

Huber, Joseph Daniel von: Scenographie der Stadt Wienn, 1:1440, Wien 1785

Jahrbuch für Marktfieranten, hg. von der „Freien Vereinigung der Marktfahrer Wiens", Wien 1931

Kaiser, Franz J.: Die Milchversorgung Wiens, I. Die Milchversorgung in Alt-Wien, II. Die Milchversorgung Wiens 1914–1935, 2 Bände, Wien 1935

Kaltenegger, Johann: Der Straßenmarkt am Beispiel des Brunnenmarktes, Diplomarbeit, Wien 1980

Kaut, Hubert: Kaufrufe aus Wien, Wien 1970

Kinz, Maria: Liebenswertes Hernals, Wien 1987

Kisch, Wilhelm: Die alten Strassen und Plätze Wien's und ihre historisch interessanten Häuser, Wien 1883

Kisch, Wilhelm: Die alten Strassen und Plätze von Wien's Vorstädten und ihre historisch interessanten Häuser, 2 Bände, Wien 1895

Klusacek, Christine, und Stimmer, Kurt: Meidling, Wien 1976; Hietzing, Wien 1977; Leopoldstadt, Wien 1978; Rudolfsheim-Fünfhaus, Wien 1978; Ottakring Wien 1983; Döbling, Wien 1988; Währing, Wien 1989

Koch, Matthias: Wien und die Wiener, Karlsruhe 1844

Konnert, Wilfried: Landstraße, Wien 1980

Köstlin, A., und Frey, R.: Expose über die Nothwendigkeit und Zweckmässigkeit der Errichtung von Central- und Detailmarkthallen, Wien 1877

Kretschmer, Helmut: Landstraße, in: Wiener Heimatkunde, hg. von F. Czeike, Wien 1982

Kris, S.: Die Markt-Interessenten und die neue Marktordnung für den Wiener Central-Viehmarkt, Wien 1884

Krisch, Anton: Der Wiener Fischmarkt, Wien 1900

Kurzböck, Joseph: Neueste Beschreibung aller Merkwürdigkeiten Wiens, Wien 1779

Landsteiner, Karl: Das Babel des Ostens, Würzburg 1871

Lawson, Susanne: Von Marktfahrern und Standlern. Das Wiener Marktwesen einst und jetzt – 150 Jahre Wiener Marktamt, Wien 1989

Loderer, Hans: Millionen Kilogramm auf dem Rücken, in: Amtsblatt der Stadt Wien Nr. 83, 1965

Luca, Ignaz de: Wiens gegenwärtiger Zustand unter Josephs Regierung, Wien 1787

Marckht Ordnung der Statt Wien, Wien 1569

Mariahilf. Das Wiener Heimatbuch, hg. von der Arbeitsgemeinschaft des Mariahilfer Heimatmuseums, Wien 1963

Mayer, Wolfgang: Margareten. Von der Vorstadt zum Bezirk, Wien 1978

Mitterauer, Michael: Markt und Stadt im Mittelalter. Beiträge zur historischen Zentralitätsforschung, Stuttgart 1980

Müller, Silvia: Die Märkte der Reichshaupt- und Residenzstadt Wien, Diplomarbeit, Wien 1987

Nachbagauer, Werner: „Bauern" auf Wiener Märkten, Dissertation, Wien 1983

Neueste Beschreibung der Kais.Kön. Haupt- und Residenzstadt Wien, Wien 1808

Neueste Beschreibung von Wien und allen Merkwürdigkeiten dieser grossen Kaiserstadt, Wien 1821

Nödl, Carl: Sie leben gefährlich, Herr Biedermeier! in: Die Presse, Spectrum, 12.3.1994

Nusser, Eduard: Die Approvisionirung Wiens und das Marktamt vom Jahre 1848–1898, Wien 1898

Nussgruber, Alfred: Die Wieden. Kleine Bezirkschronik, Wien 1977

Österreichische Märktezeitung für das ambulante Gewerbe. Offizielles Verlautbarungsorgan der Schausteller Österreichs, 1948–1958

Österreichisches Marktverzeichnis, Wien 1985

Oppl, Ferdinand: Markt im alten Wien, in: Wiener Geschichtsblätter, 34. Jahrgang, Nr. 2, 1979

Oppl, Ferdinand: Studien zur Versorgung Wiens mit Gütern des täglichen Bedarfs in der ersten Hälfte des 19. Jahrhunderts, in: Mitteilungen des Vereins für Geschichte der Stadt Wien, 1981

Perger, Richard: Der Hohe Markt, Wien 1970

Perger, Richard: Straßen, Türme und Basteien, Wien 1991

Pezzl, Johann: Beschreibung und Grundriss der Haupt- und Residenzstadt Wien, Wien 1802

Plausch, Peter (Pseudonym für Joseph Richter): Briefe eines Kakraners an seinen Herrn Vetter in Eipeldau über d'Wienstadt, 1785

Postolka, August: Das Vogelei und dessen marktpolizeiliche Untersuchung und Beurteilung, Wien 1916

Rausch, Wilhelm (Hg.): Forschungen zur Geschichte der Städte und Märkte Österreichs, Band 2, Linz 1989

Reischl, Friedrich: Wien zur Biedermeierzeit, Wien 1921

Richter, Joseph: Wienerische Musterkarte. Ein Beytrag zur Schilderung Wiens, vom Verfasser der Eipeldauerbriefe, Wien 1799

Richter, Joseph: Das alte und neue Wien oder, Es ist nicht mehr, wie eh. Von einem alten Laternputzer, Wien 1800

Riedl, Joseph: Der Unterhandel und die Unterhändler in Wien, Wien 1848

Roskosny, Josef: Liesing, Wien 1979

Schimmer, Carl August: Neuestes Gemälde von Wien, Wien 1837

Schimmer, Gustav Adolph: Das alte Wien, 12 Hefte, Wien 1853–56

Schlögl, Friedrich: Wiener Luft, Wien 1876

Schmidl, A.: Wien wie es ist. Ein Gemälde der Kaiserstadt und ihrer nächsten Umgebungen, Wien 1833

Schubert, Werner: Favoriten. Von der Siedlung zur Großstadt Wien 1980

Schwerdfeger, Josef: Eine Beschreibung Wiens aus der Zeit Kaiser Karls VI., Wien 1906

Schwerdfeger, Josef: Eine Beschreibung der Stadt Wien aus der Zeit des 30jähr. Krieges, Wien 1912

Seis, Eduard: Führer durch Wien und Umgebung, 2 Bände, Wien 1880

Sommer, A.: Wasserfahrt Büchlein. Das ist ein kleine kurtze Anleyttung für die so zu Wasser Meß und Jarmärckt besuchen, 1592

Stifter, Adalbert: Bilder aus Wien, Wien 1899

Stolz, Carl: Die Wiener Nahrungs- und Genußmittel-Politik im Mittelalter, Dissertation, Wien 1925

Stöger, Otto: Das Marktamt der Stadt Wien, in: Amtsblatt der Stadt Wien Nr. 83, 1965

Thomae, Johannis: Positiones Juridicae de Nundinis. Von den Messen und Jahr-Märckten, Jena 1650

Thomaschitz, Victor: Das Gewerbe in der Großmarkthalle, in: Amtsblatt der Stadt Wien Nr. 83, 1965

Tietze, Hans: Wien, Wien 1931

Till, Rudolf: Festschrift 100 Jahre Marktamt der Stadt Wien, Wien 1939

Verwaltungsbericht der Stadt Wien

Voll, M.Ch.: Apologie der Handelsjuden auf dem Jahrmarkt in Wien, Wien 1782

Walden, Heinrich (Pseudonym für J.A. Gleich): Wien und seine Bewohner, Wien 1834

Weis, J. (Hg.): Komische Briefe des Hans-Jörgel von Gumpoldskirchen an seinen Schwager in Feselau über Wien und seine Tagesbegebenheiten, Wien 1848

Wiener Marktzeitung, Nr. 1/1, 1950, bis Nr. 14/2, 1951

Winter, Max: Im dunkelsten Wien. Wiener Schilderungen aus der Luegerzeit, Wien 1925

Wimmer, A.: Wien und die Wiener. Ungeschminkte Schilderungen eines fahrenden Gesellen, Berlin 1892

Wolf, Helga Maria: Damals am Alsergrund, Wien 1991

Zetner, Karl: Fleisch, Fleischbeschau, Überbeschau, in: Amtsblatt der Stadt Wien Nr. 83, 1965

Ziak, Karl: Wien vor 100 Jahren oder Rausch und Katzenjammer, Wien 1975

Bildnachweis

Bildarchiv der Österreichischen Nationalbibliothek:

Seite 30: Vogelkrämer, Kupferstich von J. Adam, 1780; **Seite 34:** Käsestecherin, Kupferstich von J. Adam, 1780; **Seite 44:** Obstweiber am Hohen Markt, Zeichnung von G.E. Opitz; **Seite 51:** Salamudschimann am Graben, von G.E. Opitz; **Seite 53:** Milchweiber, Lithographie von Lanzedelly; **Seite 59:** Marktszene mit Obstweibern, Lithographie von Lanzedelly; **Seite 62:** Würstelmann Am Hof, Foto Schuhmann, um 1905; **Seite 71:** Yppenmarkt, Vortrag zur Verkehrserziehung, 1953; **Seite 73:** Vorgartenmarkt, Foto Simoner, 1963; **Seite 84:** Der Hohe Markt, nach einem Entwurf von J.E. Fischer v. Erlach, wiedergegeben im Stich von J.A. Delsenbach, um 1715; **Seite 86:** Der Kienmarkt (Wildpretmarkt), im Hintergrund die Kuppel der Peterskirche, nach einer Zeichnung von Salomon Kleiner, gestochen von J.A, Corvinus; **Seite 89:** Der Graben („Grüner Markt"), nach einem Entwurf von J.E. Fischer v. Erlach, wiedergegeben im Stich von J.A. Delsenbach, um 1715; **Seite 92:** Frontalansicht der Mehlgrube, nach einem Entwurf von J.E. Fischer v. Erlach, wiedergegeben im Stich von J.A. Delsenbach, um 1715; **Seite 94:** Neuer Markt, Farbstich, 19. Jahrhundert; **Seite 95:** Blumenmarkt Am Hof, Ölgemälde von Johann Weixelgärtner, 1892; **Seite 97:** Der Schotten Platz (Freyung), Stich von J.A. Delsenbach nach einer Zeichnung von J.E. Fischer v. Erlach, Anfang 18. Jahrhundert; **Seite 98:** Der Tiefe Graben, nach einer Zeichnung von Salomon Kleiner, gestochen von J.G. Ringlin, um 1730; **Seite 100:** Der Judenplatz, nach einer Zeichnung von Salomon Kleiner, gestochen von J.A. Corvinus; **Seite 105:** Das Lugeck, getuschte Federzeichnung von Salomon Kleiner; **Seite 107:** Die Brandstätte, Stich von B. Hattinger nach einem Entwurf von Salomon Kleiner; **Seite 109:** Marktleben auf der Freyung, Gemälde von Alois Schönn; **Seite 110:** Markt Am Hof, 1912; **Seite 111:** Marktszene Am Hof mit Blick Richtung Freyung, um 1910; **Seite 113:** Schanzl-Markt mit Obstflotille, im Hintergrund die alte Augartenbrücke, nach einer Zeichnung von Palm, 1875; **Seite 115 oben:** Fischmarkt vor der Neutorbastei, Aquarell von E. Hütter; **Seite 115 unten:** Fischmarkt am Fuß der Bastei, Zeichnung von K. Schuster, lith. von F. Finsterwalder; **Seite 116:** Der Fischmarkt am Franz-Josefs-Kai vom Leopoldstädter Ufer aus gesehen; **Seite 117 unten:** Fischverkäufer an der Oberen Donaustraße Nr. 63, Anfang des 20. Jahrhunderts; **Seite 117 oben:** Fischmarkt am Schanzl, Foto Ledermann, Anfang des 20. Jahrhunderts; **Seite 117 Mitte rechts:** Der Fischmarkt am Franz-Josefs-Kai, Wägen einer Fischbutte; **Seite 117 Mitte links:** Der Fischmarkt am Franz-Josefs-Kai, Weihnachtskarpfen, 1950; **Seite 129:** Der alte Naschmarkt (im Hintergrund die Karlskirche), Gemälde von Franz Barbarini; **Seite 131:** Der Naschmarkt (am Karlsplatz und auf der Wienzeile), kurz nach 1900; **Seite 132 oben:** Naschmarkt, Wienzeile, um 1910; **Seite 132 unten bis Seite 134:**

Naschmarkt: Kürbisverkäufer; Gemüsehändlerin; Gurkenstand; Gemüsehändler; alle Fotos 1912; **Seite 135:** Naschmarkt vom Verkehrsbüro aus gesehen, Anfang der dreißiger Jahre des 20. Jahrhunderts; **Seite 140:** Marktszene in Wien, um 1900; **Seite 143:** Gemüsemarkt am St. Elisabethplatz, um 1890; **Seite 144:** Marktszene in Wien, um 1900; **Seite 145:** Marktszene in Wien, um 1900; **Seite 146:** Gemüsemarkt in Favoriten; **Seite 149:** Markt in der oberen Mariahilfer Straße, um 1900; **Seite 150:** Vogelmarkt hinter der Altlerchenfelder Kirche, Holzschnitt von Theodor Breitwieser; **Seite 151:** Hannovermarkt; **Seite 152:** Verkaufsstand bei der Brigittabrücke, 1917; **Seite 153:** Marktszene in Wien, um 1900; **Seite 155:** Die Großmarkthalle im 3. Bezirk, links die Fleischmarkthalle, 1939; **Seite 157:** Das Innere der Fleischmarkthalle im 3. Bezirk, Entwurf von V. Katzler; **Seite 158:** Fleischverladung bei der Fleischmarkthalle im 3. Bezirk, Anfang des 20. Jahrhunderts; **Seite 159:** Viktualienhalle Ecke Invalidenstraße / Landstraßer Hauptstraße, Anfang des 20. Jahrhunderts; **Seite 160:** Seefischhalle in der Landstraßer Hauptstraße, Anfang des 20. Jahrhunderts; **Seite 162:** Cobdengasse, rechts die Seitenfront der Zedlitz-Markthalle, 1897; **Seite 164:** Die Esterházy-Markthalle, Wien 6, 1939; **Seite 165:** Innenansicht der Markthalle am Phorusplatz, 1901; **Seite 166:** Abbruch der Zedlitzhalle, Foto O. Simoner, 1965; **Seite 168:** Markthalle Stadiongasse / Doblhoffgasse, 1939; **Seite 174:** Peregrinimarkt, 1914;

Seite 175: Körbe mit Peregrinikipfel und Häuser mit Hakenkreuzfahnen in der Servitengasse, 1938; **Seite 182 oben:** Der Christkindlmarkt Am Hof, Zeichnung von A.K. Baldinger, 1875; **Seite 182 unten:** Der Christkindlmarkt Am Hof, 1917; **Seite 183 oben:** Christbaumverkauf auf der Freyung, 1917; **Seite 183 Mitte:** Mit Christbäumen beladene Frachtkähne am Donaukanal; **Seite 183 unten:** Der Christkindlmarkt am Neubaugürtel, Anfang der dreißiger Jahre des 20. Jahrhunderts; **Seite 184 unten:** Der Christkindlmarkt am Neubaugürtel, 1949; **Seite 184 oben:** Am Neubaugürtel: Kinder vor einem Stand mit Christbaumschmuck, 1950; **Seite 184 Mitte:** Am Neubaugürtel: Bub vor einem Stand, 1952; **Seite 185 oben:** Der Christkindlmarkt vor dem Messepalast, Foto Reiffenstein, 1946; **Seite 185 Mitte:** Christbaumverkauf vor der Votivkirche, 1956; **Seite 185 links unten:** Der Christkindlmarkt vor dem Messepalast, Foto O. Simoner, 1968; **Seite 185 unten:** Der Christkindlmarkt vor dem Rathaus, Foto O. Simoner; **Seite 186 und Seite 187:** Zwei Marktszenen vom Kalvarienbergmarkt, 1917; **Seite 188:** Kinder am Kalvarienbergmarkt, 1952; **Seite 220:** Der alte Meiselmarkt, 1955.

Alle anderen Fotos stammen von Jörg Klauber.

Register

M

N

O

P

R

S

T

U

V

W

Y

Lageplan der Märkte – siehe Umschlagseite innen